GSAT
삼성직무적성검사
5급 고졸채용

KB210742

고졸채용 GSAT연구소 지음

예문에듀
EDU

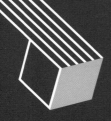

시험 안내 INFORMATION

🔲 GSAT 소개

- GSAT이란? 삼성그룹에서 실시하는 삼성직무적성검사를 의미하며 Global Samsung Aptitude Test의 약자이다.
- GSAT에서는 단편적인 지식보다는 주어진 상황을 유연하게 대처하고 해결할 수 있는 종합적인 능력을 평가한다.
- 시험 진행 순서

시험 시간(총 45분)	상세 내용
~9:00	준비단계 : 응시환경 세팅, PC/스마트폰 설정 및 상태 확인, 프로그램 테스트 실시
9:00~10:00	기계 점검 : 응시 프로그램(PC) 실행 및 감독 프로그램(스마트폰) 접속 후 감독관 안내에 따라 삼성 직무적성 검사 시험 준비
10:00~10:45	검사 실시 ※ 문제 풀이 용지를 활용하여 문제 풀이
10:45~11:15	시험종료 후 단계 : 감독관이 답안 정상 제출 여부, 문제 풀이 용지 확인 후 검사 종료 ※ 검사 종료 후 문제 풀이 용지 앞/뒷면 총 4면을 카메라로 촬영하고, 30분 내로 온라인에 문제 풀이 용지 업로드

🔲 응시 주의사항

(1) 응시 장소
① 최소 3시간 이상 안정적으로 네트워크 유지된 상태에서 PC, 스마트폰 이용이 가능한 장소
② 타인의 방해를 받지 않고 검사에 집중할 수 있는 장소

(2) 준비물
① 신분증
② 스마트폰, 거치대(응시하는 본인 모습을 촬영하기 위함)
③ PC, 충전기(삼성직무적성검사 응시 프로그램에 접속할 수 있는 데스크탑 또는 노트북)
④ 문제 풀이 용지

(3) 시험 전 유의사항
원활한 검사 진행을 위해 사전 예비소집을 진행하여 지원자의 응시환경을 점검하고 있으며, 예비소집에 참석하지 않은 응시자는 검사 당일 응시가 제한될 수 있음
※ 자세한 시험 일정 및 관련 사항은 반드시 홈페이지를 확인

GSAT 유형

- 최신 출제 유형(2023년 기준)

과목명	문항 수	시간
수리능력	40문항	15분
추리능력	40문항	20분
지각능력	40문항	0분

과목별 학습전략

과목명	평가능력	학습전략

수리능력	계산능력
	응용능력
	자료해석능력
		• 짧은 시간 내에 계산해야 하는 문제가 출제됨
		  – 신속성과 정확성을 요구
		  – 연산 순서와 계산 연습이 필요
		• 관련 공식을 암기해야 함

추리능력	분석능력
	사고능력
	논리력
		• 수 · 문자의 나열
		  – 수 · 문자의 규칙성을 파악
		  – 다양한 유형을 익히기
		• 명제 관련 문제 다수 출제
		  – 명제 간의 상관관계를 파악

지각능력	사무지각능력
	공간지각능력
		• 비교적 간단한 문제들이 출제
		  – 신속성과 정확성을 요구함
		• 복잡한 숫자 · 문자 · 기호들의 나열
		  – 숫자 · 문자 · 기호의 특징을 빠르게 파악
		• 도형의 일치 문제에 회전 이용하여 제시
		  – 제시된 도형을 회전시킨 모양과 헷갈리지 않도록
		    연습
		• 도형의 총개수, 최대 · 최소 개수 세기
		  – 블록의 보이지 않는 부분 파악하여 계산

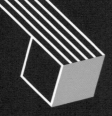

시험 안내 INFORMATION

 삼성의 채용 과정

> 지원서 작성 → 서류 → 직무적성검사(GSAT) → 면접 → 건강검진 → 입사

① 지원서 작성 : 채용 홈페이지(samsungcareers.com)를 통해 작성 후 접수
② 서류 : 지원 자격, 자기소개서 기반으로 평가 진행
③ GSAT : 직무 적성 검사
④ 면접 : 인성 면접 시행(단, 기술직군 지원자는 기술 면접도 시행할 수 있음)
⑤ 건강검진 : 건강검진 후 최종 입사
※ 주의사항 : 채용 과정은 채용 유형, 직무, 시기에 따라 변동될 가능성이 있으므로 해당 직무의 채용공고를 확인해야 함

모집 시기

• 연 1~2회 공채 및 수시 채용 → 시기는 정확하지 않으므로 반드시 채용공고를 참고해야 함
• 참고 : 삼성 채용 홈페이지(samsungcareers.com)

지원서 작성 안내

① 홈페이지를 통한 온라인 지원서만 제출받고 있으며, 우편 및 방문 접수 등 ×
② 삼성 채용 홈페이지 → [채용공고] → 지원서 작성
③ 최초 지원서 작성 시, [회원가입] 버튼 → 회원가입 완료 후 지원서 작성
④ 지원서 작성 전 절차 : 본인인증 절차 필요(휴대폰 인증/아이핀 인증)
⑤ 지원서 접수 마감 이후 지원서 열람 및 수정이 불가 → 기재 내용을 상세히 확인한 후 최종 제출

삼성의 관계사

분야	관계사명
전자	삼성전자 DX 부문, 삼성전자 DS 부문
전자계열	삼성디스플레이, 삼성 SDI, 삼성전기, 삼성 SDS
바이오	삼성바이오로직스, 삼성바이오에피스
금융	삼성생명, 삼성화재, 삼성카드, 삼성증권, 삼성자산운용
건설/중공업	삼성중공업, 삼성 E&A, 삼성물산 건설부문
서비스	삼성물산 상사부문, 삼성물산 리조트부문, 삼성물산 패션부문, 호텔신라, 제일기획, 에스원, 삼성서울병원, 삼성웰스토리, 삼성전자판매

지원 시 유의사항

- 삼성의 채용 공정성
  ① 공정한 평가와 열린 채용을 선도
  ② 합리적인 이유 없이 성별, 신앙, 나이, 신체조건, 사회적 신분, 출신 지역, 학력 등의 이유로 구직자를 차별하지 않으며, 균등한 채용 기회를 보장
  ③ 부정행위(아래 규정 참고)가 적발될 경우 지원자의 결과를 무효처리하고, 향후 5년간 응시 자격을 제한하여 채용의 공정성을 유지

- 부정행위 규정

직무적합성평가	① 타인의 에세이를 표절하여 작성하는 경우 ② 학위 및 경력위조 등 허위사실을 기재하는 경우 ③ 기타 : 그 외의 부정한 방법으로 평가 결과에 영향을 미치는 행위
직무적성검사 (GSAT)	① 신분증 및 증빙서류를 위·변조하여 검사에 응시하는 행위 ② 대리 시험을 의뢰하거나 대리로 검사에 응시하는 행위 ③ 문제를 메모 또는 촬영하는 행위 ④ 문제의 일부 또는 전부를 유출하거나 외부에 배포하는 행위 ⑤ 타인과 답을 주고받는 행위 ⑥ 기타 : 그 외의 부정한 방법으로 검사 결과에 영향을 미치는 행위
면접	① 신분증 및 증빙서류를 위·변조하여 면접을 치르는 행위 ② 대리로 면접에 참석하거나 의뢰하는 행위 ③ 면접 문제를 유출하거나 외부에 배포하는 행위 ④ 기타 : 그 외의 부정한 방법으로 면접 결과에 영향을 미치는 행위

삼성의 인재상

학력, 성별, 국적, 종교를 차별하지 않고 미래를 이끌어 나갈 인재

구성과 특징 FEATURE

 ## 최신 5개년 기출복원문제로 출제 경향 파악

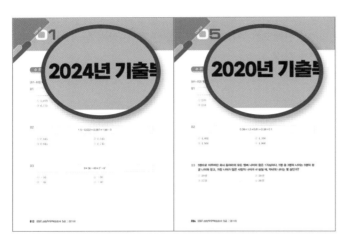

- 최신 출제 경향을 파악할 수 있는 문제를 수록하여 실전에 대비할 수 있도록 하였습니다.
- 5개년 기출복원문제로 최신 문제 유형을 완벽 반영하여 시험에 완벽하게 대응할 수 있도록 하였습니다.

 ## 핵심 이론과 출제예상문제로 체계적인 학습

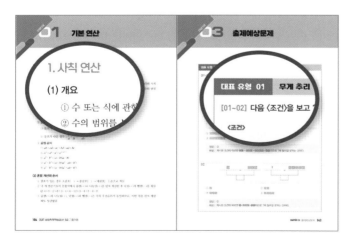

- 과목별 핵심 이론을 수록하여 주요 내용을 학습할 수 있도록 하였습니다.
- 출제예상문제를 함께 수록하여 체계적으로 학습할 수 있도록 하였습니다.

최종점검 모의고사 3회분으로 실전 완벽 대비

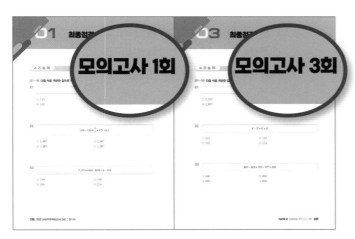

- 실력을 점검할 수 있는 최종점검 모의고사 3회분을 수록하여 학습 마무리를 할 수 있도록 하였습니다.

- 과목별로 수록된 다양한 유형의 문제를 풀어보며 실전 감각을 극대화할 수 있도록 하였습니다.

입사 지원 가이드로 완벽하게 마무리하기

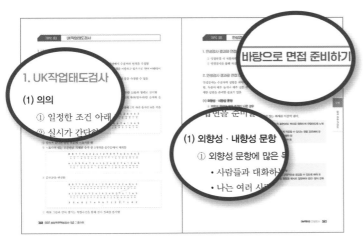

- 인성검사와 UK작업태도검사 모의 연습을 통해 실전에 대비할 수 있도록 하였습니다.

- 인성검사 결과를 바탕으로 면접 전형도 준비할 수 있도록 하였습니다.

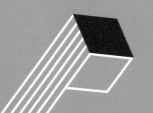

차 례 CONTENTS

PART

01

최신 5개년
기출복원문제

GSAT 삼성직무적성검사 5급 고졸채용

※ 기출 키워드를 바탕으로 기출문제를 복원하였으므로 실제 기출문제와는
   다소 차이가 있을 수 있음

수 리 능 력

[01~03] 다음 식을 계산한 값으로 적절한 것을 고르면?

01

$$7,474 - 3,756 + 9,402 - 5,510 - 1,640$$

① 5,970   ② 6,070

③ 6,170   ④ 6,270

02

$$1.5 - 0.032 + 0.087 + 1.99 - 3$$

① 0.445   ② 0.545

③ 0.645   ④ 0.745

03

$$9 + 36 - 40 + 2^2 - 8^2$$

① -55 ② -50

③ -45 ④ -40

04 일의 자리 숫자가 5인 두 자리 자연수가 있다. 이 자연수는 각 자리의 숫자 합의 5배와 같을 때 이 자연수는 무엇인가?

① 25
② 35
③ 45
④ 55

05 주머니에 100원짜리 동전, 500원짜리 동전, 1,000원짜리 지폐를 합쳐서 총 15개가 있다. 동전과 지폐를 다 합친 금액은 7,100원이고, 100원짜리 동전과 1,000원짜리 지폐 개수의 비가 3:2일 때, 500원짜리 동전은 몇 개인가?

① 4개
② 5개
③ 6개
④ 7개

06 A상품의 원가에 20% 이익을 붙여 정가로 팔다가 주말 동안 세일하여 정가의 10% 할인을 하여 팔았더니 2,000원의 이익을 보았다. A상품의 원가는 얼마인가?

① 27,000원
② 25,000원
③ 23,000원
④ 21,000원

07 한 개의 동전을 세 번 던져서 앞면이 나오면 200원, 뒷면이 나오면 150원의 상금을 받는다. 이때 상금의 평균은 얼마인가?

① 555원
② 545원
③ 535원
④ 525원

PART 01

PART 02

PART 03

PART 04

PART 05

부록

최신 5개년 기출복원문제

08 일정한 속력으로 달리는 기차가 600m 길이의 다리를 입구부터 완전히 통과하는 데 50초가 걸렸고, 1,100m 길이의 터널을 통과할 때는 진입하고 1분 15초 동안 보이지 않았다. 그렇다면 기차의 길이는 몇 m인가?

① 74m ② 76m
③ 78m ④ 80m

09 농도 10%의 소금물 400g과 농도 16%의 소금물을 섞어 농도 12%의 소금물을 만들었다. 이때 농도 16%의 소금물의 양은 얼마인가?

① 150g ② 200g
③ 250g ④ 300g

10 A팀의 팀원은 과장 2명, 대리 4명, 사원 4명으로 구성되어 있다. 사내 홍보 행사에 참여할 직원 2명을 무작위로 뽑기로 했다. 이때 적어도 1명의 대리가 포함되어 있을 확률은?

① $\dfrac{1}{2}$ ② $\dfrac{2}{3}$
③ $\dfrac{3}{4}$ ④ $\dfrac{4}{5}$

11 한 업체는 공장 A, B, C를 통해 같은 제품을 납품받고 있다. 공장 A, B, C의 제품 납품비율과 각 공장의 불량비율은 다음과 같다. 임의로 추출한 제품이 불량일 때, 이 제품이 공장 B에서 제작된 제품일 확률은?

공장	납품비율	불량비율
A	60%	3%
B	10%	2%
C	30%	4%

① $\dfrac{1}{4}$ ② $\dfrac{1}{8}$
③ $\dfrac{1}{16}$ ④ $\dfrac{1}{32}$

12 다음은 5년간 소년 강력범죄자 수를 조사한 자료이다. 이를 바탕으로 추론할 수 없는 것은? (단, 소수 첫째 자리에서 반올림한다.)

<소년 강력범죄자 수 증감률>

(단위 : %)

구분	2020년	2021년	2022년	2023년	2024년
살인	-5	-37	50	6	-37
강도	21	-32	15	-42	-32
강간	-15	91	-1	-25	-4
방화	-37	29	7	-9	-8

① 2021년과 2024년 강도를 저지른 소년 강력범죄자 수는 동일하다.
② 2023년 살인을 저지른 소년 강력범죄자 수가 100명이라고 하면 2024년에는 60명 이상이다.
③ 2020년 강도를 제외한 범죄를 저지른 소년 강력범죄자 수는 전년 대비 감소했다.
④ 2022년 이후 강간을 저지른 소년 강력범죄자 수는 꾸준히 감소했다.

13 다음은 학부모의 자녀 학교생활 만족도를 나타낸 자료이다. 학교급별 2021년 대비 2024년 만족도 증감 추이를 바르게 나타낸 것은? (단, 초등학교, 중학교, 고등학교 순으로 나열한다.)

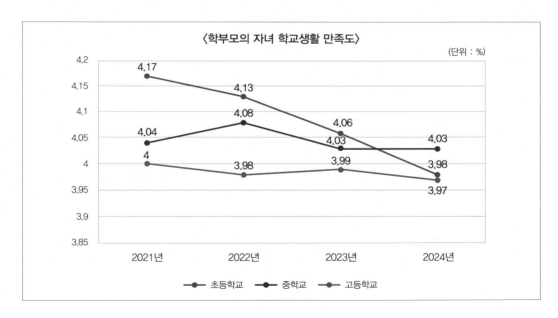

① 감소, 감소, 감소
② 감소, 감소, 증가
③ 증가, 감소, 증가
④ 증가, 증가, 증가

PART 01
PART 02
PART 03
PART 04
PART 05
부록

최신 5개년 기출복원문제

[14~15] 다음은 국제의원연맹 여성 국회의원 비율 및 각국의 순위를 나타낸 자료이다. 다음 물음에 답하시오.

〈주요 국가별 국제의원연맹 여성 국회의원 수〉

(단위 : 명, %)

구분	2022년			2023년			2024년		
	순위	총의원 수	여성의원 비율	순위	총의원 수	여성의원 비율	순위	총의원 수	여성의원 비율
스웨덴	5	349	43.6	6	349	43.6	5	349	43.6
노르웨이	15	169	39.6	13	169	39.6	10	169	41.4
오스트리아	22	150	37.3	20	150	38.0	26	150	36.0
독일	26	230	36.5	23	630	37.0	45	709	30.7
영국	48	650	29.4	47	650	30.0	39	650	32.0
미국	96	434	19.4	104	435	19.1	100	432	19.4
대한민국	106	300	17.0	116	300	17.0	116	300	17.0

14 자료에 대한 설명으로 옳은 것은?

① 2022년 대비 2024년 순위가 높아진 국가는 3개국이다.
② 3년간 대한민국의 여성의원 수는 51명으로 순위 변동 없이 꾸준히 유지되고 있다.
③ 2023년 독일 총의원 수는 전년 대비 400명 증가했으며, 여성의원 수는 약 200명 증가했다.
④ 영국 여성 국회의원 비율은 제시된 국가 중 유일하게 3년간 지속적으로 증가했다.

15 2024년 여성의원 비율이 가장 높은 국가와 두 번째로 높은 국가의 여성의원 수는 몇 명 차이 나는가? (단, 소수 첫째 자리에서 반올림한다.)

① 82명
② 84명
③ 86명
④ 88명

[01~02] 다음 〈조건〉을 보고 ?에 들어갈 문자를 고르시오.

〈조건〉

01

ね = せむ   ねせ = ?

① むむ　　　　　　　　② むむむ
③ むむむむ　　　　　　④ むむむむむ

02

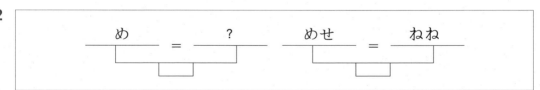

① むむむ　　　　　　　② せむむ
③ せせむ　　　　　　　④ せせせ

PART 01
PART 02
PART 03
PART 04
PART 05
부록

최신 5개년 기출복원문제

[03~04] 다음 〈조건〉을 보고 ?에 들어갈 문자를 고르시오.

〈조건〉

03

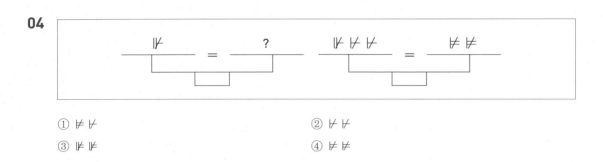

① ㅑㅑㅑ　　　　　　　　② ㅕㅕㅑ
③ ㅕㅑㅑ　　　　　　　　④ ㅕㅕㅕ

04

① ㅕㅑ　　　　　　　　② ㅑㅑ
③ ㅒㅒ　　　　　　　　④ ㅕㅕ

[05~06] 다음 〈조건〉을 보고 ?에 들어갈 문자를 고르시오.

〈조건〉

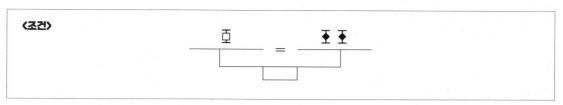

05

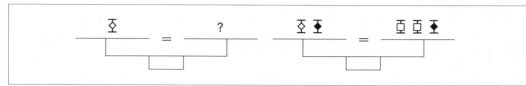

① ◆ ◆ ◆
② 묘 ◆ ◆
③ 묘 묘 ◆
④ 묘 묘 묘

06

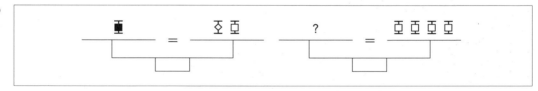

① ▨ ▨ ▨
② ▨ ▨ ◆
③ ▨ ◆ ◆
④ ◆ ◆ ◆

PART
01

PART
02

PART
03

PART
04

PART
05

부록

최신 5개년 기출복원문제

[07~08] 다음 〈조건〉을 읽고, 〈보기〉가 참인지 거짓인지 혹은 알 수 없는지 고르시오.

07

〈조건〉
• 핵융합을 하는 어떤 항성에는 수소와 헬륨이 존재한다.
• 수소 없이 헬륨만 존재하는 항성과 헬륨 없이 수소만 존재하는 항성이 있다.
• 수소 없이 핵융합을 하는 항성은 없다.

〈보기〉
핵융합을 하지 않고 수소가 존재하지 않는 항성 중 헬륨이 존재하는 항성이 있다.

① 참   ② 거짓
③ 알 수 없음

08

〈조건〉
• 비가 오면 한강 물이 불어난다.   • 비가 오지 않으면 보트를 타지 않는다.
• 자전거를 타지 않으면 보트를 탄다.

〈보기〉
자전거를 타지 않으면 한강 물이 불어난다.

① 참   ② 거짓
③ 알 수 없음

[09~10] 제시된 명제가 모두 참일 때, 빈칸에 들어갈 명제로 가장 적절한 것을 고르시오.

09

• 수영을 좋아하는 사람은 등산을 좋아한다.
• 어떤 운동부 학생은 수영을 좋아한다.
• (   )

① 수영을 싫어하는 모든 사람은 운동부 학생이다.
② 등산을 좋아하는 모든 사람은 운동부 학생이다.
③ 모든 운동부 학생은 수영을 좋아한다.
④ 어떤 운동부 학생은 등산을 좋아한다.

10

> • (   )
> • 여행을 좋아하는 사람은 국내여행을 좋아한다.
> • 직장인이 아닌 사람은 국내여행을 좋아한다.

① 모든 직장인은 국내여행을 좋아한다.

② 직장인이 아닌 사람은 여행을 좋아한다.

③ 여행을 좋아하면 직장인이다.

④ 여행을 좋아하지 않으면 직장인이 아니다.

PART
01

PART
02

PART
03

PART
04

PART
05

부록

최신 5개년 기출복원문제

[11~12] 다음 〈조건〉을 바탕으로 추론할 수 있는 것을 고르시오.

11

> **〈조건〉**
> • 늦잠을 자지 않으면 부지런하다.
> • 늦잠을 자면 건강하지 않다.
> • 비타민을 먹으면 건강하다.

① 부지런하면 건강하다.

② 비타민을 먹으면 늦잠을 잔다.

③ 건강하지 않으면 늦잠을 잔다.

④ 늦잠을 자면 비타민을 먹지 않는다.

12

> **〈조건〉**
> • 일주일 동안 한식, 양식, 중식, 일식을 먹는다.
> • 이틀 연속 같은 메뉴를 먹지 않으며, 모든 메뉴는 주 2회 이하로 먹는다.
> • 월요일과 수요일에는 양식을 먹는다.
> • 중식을 먹은 다음 날에는 일식을 먹지 않는다.
> • 화요일에는 일식을, 금요일에는 중식을 먹는다.

① 목요일에는 한식만 먹는다.

② 일요일에는 일식을 먹지 않는다.

③ 목요일에 일식을 먹으면 일요일에 중식을 먹는다.

④ 일요일에 일식을 먹으면 목요일에 일식을 먹는다.

13 다음 A~E 5명의 진술 중 2명이 거짓이고 지각한 사람은 1명일 때, 추론할 수 있는 것을 고르시오.

- A : E가 지각을 했다.
- C : D의 말은 사실이다.
- E : A의 말은 사실이 아니다.
- B : C는 지각을 한 사람이 아니다.
- D : 나는 지각을 하지 않았다.

① A와 B의 진술은 참이다.
② C와 D의 진술은 거짓이다.
③ 지각을 한 사람은 C이다.
④ 지각을 한 사람은 E이다.

14 일정한 규칙에 따라 수를 나열할 때, 빈칸에 들어갈 수로 적절한 것을 고르시오.

$$1 \quad 2 \quad 3 \qquad 2 \quad (\quad) \quad 4 \qquad 3 \quad 4 \quad 5$$

① 3
② 5
③ 7
④ 9

15 일정한 규칙에 따라 문자를 나열할 때, 빈칸에 들어갈 문자로 적절한 것을 고르시오.

$$Z \quad W \quad N \quad G \quad H \quad (\quad)$$

① B
② D
③ G
④ I

[01~03] 제시된 문자와 동일한 문자를 〈보기〉에서 찾아 고르시오. (단, 제일 왼쪽의 문자를 ①이라고 한다.)

〈보기〉

            ◨   ◩   ◪   ◧

01

◩

①   ②

③   ④

02

◪

①   ②

③   ④

03

◪

①   ②

③   ④

[04~07] 제시된 문자와 동일한 문자를 〈보기〉에서 찾아 고르시오. (단, 제일 왼쪽의 문자를 첫 번째라고 한다.)

〈보기〉

04

① 첫 번째   ② 두 번째
③ 일곱 번째   ④ 여덟 번째

05

① 첫 번째   ② 두 번째
③ 세 번째   ④ 네 번째

06

① 첫 번째   ② 두 번째
③ 네 번째   ④ 다섯 번째

07

① 첫 번째   ② 두 번째
③ 일곱 번째   ④ 여덟 번째

08 다음 제시된 좌우 문자를 비교하여 같으면 ①을, 다르면 ②를 고르시오.

🕐🕐🕐🕐🕐🕐🕐 – 🕐🕐🕐🕐🕐🕐🕐

① 같다   ② 다르다

PART
01

PART
02

PART
03

PART
04

PART
05

부록

최신 5개년 기출복원문제

09 다음 제시된 문자들을 내림차순으로 나열하였을 때 3번째에 오는 문자는 무엇인가?

I   B   K   O   E   U

① E   ② K
③ O   ④ I

10 다음 중 제시된 도형과 같은 도형을 고르시오.

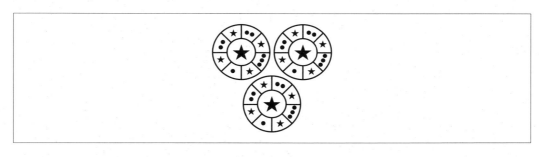

①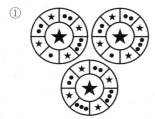

②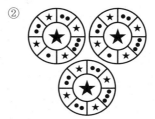

③

④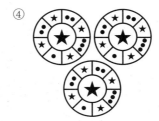

11 다음 중 나머지 도형과 다른 것을 고르시오.

①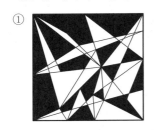

②

③

④

[12~13] 다음 블록의 개수는 몇 개인지 고르시오. (단, 보이지 않는 곳의 블록은 있다고 가정한다.)

12

① 14개   ② 15개

③ 16개   ④ 17개

13

① 38개   ② 40개

③ 42개   ④ 44개

14 다음은 나무토막을 쌓아서 만든 도형을 정면과 우측에서 본 모양이다. 필요한 나무토막의 최대 개수는?

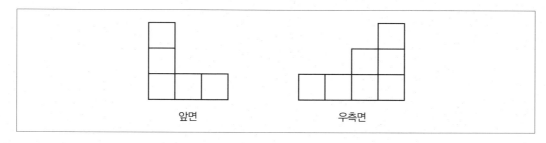

① 12개

② 13개

③ 14개

④ 15개

PART 01
PART 02
PART 03
PART 04
PART 05
부록
최신 5개년 기출복원문제

15 다음은 쌓아 놓은 블록을 앞과 오른쪽에서 본 모양이다. 입체도형으로 만들기 위해서 최소로 필요한 블록의 개수는?

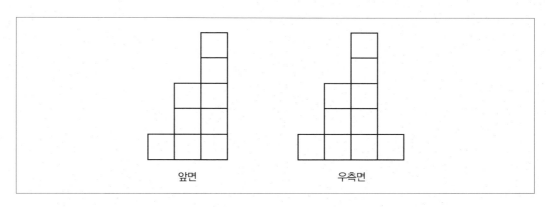

① 10개

② 12개

③ 14개

④ 16개

CHAPTER 02

2023년 기출복원문제

수 리 능 력

[01~02] 다음 식을 계산한 값으로 적절한 것을 고르면?

01

$$89 - 33 + 65 \times 12 - 42$$

① 764   ② 774

③ 784   ④ 794

02

$$0.4 \times 0.7 + 0.3 - 0.5$$

① 0.1   ② 0.08

③ 0.06   ④ 0.04

03 다음 빈칸에 들어갈 수로 가장 적절한 것은?

$$\frac{1}{125} < (\qquad) < 0.01$$

① 0.0125   ② 0.0105

③ 0.0085   ④ 0.0065

04 지난 해 사과와 포도의 생산량은 300천 개이고, 올해 사과의 생산량은 지난 해 대비 30% 감소, 포도의 생산량은 지난 해 대비 10% 증가하여 사과와 포도의 생산량은 작년 대비 10천 개 감소하였다. 올해 사과의 생산량은 얼마인가?

① 60천 개   ② 70천 개
③ 80천 개   ④ 90천 개

05 A씨와 B씨는 동일한 제품을 동일한 원가로 구매하여 각자 판매하고 있다. A씨는 원가의 25%만큼 이윤이 남도록 정가를 책정하였고, B씨는 A씨가 책정한 정가보다 20% 더 높은 가격으로 정가를 책정하여 판매하고 있다. B씨가 제품을 1,000개 판매하고 남은 이익이 400만 원일 때, 제품 1개의 원가는 얼마인가?

① 8,500원   ② 8,000원
③ 7,500원   ④ 7,000원

06 A씨와 B씨는 둘레가 3km인 호숫가에서 만나기로 했다. A씨의 걷는 속력은 120m/분, B씨의 걷는 속력은 80m/분일 때, 두 사람이 서로 반대 방향으로 돌면 몇 분 후에 만나는가?

① 15분   ② 16분
③ 17분   ④ 18분

PART 01
PART 02
PART 03
PART 04
PART 05
부록

최신 5개년 기출복원문제

07 A씨, B씨, C씨는 각자 일정한 속도로 택배를 포장한다. 4개의 택배를 포장한다고 하면 A씨 혼자 48분이 걸리고, B씨와 C씨 둘이서 함께하면 16분이 걸린다. A씨와 B씨가 2시간 동안 함께 택배를 포장한 후 A씨 대신 C씨가 B씨와 함께 이어서 택배를 포장하여 총 3시간 동안 40개의 택배를 포장했을 때, B씨가 10개의 택배를 포장하는 데 걸리는 시간은?

① 65분
② 70분
③ 75분
④ 80분

08 가~아 8개 지역 중 4개의 지역을 선정하여 연수를 간다고 할 때, 가~라 중 3개 지역을 포함할 확률은?

① $\dfrac{4}{35}$
② $\dfrac{6}{35}$
③ $\dfrac{8}{35}$
④ $\dfrac{2}{7}$

09 A팀 5명이 적성검사를 응시했을 때 1등과 4등의 평균은 88점, 2등과 5등의 평균은 65점이다. 전체 평균은 76점이라면 3등은 몇 점인가?

① 74점
② 76점
③ 77점
④ 78점

10 A회사는 박람회에 직원 3명을 보내기 위해 사내 공고를 올렸더니, 남자 직원 5명과 여자 직원 6명이 지원하였다. 이때 지원한 사람 중 무작위로 3명을 뽑아 박람회로 보낼 때, 남자 1명과 여자 2명이 뽑힐 확률은?

① $\dfrac{2}{11}$

② $\dfrac{3}{11}$

③ $\dfrac{4}{11}$

④ $\dfrac{5}{11}$

11 다음은 연도별 근로장려금 지급 현황을 나타낸 자료이다. 이를 참고하여 2021년과 2024년 가구당 평균 지급액 차이는 얼마인가? (단, 천의 단위 미만은 절삭한다.)

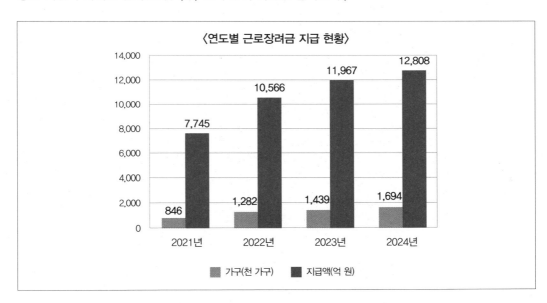

〈연도별 근로장려금 지급 현황〉

① 159천 원

② 169천 원

③ 159만 원

④ 169만 원

PART 01

PART 02

PART 03

PART 04

PART 05

부록

최신 5개년 기출복원문제

12 다음은 연령별 성인의 연간 독서량에 대한 자료이다. 이에 대한 설명으로 옳은 것은?

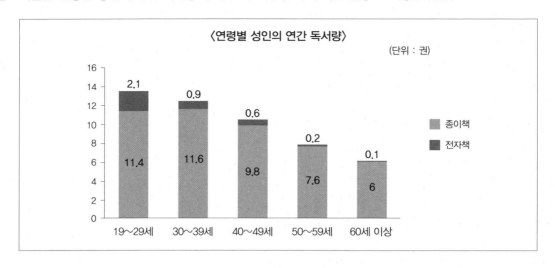

① 1년 독서량이 10권도 되지 않는 연령대가 과반수 이상이다.

② 19~29세는 책 중에 전자책을 읽는 비율은 15% 이상이다.

③ 60세 이상보다 40~49세의 연간 독서량은 3권 더 많다.

④ 종이책 독서량과 전자책 독서량이 가장 많은 연령대가 동일하다.

13 다음은 한국인이 가장 오래 사용하는 앱 상위 4개를 나타낸 자료이다. 2024년 전년 동월 대비 앱의 사용 시간 증가율 순위는?

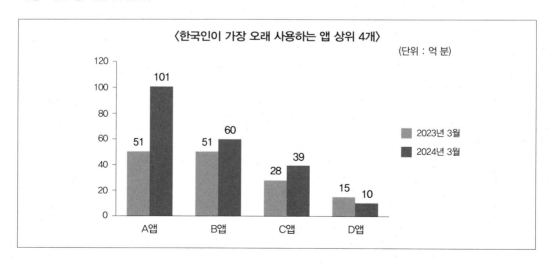

① A앱＞B앱＞C앱＞D앱

② B앱＞A앱＞C앱＞D앱

③ A앱＞C앱＞B앱＞D앱

④ C앱＞B앱＞A앱＞D앱

[14~15] 다음은 아동 안전사고 사망자 유형별 현황 자료이다. 다음 물음에 답하시오.

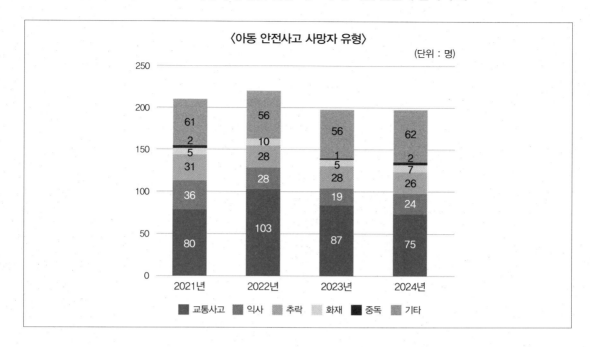

14 자료에 대한 설명 중 옳지 않은 것은?

① 2023년과 2024년 아동 안전사고 사망자 수는 동일하다.
② 연도별 아동 안전사고 사망자 유형 중 교통사고가 차지하는 비중이 가장 크다.
③ 2022년 아동 안전사고 사망자 중 익사에 해당하는 비율은 15%이다.
④ 2021년 대비 2022년 아동 안전사고 사망자 수는 10명 증가하였다.

15 아동 안전사고 사망자 중 교통사고로 인한 사망자 비율을 큰 순서대로 나열하면?

① 2024년 > 2023년 > 2022년 > 2021년
② 2023년 > 2022년 > 2024년 > 2021년
③ 2022년 > 2024년 > 2023년 > 2021년
④ 2022년 > 2023년 > 2024년 > 2021년

PART 01
PART 02
PART 03
PART 04
PART 05
부록

최신 5개년 기출복원문제

[01~02] 다음 〈조건〉을 보고 ?에 들어갈 문자를 고르시오.

〈조건〉

01

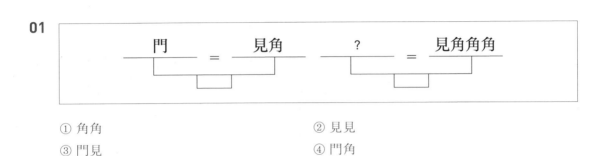

① 角角　　　　　　　　　　② 見見

③ 門見　　　　　　　　　　④ 門角

02

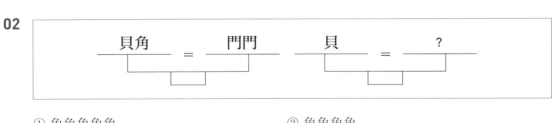

① 角角角角角　　　　　　　② 角角角角

③ 角角角　　　　　　　　　④ 角角角角角角

[03~04] 다음 〈조건〉을 보고 ?에 들어갈 문자를 고르시오.

〈조건〉

03

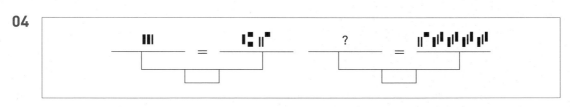

① ▐▌ ▐▌

② ▐▌ ▐▌ ▐▌

③ ▐▌ ▐▌ ▐▌ ▐▌ ▐▌

④ ▐▌ ▐▌ ▐▌ ▐▌ ▐▌ ▐▌

04

① ▐▌ ▐▌▐

② ▐▌ ▐▌

③ ▐▌▐ ▐▌

④ ▐▌ ▐▌

[05~06] 다음 〈조건〉을 보고 ?에 들어갈 문자를 고르시오.

〈조건〉

05

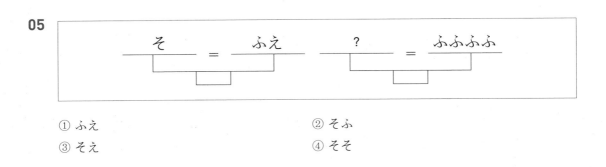

① ふえ   ② そふ

③ そえ   ④ そそ

06

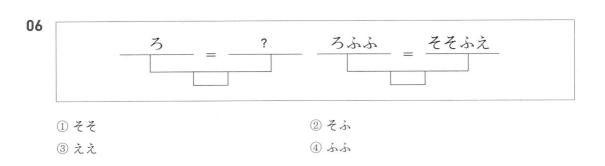

① そそ   ② そふ

③ ええ   ④ ふふ

[07~08] 다음 〈조건〉을 읽고, 〈보기〉가 참인지 거짓인지 혹은 알 수 없는지 고르시오.

07

〈조건〉
- A~E 5개 회사가 지상 5층짜리 건물의 각각 다른 층에 위치해 있다.
- A회사와 B회사 간의 층수 차이는 C회사와 D회사의 층수 차이와 같다.
- A회사는 5층에 있다.
- E회사는 D회사보다 더 높은 층에 있다.

〈보기〉
E회사는 3층에 있다.

① 참   ② 거짓
③ 알 수 없음

08

〈조건〉
- 감자를 사면 파프리카를 산다.
- 양파를 사지 않으면 포도를 사지 않는다.
- 자두를 사지 않으면 감자를 산다.
- 수박을 사면 양파를 사지 않는다.
- 파프리카를 사면 수박을 산다.

〈보기〉
수박을 사면 감자도 산다.

① 참   ② 거짓
③ 알 수 없음

PART 01

PART 02

PART 03

PART 04

PART 05

부록

최신 5개년 기출복원문제

[09~10] 제시된 명제가 모두 참일 때, 빈칸에 들어갈 명제로 가장 적절한 것을 고르시오.

09

> • 달리기가 빠르지 않은 모든 사람은 국가대표팀 소속이 아니다.
> • 축구를 잘하는 어떤 사람은 국가대표팀 소속이다.
> • (   )

① 달리기가 빠른 모든 사람은 축구를 잘한다.
② 축구를 잘하는 어떤 사람은 달리기가 빠르다.
③ 축구를 잘하는 모든 사람은 달리기가 빠르다.
④ 국가대표팀 소속인 모든 사람은 축구를 잘한다.

10

> • 반바지를 입은 어떤 사람은 공무원이다.
> • (   )
> • 오늘 휴무인 어떤 사람은 공무원이다.

① 반바지를 입은 모든 사람은 오늘 휴무이다.
② 어떤 공무원은 오늘 휴무이다.
③ 모든 공무원은 반바지를 입지 않는다.
④ 반바지를 입은 어떤 사람은 오늘 휴무가 아니다.

[11~12] 다음 〈조건〉을 바탕으로 추론할 수 있는 것을 고르시오.

11

〈조건〉
- A~E 5명은 인사부, 기획부, 생산부, 개발부, 디자인부 중 각기 다른 부서에서 근무한다.
- A~E 5명의 출근 시간은 겹치지 않는다.
- D는 인사부보다 먼저 출근했다.
- 첫 번째로 출근한 직원은 A이다.
- 세 번째로 출근한 직원은 생산부인 C이다.
- 디자인부는 생산부보다 먼저 출근했으며, 기획부보다 늦게 출근했다.

① A는 개발부이다.
② B가 디자인부라면 E가 인사부이다.
③ 인사부는 네 번째로 출근했다.
④ 개발부는 가장 늦게 출근했다.

12

〈조건〉
- A~C 3명은 스웨터, 카디건, 후드티 중 각기 다른 옷을 입었다.
- A~C 3명은 햄버거, 피자, 치킨 중 각기 다른 메뉴를 먹는다.
- A는 치킨을 먹는다.
- B가 입은 옷은 스웨터가 아니다.
- 카디건을 입은 사람은 피자를 먹지 않는다.
- 스웨터를 입은 사람은 피자를 먹는다.

① 카디건을 입은 사람은 치킨을 먹는다.
② 후드티를 입은 사람은 햄버거를 먹는다.
③ B는 후드티를 입고 치킨을 먹는다.
④ C는 스웨터를 입고 피자를 먹는다.

PART 01

PART 02

PART 03

PART 04

PART 05

부록

최신 5개년 기출복원문제

13 다음 A~D 4명의 진술 중 1명이 거짓일 때, 추론할 수 있는 것을 고르시오.

> - A : 나는 D와 같은 부서지만 C와는 같은 부서도 아니면서 같은 출장지도 아니다.
> - B : 나는 C와 같은 출장지이다.
> - C : 나는 D와 같은 부서이고 B와 같은 출장지이다.
> - D : 나는 C와 같은 부서이지만 B와는 같은 부서도 아니면서 같은 출장지도 아니다.

① C는 B와 다른 출장지이다.
② D는 A와 같은 출장지이다.
③ B는 D와 다른 부서이다.
④ A는 C와 같은 부서이다.

14 일정한 규칙에 따라 수를 나열할 때, 빈칸에 들어갈 수로 적절한 것을 고르시오.

| -5 | -10 | -12 | -24 | ( ) | -52 | -54 |

① -26　　　　　　　　② -28
③ -44　　　　　　　　④ -48

15 일정한 규칙에 따라 문자를 나열할 때, 빈칸에 들어갈 문자로 적절한 것을 고르시오.

| I | F | L | ( ) | R | O |

① G　　　　　　　　② I
③ K　　　　　　　　④ M

[01~04] 제시된 문자와 동일한 문자를 〈보기〉에서 찾아 고르시오. (단, 제일 왼쪽의 문자를 첫 번째라고 한다.)

PART 01

PART 02

PART 03

PART 04

PART 05

부록

최신 5개년 기출복원문제

〈보기〉

01

① 첫 번째   ② 두 번째
③ 세 번째   ④ 네 번째

02

① 첫 번째   ② 두 번째
③ 네 번째   ④ 다섯 번째

03

① 네 번째   ② 다섯 번째
③ 여섯 번째   ④ 일곱 번째

04

① 첫 번째   ② 두 번째
③ 네 번째   ④ 다섯 번째

[05~07] 제시된 문자와 동일한 문자를 〈보기〉에서 찾아 고르시오. (단, 제일 왼쪽의 문자를 첫 번째라고 한다.)

<보기>

📄　　📑　　📃　　📇　　💾　　💻

05

📑

① 첫 번째　　　　　　　　② 두 번째
③ 세 번째　　　　　　　　④ 네 번째

06

💻

① 세 번째　　　　　　　　② 네 번째
③ 다섯 번째　　　　　　　④ 여섯 번째

07

📇

① 두 번째　　　　　　　　② 세 번째
③ 네 번째　　　　　　　　④ 다섯 번째

08　다음 제시된 문자들을 내림차순으로 나열하였을 때 4번째에 오는 문자는 무엇인가?

구　　후　　무　　부　　우　　추

① 우　　　　　　　　② 무
③ 부　　　　　　　　④ 추

09 다음 제시된 좌우 문자를 비교하여 같으면 ①을, 다르면 ②를 고르시오.

LibertySympathetic − LibetySympathetic

① 같다   ② 다르다

PART 01

PART 02

PART 03

PART 04

PART 05

부록

최신 5개년 기출복원문제

10 다음 중 제시된 도형과 다른 것을 고르시오. (단, 도형은 회전할 수 있다.)

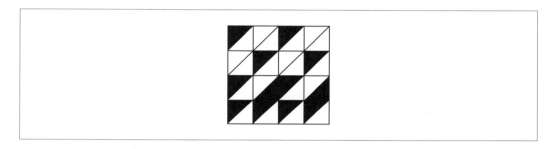

① 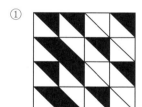   ②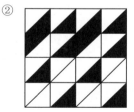

③    ④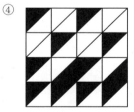

11 다음 중 제시된 도형과 같은 도형을 고르시오. (단, 도형은 회전할 수 있다.)

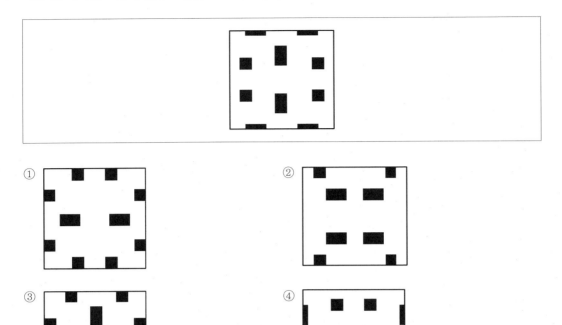

[12~13] 다음 블록의 개수는 몇 개인지 고르시오. (단, 보이지 않는 곳의 블록은 있다고 가정한다.)

12

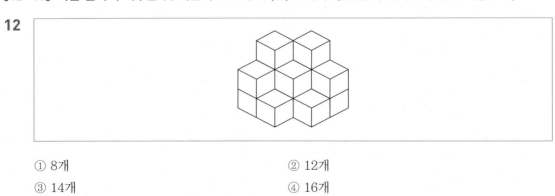

① 8개   ② 12개
③ 14개   ④ 16개

13

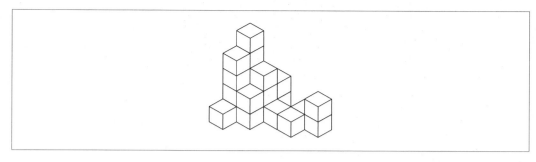

① 22개   ② 24개
③ 26개   ④ 28개

14 다음은 나무토막을 쌓아서 만든 도형을 정면과 우측에서 본 모양이다. 필요한 나무토막의 최대 개수는?

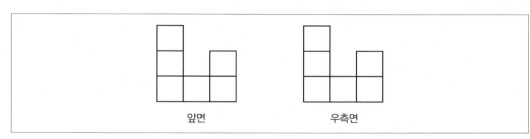

① 12개   ② 13개
③ 14개   ④ 15개

15 다음은 쌓아 놓은 블록을 앞과 오른쪽에서 본 모양이다. 입체도형으로 만들기 위해서 최소로 필요한 블록의 개수는?

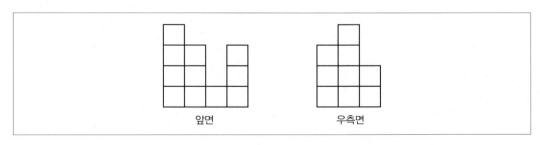

① 11개   ② 13개
③ 15개   ④ 17개

PART 01
PART 02
PART 03
PART 04
PART 05
부록

최신 5개년 기출복원문제

수 리 능 력

[01~02] 다음 식을 계산한 값으로 적절한 것을 고르면?

01

$$1,019+6,541-2,004-3,042+9,963+329$$

① 14,806   ② 13,806

③ 12,806   ④ 11,806

02

$$15^2-5^2+3^2$$

① 209   ② 219

③ 229   ④ 239

03 A팀 팀원들에게 사탕을 주려고 하는데, 3개씩 주면 5개가 모자라고, 2개씩 주면 10개가 남는다고 한다. 이때 사탕의 개수는 몇 개인가?

① 15개   ② 20개

③ 35개   ④ 40개

04 작년 자격증 시험 응시인원은 800명이었다. 올해는 작년에 비해 많은 사람들이 응시하여 남자 응시자는 4%, 여자 응시자는 2% 증가하였다. 전체 응시자 수가 총 26명이 증가하였다고 할 때, 올해 남자 응시자 수는 몇 명인가?

① 510명

② 520명

③ 530명

④ 540명

05 A씨는 산 정상까지 올라갈 때는 시속 4km, 내려올 때는 같은 길을 시속 6km로 걸었더니, 올라갈 때보다 내려올 때 50분 적게 걸렸다. 이때 A씨가 올라간 거리는 얼마인가?

① 8km

② 10km

③ 12km

④ 14km

06 A씨는 어떤 일을 하는 데 8일, B씨는 12일, C씨는 16일 걸린다고 한다. B씨가 혼자서 3일을 일한 뒤 A씨와 C씨가 이어서 일을 같이 마무리 지었다면 이 일을 끝내는 데 걸린 총 일수는?

① 4일

② 5일

③ 6일

④ 7일

07 상품 A를 생산하기 위해 초기 설비비용으로 5,000만 원을 투자했다. A의 원가는 20만 원이며 정가는 원가에 50%의 이익을 붙여 책정하였다. 하지만 판매율 저조로 정가의 25%를 할인하여 판매하려고 할 때, 발생하는 매출액에서 원가를 제외하고 초기 설비비용을 만회하기 위해서는 최소한 몇 개 이상을 팔아야 하는가?

① 1,600개

② 1,800개

③ 2,000개

④ 2,200개

PART 01

PART 02

PART 03

PART 04

PART 05

부록

최신 5개년 기출복원문제

08 농도 6% 설탕물 200g에 농도 10% 설탕물과 물을 넣었더니 농도 5% 설탕물 400g이 되었다고 한다. 이때 추가한 물의 양을 얼마인가?

① 100g   ② 120g

③ 140g   ④ 160g

09 A팀에서 5명, B팀에서 4명 중 회의 발표자 2명을 정하려고 한다. 선정된 회의 발표자 2명 중 적어도 1명은 A팀일 확률은?

① $\dfrac{1}{6}$ ② $\dfrac{1}{3}$

③ $\dfrac{2}{3}$ ④ $\dfrac{5}{6}$

10 A기업은 세탁기의 불량을 방지하기 위해 판매 전에 2가지 오류 검사를 순차적으로 진행한다. 첫 번째 검사에서 오류 판정을 받을 확률은 40%이고 첫 번째와 두 번째 검사에서 모두 오류 판정을 받을 확률은 10%일 때, A기업에서 생산한 청소기가 2가지 오류 검사에서 오류 판정을 한 번만 받을 확률은? (단, 각 검사는 서로 영향을 주지 않는다.)

① 0.25   ② 0.35

③ 0.45   ④ 0.55

11 다음은 연령별 블로그 이용자의 구성비를 나타낸 자료이다. 블로그 이용자가 25만 명이라고 할 때, 20~40대 이용자는 몇 명인가?

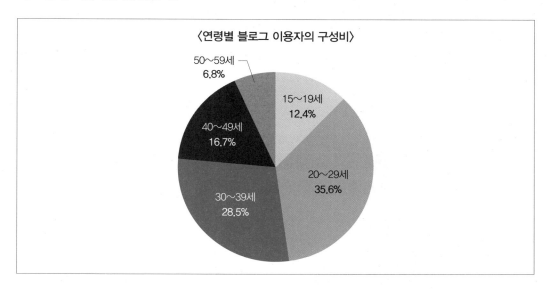

① 202,000명
② 222,000명
③ 242,000명
④ 262,000명

PART
01

PART
02

PART
03

PART
04

PART
05

부록

최신 5개년 기출복원문제

12 다음은 국도의 평균 교통량을 나타낸 자료이다. 이에 대한 설명으로 옳지 않은 것은?

〈국도의 평균 교통량〉

(단위 : 대/일)

구분	2021년	2022년	2023년	2024년
승용차	28,864	31,640	32,593	35,312
버스	1,683	1,687	1,594	1,575
화물차	13,142	11,909	12,306	13,111
합계	43,689	45,236	48,493	49,998

① 2021년의 국도 평균 교통량은 가장 작지만, 화물차 평균 교통량은 가장 많다.
② 2024년 승용차의 평균 교통량은 전년 대비 10% 미만 증가하였다.
③ 조사기간 중 버스의 평균 교통량은 하루에 1,650대 이상이다.
④ 2022년 국도 평균 교통량 중 화물차의 비중은 25% 이상이다.

13 다음은 A산업의 국가별 수출·수입액 현황에 관한 자료이다. 전체 수출액 중 가장 높은 비율을 차지하는 국가의 수출액 비율과, 전체 수입액 중 가장 높은 비율을 차지하는 국가의 수입액 비율의 차를 구하면? (단, 소수점 둘째 자리에서 반올림한다.)

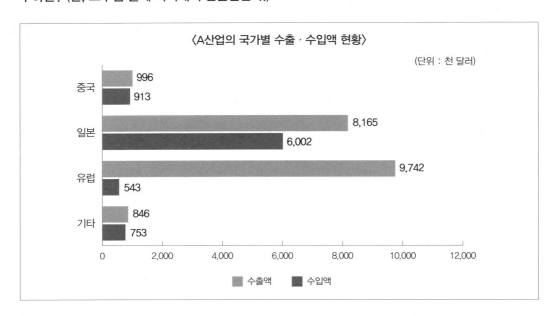

① 23.8%p
② 21.8%p
③ 19.8%p
④ 17.8%p

[14~15] 다음은 지방자치단체 여성공무원 현황을 나타낸 자료이다. 다음 물음에 답하시오.

PART 01

PART 02

PART 03

PART 04

PART 05

부록

최신 5개년 기출복원문제

〈지방자치단체 여성공무원 현황〉

(단위 : 명)

구분	2019년	2020년	2021년	2022년	2023년	2024년
전체 공무원	266,176	272,584	275,484	275,231	278,303	279,636
여성공무원	70,568	75,608	78,855	80,666	82,178	83,282

14 자료에 대한 설명으로 옳지 않은 것은?

① 2019년 이후 여성공무원 수는 꾸준히 증가하고 있다.

② 2020년에 남성공무원이 차지하는 비율은 70% 이상이다.

③ 2024년 여성공무원의 수는 2019년과 비교했을 때, 15% 이상 증가했다.

④ 2023년 남성공무원 수는 195,000명 미만이다.

15 2024년 여성공무원의 비율은 2021년과 비교했을 때 몇 %p가 증가했는가? (단, 소수점 둘째 자리에서 반올림한다.)

① 1.2%p

② 2.2%p

③ 3.2%p

④ 4.2%p

[01~02] 다음 〈조건〉을 보고 ?에 들어갈 문자를 고르시오.

〈조건〉

$$\frac{\textstyle\cdot\text{-}}{\boxed{}} = \frac{\text{-: -:}}{}$$

01

$$\frac{\textstyle\text{÷}}{\boxed{}} = \frac{\textstyle\text{-. -: -:}}{} \qquad \frac{\textstyle\text{÷. -: -:}}{\boxed{}} = \frac{\textstyle ?}{}$$

① -. -. -.

② -. -. -:

③ -. -: -:

④ -: -: -:

02

$$\frac{\textstyle\text{÷}}{\boxed{}} = \frac{\textstyle\text{-. ÷ ÷}}{} \qquad \frac{\textstyle ?}{\boxed{}} = \frac{\textstyle\text{-. ÷ ÷ -: -:}}{}$$

① -. -.

② ÷ -.

③ ÷ ÷.

④ ÷ ÷

[03~04] 다음 〈조건〉을 보고 ?에 들어갈 문자를 고르시오.

〈조건〉

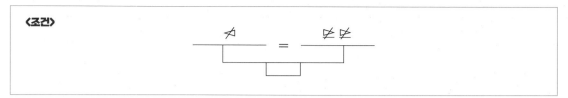

03

① ⊭ ⊭
② ⊭ ⊭ ⊭
③ ⊭ ⊭ ⊭ ⊭
④ ⊭

04

① ⊭ ⊭ ⊭
② ⊄ ⊄ ⊄
③ ⊄ ⊄ ⊄
④ ⊄ ⊭ ⊭

PART
01

PART
02

PART
03

PART
04

PART
05

부록

최신 5개년 기출복원문제

[05~06] 다음 〈조건〉을 보고 ?에 들어갈 문자를 고르시오.

〈조건〉

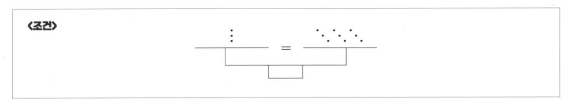

05

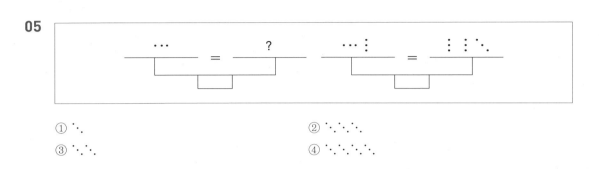

① `∴`
② `∵∴`
③ `∵∴`
④ `∵∴∵`

06

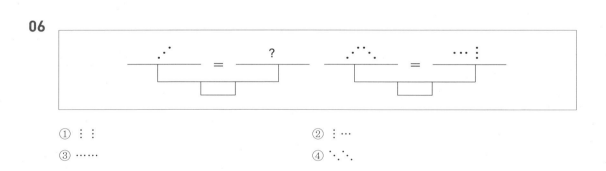

① `⋮⋮`
② `⋮⋯`
③ `⋯⋯`
④ `∵∴`

[07~08] 다음 〈조건〉을 읽고, 〈보기〉가 참인지 거짓인지 혹은 알 수 없는지 고르시오.

07

〈조건〉
- 등산을 좋아하지 않으면 계곡을 좋아하지 않는다.
- 등산을 좋아하면 캠핑을 좋아한다.
- 캠핑을 좋아하면 산을 좋아한다.

〈보기〉
캠핑을 좋아하지 않으면 계곡을 좋아한다.

① 참   ② 거짓
③ 알 수 없음

08

〈조건〉
- 개나리를 좋아하지 않으면 진달래를 좋아한다.
- 진달래를 좋아하는 사람은 장미도 좋아한다.
- 개나리를 좋아하면 수국을 좋아하지 않는다.
- 국화를 좋아하면 장미를 좋아하지 않는다.

〈보기〉
수국을 좋아하지 않으면 진달래도 좋아하지 않는다.

① 참   ② 거짓
③ 알 수 없음

PART 01

PART 02

PART 03

PART 04

PART 05

부록

최신 5개년 기출복원문제

[09~10] 제시된 명제가 모두 참일 때, 빈칸에 들어갈 명제로 가장 적절한 것을 고르시오.

09

> • 속도가 빠르지 않은 자전거는 가격이 비싸지 않다.
> • (   )
> • 전기 모터가 달린 자전거는 속도가 빠르다.

① 전기 모터가 달린 자전거는 가격이 비싸지 않다.
② 가격이 비싼 자전거는 속도가 빠르다.
③ 전기 모터가 달린 자전거는 가격이 비싸다.
④ 속도가 빠른 자전거는 전기 모터가 달려 있다.

10

> • 고기를 먹는 사람은 야채를 먹는다.
> • (   )
> • 과일을 먹지 않는 사람은 고기를 먹지 않는다.

① 야채를 먹는 사람은 과일을 먹는다.
② 야채를 먹지 않는 사람은 고기를 먹는다.
③ 야채를 먹는 사람은 과일을 먹지 않는다.
④ 야채를 먹지 않는 사람은 과일을 먹는다.

[11~12] 다음 〈조건〉을 바탕으로 추론할 수 있는 것을 고르시오.

11

〈조건〉
- 노란색을 좋아하면 초록색을 좋아하지 않는다.
- 흰색을 좋아하면 검정색을 좋아한다.
- 파란색을 좋아하지 않으면 흰색을 좋아한다.
- 빨간색을 좋아하면 검정색을 좋아하지 않는다.
- 노란색을 좋아하지 않으면 파란색을 좋아하지 않는다.

① 노란색을 좋아하지 않으면 검정색을 좋아하지 않는다.
② 검정색을 좋아하지 않으면 노란색을 좋아하지 않는다.
③ 초록색을 좋아하지 않으면 흰색을 좋아하지 않는다.
④ 빨간색을 좋아하면 파란색을 좋아한다.

12

〈조건〉
- A은행의 대출 기간은 B은행의 대출 기간보다 길다.
- C은행의 대출 기간은 A은행의 대출 기간보다 길다.
- D은행의 대출 기간은 3년으로 B은행의 대출 기간보다 짧다.

① B은행의 대출 기간은 3년 이하이다.
② B은행의 대출 기간이 가장 짧다.
③ D은행의 대출 기간이 가장 짧다.
④ A은행의 대출 기간이 가장 길다.

PART 01
PART 02
PART 03
PART 04
PART 05
부록

최신 5개년 기출복원문제

13 다음 갑~무 5명의 진술 중 2명이 참이고 합격한 사람은 1명일 때, 추론할 수 있는 것을 고르시오.

- 갑 : 나랑 정은 떨어졌어.
- 을 : 정의 말은 거짓말이야. 나는 떨어졌어.
- 병 : 나는 떨어졌어. 정이나 무 둘 중에 한 명이 합격했어.
- 정 : 을이 합격했어. 축하해.
- 무 : 나는 떨어졌어.

① 최종 합격한 사람은 갑이다.
② 최종 합격한 사람은 을이다.
③ 최종 합격한 사람은 병이다.
④ 최종 합격한 사람은 정이다.

14 일정한 규칙에 따라 수를 나열할 때, 빈칸에 들어갈 수로 적절한 것을 고르시오.

> 2 2 4   2 4 6   2 6 8   2 8 ( )

① 4   ② 6
③ 8   ④ 10

15 일정한 규칙에 따라 문자를 나열할 때, 빈칸에 들어갈 문자로 적절한 것을 고르시오.

> 다   바   라   아   ( )   타

① 다   ② 바
③ 가   ④ 하

[01~04] 제시된 문자와 동일한 문자를 〈보기〉에서 찾아 고르시오. (단, 제일 왼쪽의 문자를 첫 번째라고 한다.)

PART 01

PART 02

PART 03

PART 04

PART 05

부록

최신 5개년 기출복원문제

〈보기〉

| CapsLock | Enter↵ | Back Space | Esc | Num Lock | Scroll Lock | Sys Req |

01

| Esc |

① 첫 번째　　　　　　　　　　② 두 번째
③ 네 번째　　　　　　　　　　④ 다섯 번째

02

| Back Space |

① 두 번째　　　　　　　　　　② 세 번째
③ 네 번째　　　　　　　　　　④ 다섯 번째

03

| Scroll Lock |

① 첫 번째　　　　　　　　　　② 두 번째
③ 여섯 번째　　　　　　　　　④ 일곱 번째

04

| Sys Req |

① 네 번째　　　　　　　　　　② 다섯 번째
③ 여섯 번째　　　　　　　　　④ 일곱 번째

[05~07] 제시된 문자와 동일한 문자를 〈보기〉에서 찾아 고르시오. (단, 제일 왼쪽의 문자를 첫 번째라고
한다.)

〈보기〉
　　　　　아　　아　　마　　아　　마　　아

05
　　　　　아
① 첫 번째　　　　　　　　② 두 번째
③ 세 번째　　　　　　　　④ 네 번째

06
　　　　　마
① 첫 번째　　　　　　　　② 두 번째
③ 세 번째　　　　　　　　④ 네 번째

07
　　　　　마
① 두 번째　　　　　　　　② 세 번째
③ 네 번째　　　　　　　　④ 다섯 번째

PART 01
PART 02
PART 03
PART 04
PART 05
부록

최신 5개년 기출복원문제

[08~09] 한 영화관은 해외 영화의 제목에 다음과 같은 규칙으로 코드를 부여한다. 이어지는 질문에 답하시오.

〈코드 부여 규칙〉

영화 제목을 다음의 규칙으로 변환한다.

• 알파벳 모음 a, e, i, o, u는 쌍자음 'ㄲ – ㄸ – ㅃ – ㅆ – ㅉ' 순서로 변환한다.
• 나머지 알파벳의 경우 앞의 14개는 숫자 '1 – 2 – 3…14'로, 뒤의 7개는 한글 자음 'ㄱ – ㄴ – ㄷ…ㅅ'으로 변환한다.
• 책 제목의 띄어쓰기한 부분에는 &을 적는다.
  ⓔ 'About time'을 변환할 때 About과 time 사이에 &을 붙여준다. → ㄲ1ㅆㅉㄴ&ㅃ10ㄸ
• 한글 자음과 쌍자음으로 변환된 알파벳의 각각 뒤에 이중모음 'ㅐ – ㅒ – ㅓ – ㅔ – ㅘ – ㅙ – ㅚ – ㅝ – ㅞ – ㅟ – ㅢ'를 순서대로 붙여주며 11개를 초과할 경우 다시 'ㅐ – ㅒ – ㅓ – ㅔ…' 순서로 계속하여 붙여준다.
  ⓔ 위의 규칙들을 모두 적용하여 'About time'을 변환할 경우 → '깨1쌔쩌녜&놔뼈10띄'가 됨

---

08 영화의 제목이 'Aladdin'일 때, 이 영화의 코드는 무엇인가?

① 깨9깨33뻬10   ② 개9깨33뼈11

③ 깨9깨33뼈11   ④ 깨8개33뼈11

09 영화 코드가 '내6때&9뼈쎄11&8빠115'인 영화의 제목은?

① The Parent Trap   ② The Lion King

③ The Great Mouse   ④ The Princess Diaries

10 다음 중 제시된 도형과 같은 도형을 고르시오.

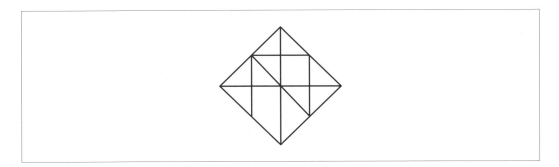

①

②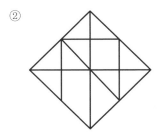

③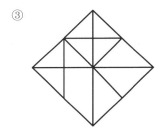

④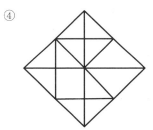

11 다음 중 제시된 도형과 같은 도형을 고르시오. (단, 도형은 회전할 수 있다.)

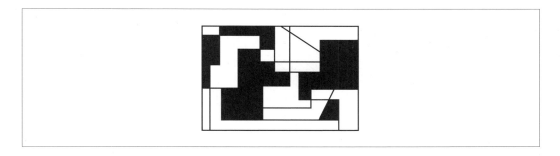

①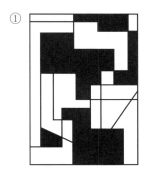

②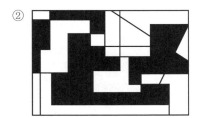

③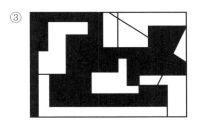

④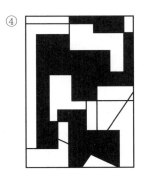

PART
01

PART
02

PART
03

PART
04

PART
05

부록

최신 5개년 기출복원문제

[12~13] 다음 블록의 개수는 몇 개인지 고르시오. (단, 보이지 않는 곳의 블록은 있다고 가정한다.)

12

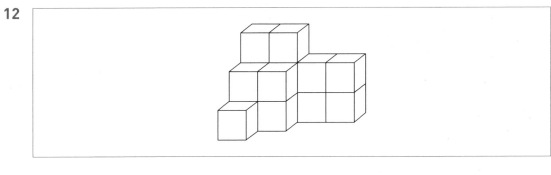

① 14개　　　　　　　　　② 15개
③ 16개　　　　　　　　　④ 17개

13

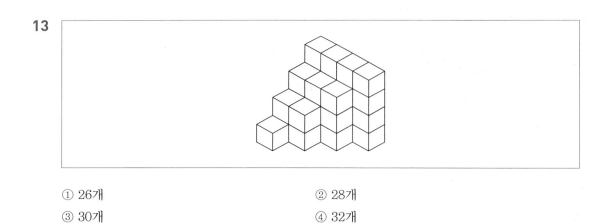

① 26개　　　　　　　　　② 28개
③ 30개　　　　　　　　　④ 32개

14 다음은 나무토막을 쌓아서 만든 도형을 정면과 우측에서 본 모양이다. 필요한 나무토막의 최대 개수는?

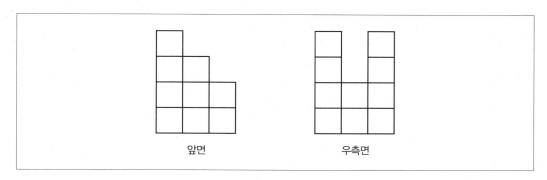

앞면   우측면

① 21개   ② 22개
③ 23개   ④ 24개

15 다음은 쌓아 놓은 블록을 앞과 오른쪽에서 본 모양이다. 입체도형으로 만들기 위해서 최소로 필요한 블록의 개수는?

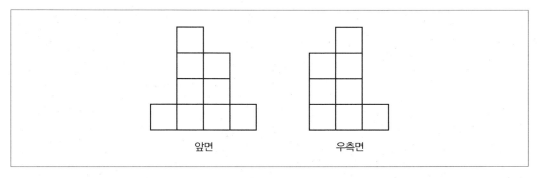

앞면   우측면

① 9개   ② 11개
③ 13개   ④ 15개

PART 01

PART 02

PART 03

PART 04

PART 05

부록

최신 5개년 기출복원문제

수 리 능 력

[01~03] 다음 식을 계산한 값으로 적절한 것을 고르면?

01

$$\frac{1}{48} \times 0.6 \div 0.02 - 0.1$$

① 0.625   ② 0.525

③ 0.425   ④ 0.325

02

$$1.212 - 0.055 + 1.074 + 1.318 - 0.457 - 1.354$$

① 1.438   ② 1.538

③ 1.638   ④ 1.738

03

$$18 + 40 - 160 - 180 + 390$$

① 138   ② 128

③ 118   ④ 108

04 어느 공장에서 지난달 생산된 키보드와 마우스의 개수를 모두 합하면 500개이다. 이번 달은 지난달보다 키보드의 생산량은 $\frac{1}{3}$로 감소하고 마우스의 생산량은 3배로 증가하였다. 이번 달 키보드와 마우스를 합하여 모두 900개를 생산했을 때, 이번 달 생산한 키보드의 개수는?

① 65개   ② 70개
③ 75개   ④ 80개

PART 01
PART 02
PART 03
PART 04
PART 05
부록

05 A씨는 집에서 4km 떨어진 거래처까지 50m/분의 속력으로 걸어가다가 회사에 중요한 자료를 놓고 와서 가는 길에 회사에 잠시 들렸다. 거래처와의 약속시간이 늦을 것 같아서 바로 공유 자전거를 타고 150m/분의 속력으로 거래처에 갔다. 집에서 회사를 거쳐 거래처까지 도착하는 데 총 30분이 걸렸다면, A씨가 공유 자전거를 탄 시간은 얼마인가? (단, 회사에 지체한 시간은 고려하지 않으며, 집, 회사, 거래처 순서로 일직선상에 위치한다.)

① 10분   ② 15분
③ 20분   ④ 25분

06 농도를 알 수 없는 설탕물 600g에 농도 8%의 설탕물 300g을 온전히 섞었더니 설탕물의 농도는 10%가 되었다. 처음 600g의 설탕물에 녹아있던 설탕은 몇 g인가?

① 66g   ② 55g
③ 44g   ④ 33g

07 수영장에 물을 채우기 위해 호스 A와 호스 B를 이용한다. 호스 A로 물을 채우면 10시간이 걸리고, 호스 A, B로 물을 같이 채우면 6시간 걸린다. 이때 호스 B로만 물을 채운다면 시간은 얼마나 걸리는가?

① 12시간   ② 13시간
③ 14시간   ④ 15시간

최신 5개년 기출복원문제

08 원가가 5천 원인 컵 100개 중 10개는 7천 원에 판매하고 나머지의 절반을 4천 원에 판매한 후, 남은 컵을 팔아 이윤을 남기려고 할 때 가장 적절한 가격은 얼마인가? (단, 최소한의 이윤을 남겨야 한다.)

① 6,000원　　　　　　　　　　　② 5,600원

③ 5,200원　　　　　　　　　　　④ 4,800원

09 A씨는 편도로 12km인 등산로를 왕복으로 등산하는 데 5시간이 걸렸다. 산을 내려갈 때 A씨의 속력은 올라갈 때 속력보다 2km/h 더 빠르다고 한다면 올라갈 때 걸린 시간은 얼마인가?

① 3시간　　　　　　　　　　　② 3.5시간

③ 4시간　　　　　　　　　　　④ 4.5시간

10 1에서 9까지 적힌 카드를 임의로 두 장을 동시에 뽑을 때, 뽑은 카드에 적힌 수의 곱이 홀수일 확률은?

① $\dfrac{1}{6}$　　　　　　　　　　　② $\dfrac{2}{9}$

③ $\dfrac{5}{18}$　　　　　　　　　　　④ $\dfrac{1}{3}$

11 다음은 우리나라 10대와 총 인구수를 나타낸 그래프이다. 이에 대한 설명으로 옳은 것은?

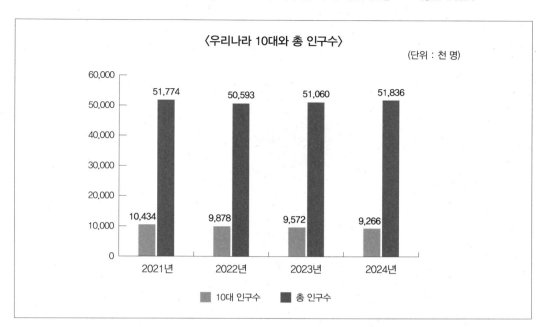

① 2021~2024년 동안 우리나라 총 인구수는 5,200~5,400만 명 사이이다.
② 2021년 대비 2024년 10대 인구 감소율은 10% 이상이다.
③ 2022~2024년 동안 전년 대비 10대 인구수의 감소폭은 커졌다.
④ 총 인구수와 10대 인구수가 가장 많은 해는 동일하다.

PART 01
PART 02
PART 03
PART 04
PART 05
부록

최신 5개년 기출복원문제

12 다음은 지역별 논벼 면적의 구성비를 나타낸 자료이다. 전체 논벼 생산량이 2,073톤일 때, 지역별 논벼 생산량은 얼마인가? (단, 소수점 아래는 모두 절삭한다.)

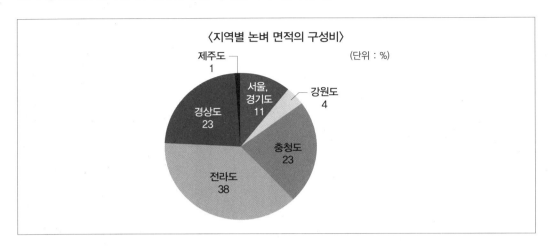

	서울, 경기도	강원도	충청도	전라도	경상도	제주도
①	238톤	81톤	475톤	777톤	475톤	21톤
②	228톤	82톤	476톤	787톤	476톤	20톤
③	218톤	83톤	477톤	797톤	477톤	19톤
④	208톤	84톤	478톤	807톤	478톤	18톤

13 다음은 도시 A~C의 인구, 도로연장 및 인구 1,000명당 자동차 대수를 나타낸 자료이다. 도로 1km 당 자동차 대수가 가장 많은 도시와 가장 적은 도시는 어디인가?

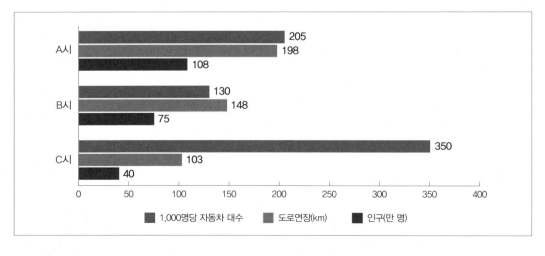

① A시, B시   ② A시, C시

③ C시, A시   ④ C시, B시

14 다음은 총 혼인 건수 및 조혼인율을 나타낸 자료이다. 이에 대한 설명으로 옳은 것은?

PART
01

PART
02

PART
03

PART
04

PART
05

부록

최신 5개년 기출복원문제

〈총 혼인 건수 및 조혼인율〉

구분	2020년	2021년	2022년	2023년	2024년
총 혼인 건수(천 건)	209.8	229.1	227.1	210.5	191.0
조혼인율(인구 1천 명당 건)	6.2	6.6	6.5	5.8	4.2

※ 조혼인율 : $\dfrac{\text{총 혼인 건수}}{\text{연앙인구}} \times 1,000$

① 2020~2024년 평균 혼인 건수는 200천 건 미만이다.
② 2023년은 전년 대비 총 혼인 건수는 감소하였지만 연앙인구는 증가하였다.
③ 혼인 건수가 가장 높은 연도와 조혼인율이 가장 높은 연도는 서로 다르다.
④ 2020년 대비 2024년 연앙인구는 약 40% 증가하였다.

15 A 화장품 회사의 매출액 추이를 나타낸 자료이다. 이에 대해 바르게 분석한 사람을 모두 고르면?

〈A 화장품 회사의 매출액 추이〉

(단위 : 천만 원)

구분	2022년	2023년	2024년
피부	5,452	5,717	5,487
메이크업	23,825	21,437	24,186
헤어	3,306	3,085	3,145
바디	1,294	1,095	1,299
기타	2,097	2,145	2,461
합계	35,974	33,479	36,578

가희 : 피부 제품 매출액의 증감추이와 반대되는 추이를 보이는 항목이 존재해.
나희 : 3년 동안 모든 항목별 매출액은 30억 원 이상의 변동폭을 보였어.
다희 : 3년간 각 항목의 매출액 순위는 한 번도 변동 없이 동일하네.
라희 : 2022년과 비교했을 때 2024년에 매출액이 상승하지 않은 항목은 2개뿐이군.

① 가희, 나희   ② 가희, 다희
③ 나희, 라희   ④ 다희, 라희

[01~02] 다음 〈조건〉을 보고 ?에 들어갈 문자를 고르시오.

<조건>

01

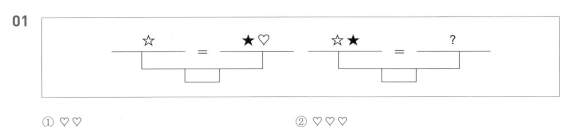

① ♡ ♡

② ♡ ♡ ♡

③ ♡ ♡ ♡ ♡

④ ♡ ♡ ♡ ♡ ♡

02

① ★ ★ ★

② ♥ ★ ★

③ ♥ ♥ ★

④ ♥ ♥ ♥

[03~04] 다음 〈조건〉을 보고 ?에 들어갈 문자를 고르시오.

〈조건〉

03

① ウフ
② ウウ
③ ウへ
④ へへ

04

① コフ
② コへ
③ コウ
④ ココ

PART 01

PART 02

PART 03

PART 04

PART 05

부록

최신 5개년 기출복원문제

[05~06] 다음 〈조건〉을 보고 ?에 들어갈 문자를 고르시오.

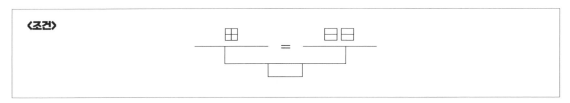

05

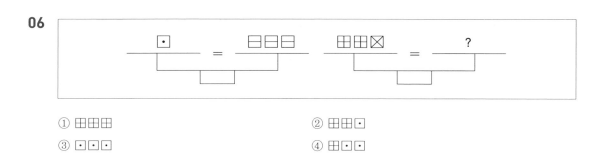

① ⊞⊞   ② ⊞🔲
③ ⊠⊞   ④ ⊠🔲

06

① ⊞⊞⊞   ② ⊞⊞·
③ ···   ④ ⊞··

[07~08] 다음 〈조건〉을 읽고, 〈보기〉가 참인지 거짓인지 혹은 알 수 없는지 고르시오.

07

〈조건〉
- 계획을 세우면 시간을 단축할 수 있다.
- 저녁을 먹을 시간이 없으면 드라마를 볼 시간이 없다.
- 과제를 빨리 끝낼 수 있으면 드라마를 볼 시간이 있다.
- 과제를 빨리 끝낼 수 없으면 시간을 단축할 수 없다.

〈보기〉
계획을 세우면 저녁을 먹을 시간이 없다.

① 참　　　　　　　　　　　　② 거짓
③ 알 수 없음

08

〈조건〉
- 부산으로 출장을 간다면 대전으로 출장을 가지 않는다.
- 대전으로 출장을 간다면 인천으로 출장을 간다.

〈보기〉
인천으로 출장을 간 박대리는 부산으로 출장을 가지 않는다.

① 참　　　　　　　　　　　　② 거짓
③ 알 수 없음

PART 01

PART 02

PART 03

PART 04

PART 05

부록

최신 5개년 기출복원문제

09

- 발이 크면 손이 크다.
- 손이 크면 키가 크지 않다.
- (   )

① 발이 크면 키가 크다.

② 발이 크면 키가 크지 않다.

③ 손이 크지 않으면 키가 크다.

④ 손이 크면 발이 크다.

10

- 섬에 사는 사람은 수영을 잘한다.
- (   )
- 뱃멀미가 심한 사람은 섬에 살지 않는다.

① 수영을 잘하는 사람은 뱃멀미가 심하다.

② 수영을 잘하는 사람은 뱃멀미가 심하다.

③ 뱃멀미가 심한 사람은 수영을 못한다.

④ 뱃멀미가 심한 사람은 수영을 못한다.

[11~12] 다음 〈조건〉을 바탕으로 추론할 수 있는 것을 고르시오.

11

> **〈조건〉**
> • A~D 4명은 각각 축구, 농구, 배구, 야구 중 한 가지를 한다.
> • A는 축구를 하지 않는다.
> • B는 농구 또는 야구를 한다.
> • B가 농구를 하면 C는 야구를 한다.
> • B가 야구를 하면 D는 배구를 한다.

① B가 야구를 하면 A는 농구를 한다.
② B가 야구를 하면 C는 농구를 한다.
③ B가 농구를 하면 A는 야구를 한다.
④ B가 농구를 하면 D는 배구를 한다.

12

> **〈조건〉**
> • 수아, 태인, 수현, 소현, 나영, 수빈 6명의 키를 비교하여 순서대로 나열한다.
> • 키가 같은 사람은 없으며, 태인과 수현 사이에는 세 명이 있다.
> • 소현은 태인보다 키가 크며, 태인은 수아 바로 다음으로 키가 작다.
> • 나영은 수현보다 키가 크다.
> • 수빈은 키가 가장 작은 사람이 아니다.

① 수아의 키는 2번째로 작다.
② 수빈의 키는 3번째로 작다.
③ 소현의 키는 4번째로 작다.
④ 태인의 키는 6번째로 작다.

PART 01

PART 02

PART 03

PART 04

PART 05

부록

최신 5개년 기출복원문제

13 다음 A~E 5명의 진술 중 하나는 참이고 나머지 하나는 거짓일 때, 추론할 수 있는 것을 고르시오.

- A : 나는 목수가 아니다. C는 농부가 아니다.
- B : A는 어부가 아니다. C는 상인이 아니다.
- C : A는 상인이다. D는 목수이다.
- D : A는 목수이다. B는 상인이다.
- E : B는 농부이다. 나는 광부이다.

① A는 상인이다.
② C는 어부이다.
③ B는 광부가 아니다.
④ D는 목수가 아니다.

14 일정한 규칙에 따라 수를 나열할 때, 빈칸에 들어갈 수로 적절한 것을 고르시오.

| 3 | 6 | 10 | ( ) | 21 | 28 | 36 | 45 |

① 9   ② 11
③ 13   ④ 15

15 일정한 규칙에 따라 문자를 나열할 때, 빈칸에 들어갈 문자로 적절한 것을 고르시오.

| ㅈ | ㄹ | ㅇ | ㄷ | ( ) | ㄱ |

① ㅂ   ② ㅁ
③ ㅅ   ④ ㄴ

[01~04] 제시된 문자와 동일한 문자를 〈보기〉에서 찾아 고르시오. (단, 제일 왼쪽의 문자를 첫 번째라고 한다.)

〈보기〉

01

① 첫 번째   ② 두 번째
③ 세 번째   ④ 네 번째

02

① 두 번째   ② 세 번째
③ 다섯 번째   ④ 여섯 번째

03

① 첫 번째   ② 두 번째
③ 다섯 번째   ④ 여섯 번째

04

① 여덟 번째   ② 일곱 번째
③ 여섯 번째   ④ 다섯 번째

[05~07] 제시된 문자와 동일한 문자를 〈보기〉에서 찾아 고르시오. (단, 제일 왼쪽의 문자를 첫 번째라고 한다.)

〈보기〉
�ই ◖ ◆ ◉ ◈ ◼◆ ◇

05
◇

① 두 번째 ② 세 번째
③ 다섯 번째 ④ 일곱 번째

06
◈

① 두 번째 ② 세 번째
③ 네 번째 ④ 다섯 번째

07
◼◆

① 네 번째 ② 다섯 번째
③ 여섯 번째 ④ 일곱 번째

[08~09] 다음 제시된 좌우 문자를 비교하여 같으면 ①을, 다르면 ②를 고르시오.

08

きっと幸せ&になれる ― きっと幸せ&になわる

① 같다　　　　　　　　　　　② 다르다

09

AKSAKATOBIRA ― AKASAKATOBIRA

① 같다　　　　　　　　　　　② 다르다

10 다음 중 제시된 도형과 같은 도형을 고르시오. (단, 도형은 회전할 수 있다.)

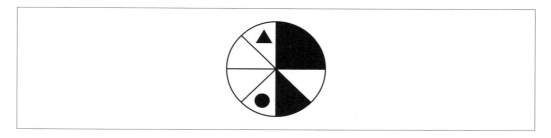

①

②

③

④

PART 01

PART 02

PART 03

PART 04

PART 05

부록

최신 5개년 기출복원문제

11 다음 중 제시된 도형과 다른 것을 고르시오.

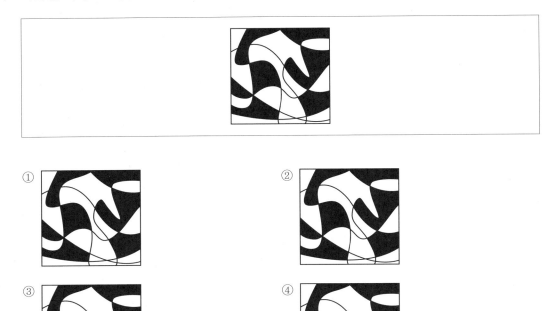

[12~13] 다음 블록의 개수는 몇 개인지 고르시오. (단, 보이지 않는 곳의 블록은 있다고 가정한다.)

12

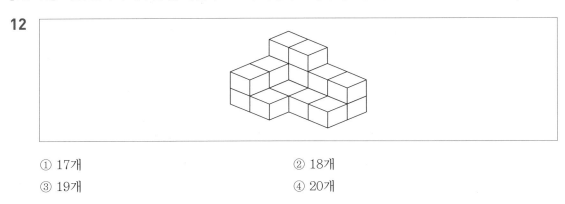

① 17개   ② 18개
③ 19개   ④ 20개

13

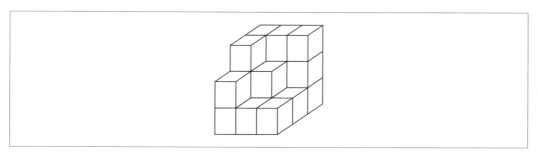

① 16개   ② 17개

③ 18개   ④ 19개

14 다음은 나무토막을 쌓아서 만든 도형을 정면과 우측에서 본 모양이다. 필요한 나무토막의 최대 개수는?

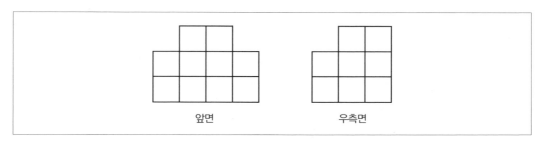

① 26개   ② 27개

③ 28개   ④ 29개

15 다음은 쌓아 놓은 블록을 앞과 오른쪽에서 본 모양이다. 입체도형으로 만들기 위해서 최소로 필요한 블록의 개수는?

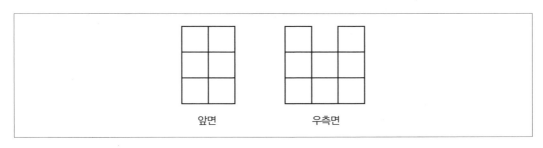

① 8개   ② 9개

③ 10개   ④ 11개

PART 01

PART 02

PART 03

PART 04

PART 05

부록

최신 5개년 기출복원문제

수 리 능 력

[01~02] 다음 식을 계산한 값으로 적절한 것을 고르면?

01

$$14 \times 20 - 18 \div 3$$

① 270   ② 274
③ 278   ④ 282

02

$$0.38 \times 1.2 + 0.61 + 0.39 \div 0.1$$

① 4.666   ② 4.766
③ 4.866   ④ 4.966

03 5명으로 이루어진 회사 동아리의 모든 멤버 나이의 합은 170살이다. 5명 중 3명의 나이는 5명의 평균 나이와 같고, 가장 나이가 많은 사람의 나이가 41살일 때, 막내의 나이는 몇 살인가?

① 29살   ② 28살
③ 27살   ④ 26살

04 연속하는 세 자연수의 합이 27일 때 가장 큰 자연수는?

① 8

② 9

③ 10

④ 11

PART
01

PART
02

PART
03

PART
04

PART
05

부록

최신 5개년 기출복원문제

05 두 공장 A, B 사이를 차로 왕복하는 데 갈 때는 시속 60km, 올 때는 시속 80km로 달렸더니 올 때는 갈 때보다 시간이 20분 덜 걸렸다. 이때 두 공장 A, B 사이의 거리는?

① 80km

② 75km

③ 70km

④ 65km

06 농도 12%의 소금물 500g과 x %의 소금물 300g을 섞었더니 농도 9%의 소금물이 되었다. 섞은 소금물의 농도는 몇 %인가?

① 4%

② 4.5%

③ 5%

④ 5.5%

07 원가가 6,000원인 상품이 있다. 정가의 20%를 할인하여 판매했더니 원가의 12%의 이익이 생겼다면, 이 상품의 정가는 얼마인가?

① 8,000원

② 8,200원

③ 8,400원

④ 8,600원

08 A씨, B씨, C씨가 함께 하면 60분이 걸리는 일을 A씨, B씨 둘이 함께 하면 120분, A씨, C씨 둘이 함께 하면 90분이 걸린다고 한다. 이 일을 처음부터 끝까지 B씨와 C씨 둘이서 함께 한다면 몇 시간이 걸리는가?

① 4.5시간

② 3.4시간

③ 2.3시간

④ 1.2시간

09 사원 A씨, B씨, C씨를 포함한 7명의 신입사원이 있다. 이 7명의 신입사원 중에서 A씨, B씨, C씨를 포함하여 5명을 선택하고 이 5명의 신입사원들 모두를 일정한 간격으로 원탁 테이블에 둘러앉게 하는 경우의 수는?

① 120가지

② 144가지

③ 168가지

④ 192가지

10 박스 안에 흰 공 4개와 검은 공 5개가 들어 있다. 여기에서 2개의 공을 차례로 꺼낼 때, 모두 흰 공이거나 또는 모두 검은 공일 확률은?

① $\dfrac{4}{9}$

② $\dfrac{5}{9}$

③ $\dfrac{2}{3}$

④ $\dfrac{7}{9}$

11 다음은 휘발유와 경유의 판매가 변동 추이이다. 이에 대한 설명으로 옳은 것은?

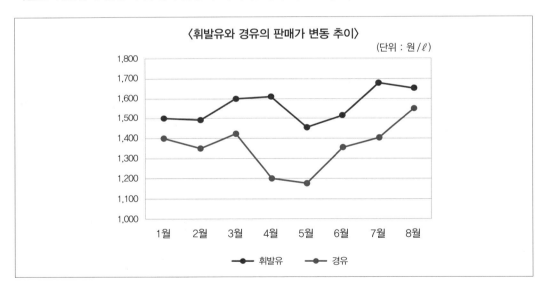

① 휘발유와 경유의 증감 추이는 동일하다.

② 조사기간 중 휘발유와 경유의 판매가가 가장 높았던 시기는 같다.

③ 7월 휘발유의 판매가는 2월 경유의 판매가보다 약 2배 이상 높다.

④ 3~4월 동안 경유의 하락폭은 조사기간 중 가장 크다.

12 다음은 우리나라 배달업체 매출액을 나타낸 그래프이다. 이를 바탕으로 기사를 작성한다고 했을 때 옳은 것은?

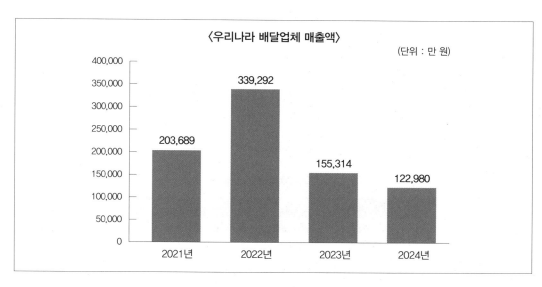

① 코로나19로 인해 외출이 힘들었던 2021년의 배달업체 매출액이 가장 높았습니다.

② 2022년에는 2021년과 마찬가지로 배달업체 매출액이 30억 원을 돌파했습니다.

③ 조사기간 중 2023년의 배달업체 매출액이 가장 낮은 수치를 보이고 있습니다.

④ 2024년에는 바깥 외출이 잦아지면서 배달업체의 매출액이 2022년에 비해 2배 이상 줄어들었습니다.

13 다음은 우리나라 전기자동차 판매 현황이다. 빈칸에 들어갈 숫자들의 합을 구하면?

〈우리나라 전기자동차 판매 현황〉

구분	2021년	2022년	2023년	2024년
매출액(만 원)	19,882,868	48,695,172	122,980,480	( )
판매량(대)	( )	13,826	31,696	46,966
전기자동차 1대당 평균가격(만 원)	3,362	3,522	( )	3,952

※ 전기자동차 1대당 평균가격 = $\dfrac{매출액}{판매량}$

① 185,619,426

② 195,619,426

③ 205,619,426

④ 215,619,426

PART 01

PART 02

PART 03

PART 04

PART 05

부록

최신 5개년 기출복원문제

[14~15] 다음은 2020~2024년 연구를 수행하는 기관별 연구원 수와 연구비에 대한 자료이다. 다음 물음에 답하시오.

〈2020~2024년 기관별 연구원 수〉

(단위 : 명)

구분	2020년	2021년	2022년	2023년	2024년
국 · 공립	11,003	10,518	10,442	10,704	12,237
정부	29,163	30,912	31,932	32,572	32,008
지방자치단체	2,116	2,269	2,044	2,057	2,354
기타	1,940	1,953	1,920	2,084	2,662

〈2020~2024년 기관별 연구비〉

(단위 : 백만 원)

구분	2020년	2021년	2022년	2023년	2024년
국 · 공립	745,073	767,363	797,894	746,585	813,858
정부	6,264,465	6,838,837	7,140,749	7,416,927	7,549,499
지방자치단체	128,834	129,260	113,265	197,143	260,702
기타	117,456	114,302	118,839	137,573	123,902

※ 기관별 연구비=연구원 1인당 연구비×기관별 연구원 수

14 자료에 대한 설명으로 옳지 않은 것은?

① 정부 연구원 수는 2020~2023년 동안 매년 증가했다.

② 2024년 기타기관의 연구원 1인당 연구비는 50백만 원 이상이다.

③ 2024년 지방자치단체의 연구비는 2020년에 비해 100% 이상 증가했다.

④ 2021년 기관별 연구비의 총합 중 국 · 공립의 연구비가 차지하는 비중은 약 10% 미만이다.

15 2024년 기타기관을 제외한 기관별 연구원 1인당 연구비가 많은 순서대로 나열한 것은? (단, 소수점 아래는 절삭한다.)

① 국 · 공립 > 정부 > 지방자치단체

② 정부 > 지방자치단체 > 국 · 공립

③ 지방자치단체 > 정부 > 국 · 공립

④ 정부 > 국 · 공립 > 지방자치단체

[01~02] 다음 〈조건〉을 보고 ?에 들어갈 문자를 고르시오.

〈조건〉

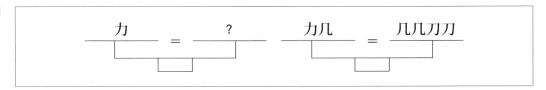

01

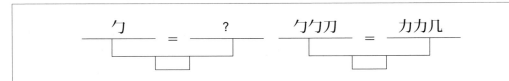

① 刀刀刀   ② 刀刀刀刀
③ 刀刀刀刀刀   ④ 刀刀刀刀刀刀

02

① 力刀   ② 几几
③ 刀刀   ④ 力几

PART 01
PART 02
PART 03
PART 04
PART 05
부록

최신 5개년 기출복원문제

[03~04] 다음 〈조건〉을 보고 ?에 들어갈 문자를 고르시오.

〈조건〉

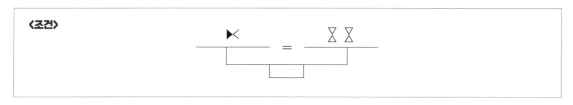

03

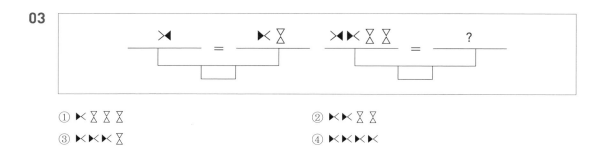

① ▶◁ ⦻ ⦻ ⦻
② ▶◁ ▶◁ ⦻ ⦻
③ ▶◁ ▶◁ ▶◁ ⦻
④ ▶◁ ▶◁ ▶◁ ▶◁

04

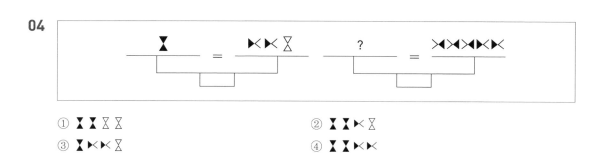

① ⦶ ⦶ ⦻ ⦻
② ⦶ ⦶ ▶◁ ⦻
③ ⦶ ▶◁ ▶◁ ⦻
④ ⦶ ⦶ ▶◁ ▶◁

[05~06] 다음 〈조건〉을 보고 ?에 들어갈 문자를 고르시오.

〈조건〉

05

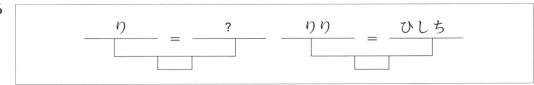

① しししし
② しちちち
③ ししちち
④ しししち

06

① ちちちち
② しちちち
③ ちちち
④ ししち

PART 01

PART 02

PART 03

PART 04

PART 05

부록

최신 5개년 기출복원문제

[07~08] 다음 〈조건〉을 읽고, 〈보기〉가 참인지 거짓인지 혹은 알 수 없는지 고르시오.

07

〈조건〉
- 만화를 좋아하면 영화관에 자주 간다.
- 책을 많이 읽지 않으면 문해력이 좋지 않다.
- 책을 많이 읽으면 영화관에 자주 가지 않는다.

〈보기〉
문해력이 좋으면 만화를 좋아하지 않는다.

① 참   ② 거짓
③ 알 수 없음

08

〈조건〉
- 원탁에 앉은 A~H는 맞은편에 앉은 사람과 같은 음료를 마신다.
- 앉은 사람의 시점을 기준으로 좌 · 우를 구분한다.
- A는 커피를 마시고 있으며, 맞은편에는 B가 앉아 있다.
- B 왼쪽에는 F가 앉아 있으며, F는 녹차를 마신다.
- C는 D와 H 사이에 앉아 있고, 콜라를 마신다.
- A 오른쪽에 앉은 사람은 사이다를 마신다.

〈보기〉
A 왼쪽에는 H가 앉는다.

① 참   ② 거짓
③ 알 수 없음

[09~10] 제시된 명제가 모두 참일 때, 빈칸에 들어갈 명제로 가장 적절한 것을 고르시오.

09

> • 모든 정치가는 박사학위를 수료하지 않았다.
> • (   )
> • 어떤 사업가는 정치가가 아니다.

① 모든 정치가는 사업가이다.
② 박사학위를 수료한 어떤 사람은 정치가이다.
③ 어떤 사업가는 박사학위를 수료하지 않았다.
④ 어떤 사업가는 박사학위를 수료하였다.

10

> • 모든 수입산 해산물은 가격이 저렴하다.
> • 어떤 오징어는 가격이 저렴하지 않다.
> • (   )

① 가격이 저렴하지 않으면 수입산 해산물이다.
② 모든 오징어는 수입산 해산물이다.
③ 모든 오징어는 가격이 저렴하지 않다.
④ 어떤 오징어는 수입산 해산물이 아니다.

PART 01
PART 02
PART 03
PART 04
PART 05
부록

최신 5개년 기출복원문제

[11~12] 다음 〈조건〉을 바탕으로 추론할 수 있는 것을 고르시오.

11

〈조건〉
- 공원을 매일 산책하지 않는 사람은 TV를 많이 본다.
- 자전거를 자주 타는 사람은 강아지를 키우지 않는다.
- 라디오를 듣는 사람은 TV를 많이 보지 않는다.
- 공원을 매일 산책하는 사람은 강아지를 키운다.

① 라디오를 듣는 사람은 자전거를 자주 탄다.
② 공원을 매일 산책하지 않는 사람은 라디오를 듣지 않는다.
③ 자전거를 자주 타지 않는 사람은 TV를 많이 보지 않는다.
④ 공원을 매일 산책하는 사람은 자전거를 자주 탄다.

12

〈조건〉
- A~F 6명은 어제 각기 다른 시간에 퇴근했다.
- A는 E가 퇴근하기 직전에 퇴근했다.
- B는 C보다는 늦게, D보다는 먼저 퇴근했다.
- E는 가장 늦게 퇴근했다.
- F는 D보다 늦게 퇴근했다.

① C는 F보다 늦게 퇴근했다.
② B는 3번째로 퇴근했다.
③ D는 4번째로 퇴근했다.
④ F는 A가 퇴근하기 직전에 퇴근했다.

13 다음 A~E 5명의 진술 중 1명이 거짓이고 범인은 1명일 때, 추론할 수 있는 것을 고르시오.

> • A : C가 범인이다.
> • B : 나는 범인이 아니다.
> • C : D가 범인이다.
> • D : C의 말은 거짓이다.
> • E : B는 범인이 아니다.

① A의 진술은 참이다.
② B의 진술은 거짓이다.
③ C는 범인이 아니다.
④ D는 범인이다.

14 일정한 규칙에 따라 수를 나열할 때, 빈칸에 들어갈 수로 적절한 것을 고르시오.

5	6	8	12	20	36	68	( )	

① 128   ② 132
③ 136   ④ 140

15 일정한 규칙에 따라 문자를 나열할 때, 빈칸에 들어갈 문자로 적절한 것을 고르시오.

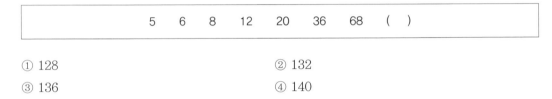

Ⅱ	Ⅳ	Ⅲ	( )	Ⅴ	Ⅹ

① Ⅰ   ② Ⅶ
③ Ⅵ   ④ Ⅸ

PART 01

PART 02

PART 03

PART 04

PART 05

부록

최신 5개년 기출복원문제

[01~04] 제시된 문자와 동일한 문자를 〈보기〉에서 찾아 고르시오. (단, 제일 왼쪽의 문자를 첫 번째라고 한다.)

〈보기〉

✳ ✳ ✿ ✿ ✿ ✿ ✳ ✳

01

✿

① 두 번째 ② 세 번째
③ 네 번째 ④ 다섯 번째

02

✿

① 다섯 번째 ② 여섯 번째
③ 일곱 번째 ④ 여덟 번째

03

✳

① 두 번째 ② 세 번째
③ 네 번째 ④ 다섯 번째

04

✿

① 두 번째 ② 세 번째
③ 네 번째 ④ 다섯 번째

[05~08] 제시된 문자와 동일한 문자를 〈보기〉에서 찾아 고르시오. (단, 제일 왼쪽의 문자를 첫 번째라고 한다.)

〈보기〉

⇪　　⇧　　⇧　　⇑　　⇧　　⇧　　⇧

05

⇧

① 첫 번째 　　　　　　　　　② 두 번째
③ 세 번째 　　　　　　　　　④ 네 번째

06

⇑

① 첫 번째 　　　　　　　　　② 두 번째
③ 네 번째 　　　　　　　　　④ 다섯 번째

07

⇪

① 첫 번째 　　　　　　　　　② 네 번째
③ 다섯 번째 　　　　　　　　④ 여섯 번째

08

⇧

① 네 번째 　　　　　　　　　② 다섯 번째
③ 여섯 번째 　　　　　　　　④ 일곱 번째

PART 01
PART 02
PART 03
PART 04
PART 05
부록
최신 5개년 기출복원문제

09 다음 제시된 문자들을 오름차순으로 나열하였을 때 4번째에 오는 문자는 무엇인가?

D   O   J   H   L   S

① O

② H

③ L

④ J

10 다음 중 제시된 도형과 같은 도형을 고르시오.

①

②

③

④

11 다음 중 제시된 도형과 다른 것을 고르시오.

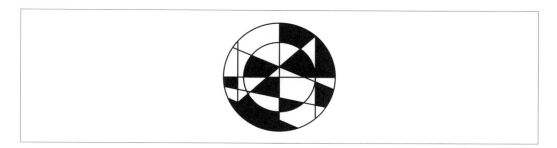

①

②

③

④

PART 01
PART 02
PART 03
PART 04
PART 05
부록

최신 5개년 기출복원문제

[12~13] 다음 블록의 개수는 몇 개인지 고르시오. (단, 보이지 않는 곳의 블록은 있다고 가정한다.)

12

① 16개   ② 17개
③ 18개   ④ 19개

13

① 22개   ② 23개
③ 24개   ④ 25개

14 다음은 나무토막을 쌓아서 만든 도형을 정면과 우측에서 본 모양이다. 필요한 나무토막의 최대 개수는?

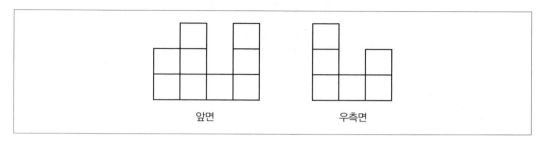

① 17개
③ 19개
② 18개
④ 20개

15 다음은 쌓아 놓은 블록을 앞과 오른쪽에서 본 모양이다. 입체도형으로 만들기 위해서 최소로 필요한 블록의 개수는?

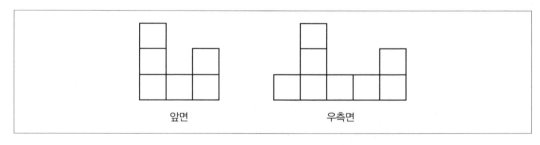

① 7개
③ 9개
② 8개
④ 10개

PART 01
PART 02
PART 03
PART 04
PART 05
부록

최신 5개년 기출복원문제

PART

02

수리능력

1. 사칙 연산

(1) 개요

① 수 또는 식에 관한 덧셈(+), 뺄셈(−), 곱셈(×), 나눗셈(÷) 네 종류의 계산법

② 수의 범위를 복소수·실수 또는 유리수 전체로 할 때는 0으로 나누는 나눗셈만 제외한다면 사칙은 항상 가능. 그러나 정수의 범위에서 나눗셈이 언제나 가능한 것은 아니며, 또 자연수의 범위에서도 뺄셈과 나눗셈이 언제나 가능한 것은 아님

(2) 수의 계산

① 교환법칙 : $a+b=b+a$, $a \times b=b \times a$

② 결합법칙 : $a+(b+c)=(a+b)+c$, $a \times(b \times c)=(a \times b) \times c$

③ 분배법칙 : $(a+b) \times c=a \times c+b \times c$

④ 분수 계산

　㉠ 분모가 같은 경우 : $\dfrac{p}{a}+\dfrac{q}{a}=\dfrac{p+q}{a}$

　㉡ 분모가 다른 경우 : $\dfrac{p}{a}+\dfrac{q}{b}=\dfrac{aq+bp}{ab}$

⑤ 곱셈 공식

　㉠ $ab \times cd=ac \times bd=ad \times bc$

　㉡ $a^p \times a^q \div a^r=a^{p+q-r}$

　㉢ $a^2-b^2=(a+b)(a-b)$

　㉣ $a^3+b^3=(a+b)(a^2-ab+b^2)$

　㉤ $a^3-b^3=(a-b)(a^2+ab+b^2)$

(3) 혼합 계산의 순서

① 괄호가 있는 경우 소괄호( ) → 중괄호{ } → 대괄호[ ] 순으로 계산

② 네 개 연산기호의 혼합식에서 곱셈(×)과 나눗셈(÷)을 먼저 계산한 후 덧셈(+)과 뺄셈(−)을 계산

　예 $4+8-2 \times 6 \div 3=4+8-12 \div 3=4+8-4=8$

③ 곱셈(×)과 나눗셈(÷), 덧셈(+)과 뺄셈(−)은 각각 우선순위가 동일하므로, 어떤 것을 먼저 계산해도 상관없음

2. 식의 계산

(1) 약수와 배수

① **약수** : 0이 아닌 어떤 수를 나누어 떨어지게 하는 수

② **배수** : 어떤 수를 1배, 2배, 3배, … 한 수

③ **공약수와 최대공약수** : 두 수의 공통인 약수를 두 수의 공약수라고 하고, 최대공약수는 그 중 가장 큰 수

　　예 12와 15의 최대공약수 : $12=2^2 \times 3$, $15=3 \times 5$, 최대공약수$=3$

④ **공배수와 최소공배수** : 두 수의 공통인 배수를 두 수의 공배수라고 하고, 최소공배수는 그 중 가장 작은 수

　　예 12와 15의 최대공약수 : $12=2^2 \times 3$, $15=3 \times 5$, 최소공배수$=2^2 \times 3 \times 5=60$

⑤ **서로소** : 1을 제외하고 공약수를 갖지 않는 두 자연수

(2) 소수

① **소수** : 약수가 1과 자기 자신만으로 이루어진 자연수

② **소인수분해** : 자연수를 소인수의 곱으로 나타낸 것

　　예 18의 소인수분해 : $18=2 \times 3 \times 3=2 \times 3^2$

PART 01
PART 02
PART 03
PART 04
PART 05
부록

수리능력

1. 방정식, 부등식

(1) 일차방정식과 일차부등식

① 일차방정식

　ㄱ 계수가 분수나 소수이면 정수로 고침

　　※ 소수 : 0보다 크고 1보다 작은 수

　ㄴ 괄호가 있을 경우 괄호를 풀어 정리함

　ㄷ x를 포함한 항은 좌변으로, 상수항은 우변으로 이항

　ㄹ 양변을 정리하여 $ax=b(a \neq 0)$의 형태로 만들어 줌

　ㅁ x의 계수로 양변을 나눔

② **일차부등식** : 일차방정식의 등호(=) 대신 부등호가 들어간 식으로 풀이 방법은 일차방정식과 동일함

(2) 연립방정식과 연립부등식

① 연립방정식

$$\begin{cases} x+y=5 \\ 3x+2y=12 \end{cases}$$

　ㄱ 방정식이 2개 이상 모여 있는 것

　ㄴ 미지수를 차례로 줄여 미지수가 1개인 일차방정식을 만들어 풀어줌

② 연립부등식

$$\begin{cases} 2x-1<5x+2 \\ 3x-2 \leq 0 \end{cases}$$

　ㄱ 부등식이 2개 이상 모여 있는 것

　ㄴ 각 부등식의 해를 구하여 그 교집합을 구함

③ 풀이 방법

　ㄱ 가감법 : 주어진 두 식을 더하거나 빼는 방법. 필요한 경우 일정한 수를 곱하거나 나눠서 두 식의 특정 문자 앞에 위치한 숫자를 일치시켜야 함

　ㄴ 대입법 : 하나의 식에서 특정 문자를 다른 문자에 관한 식으로 변환한 뒤, 다른 식에 대입하는 방법

　ㄷ 등치법 : 두 식을 모두 특정 문자에 대한 식으로 변환한 뒤, 두 식이 같다는 점을 이용하여 푸는 방법

(3) 응용 계산

① 숫자
- ㉠ 연속하는 세 자연수 : $x-1$, x, $x+1$
- ㉡ 연속하는 세 짝수 · 홀수 : $x-2$, x, $x+2$
- ㉢ 십의 자리 숫자를 x, 일의 자리의 숫자를 y라 했을 때, 두 자리의 자연수 : $10x+y$
- ㉣ 백의 자리 숫자를 x, 십의 자리의 숫자를 y, 일의 자리의 숫자를 z라 했을 때, 세 자리의 자연수 : $100x+10y+z$

② 나이
- ㉠ 올해 x살인 사람의 a년 전의 나이 : $(x-a)$살
- ㉡ 올해 x살인 사람의 b년 후의 나이 : $(x+b)$살

③ 개수 : 다리의 개수가 a개인 동물이 x마리, b개인 동물이 y마리 있는 경우
- ㉠ 전체 동물의 수 : $(x+y)$마리
- ㉡ 전체 동물 다리의 수 : $(ax+by)$개

④ 득점, 감점 : 맞히면 a점을 얻고 틀리면 b점을 잃는 시험에서 x문제를 맞히고, y문제를 틀렸을 때 받는 점수
- ㉠ 전체 문제 수 : $(x+y)$개
- ㉡ 점수 : $(ax-by)$점

⑤ 과부족과 증감
- ㉠ x명에서 p개씩 나누어주면 r개가 남을 때 총 개수 : $(xp+r)$개
- ㉡ x명에서 q개씩 나누어주면 r개가 모자를 때 총 개수 : $(xq-r)$개
- ㉢ ㉠과 ㉡은 같은 수이므로 $xp+r=xq-r$
- ㉣ x가 $a\%$ 증가하면 $x\left(1+\dfrac{a}{100}\right)$
- ㉤ x가 $a\%$ 감소하면 $x\left(1-\dfrac{a}{100}\right)$

⑥ 시계
- ㉠ x분 동안 시침이 회전한 각도 : $0.5x°$
- ㉡ x분 동안 분침이 회전한 각도 : $6x°$

⑦ 비례식
- ㉠ $a{:}b$와 $c{:}d$가 같을 때, $a{:}b=c{:}d$로 나타냄
- ㉡ $a{:}b=c{:}d \Leftrightarrow a{:}c=b{:}d$
- ㉢ $a{:}b=c{:}d \Leftrightarrow \dfrac{a}{b}=\dfrac{c}{d}$
- ㉣ X당 $a{:}X$당 $b=\dfrac{a}{X}:\dfrac{b}{X}=a{:}b=\dfrac{a}{b}$
- ㉤ a당 $X{:}b$당 $X=\dfrac{X}{a}:\dfrac{X}{b}=b{:}a=\dfrac{b}{a}$

⑧ 속력

　㉠ 시간$=\dfrac{거리}{속력}$, 거리$=$시간$\times$속력, 속력$=\dfrac{거리}{시간}$

　㉡ 호수를 도는 경우 : P, Q 두 사람이 x분 후에 만날 때
- 반대 방향으로 도는 경우 : P, Q 두 사람이 x분 동안 걸은 거리의 합$=$호수 둘레의 길이
- 같은 방향으로 도는 경우 : P, Q 두 사람이 x분 동안 걸은 거리의 차$=$호수 둘레의 길이

　㉢ 속력이 바뀌는 경우 : (시속 $a$km로 가는 데 걸린 시간)$+$(시속 $b$km로 가는 데 걸린 시간)$=$총 걸린 시간

　㉣ 기차가 완전히 터널을 통과하는 경우 : 터널의 길이$+$기차의 길이$=$기차가 이동한 거리

⑨ 농도

　㉠ 용액의 질량을 100이라 할 때, 해당 용액 속에 녹아 있는 용질의 질량

　㉡ 농도$=\dfrac{용질의\ 질량}{용액의\ 질량}\times100$

⑩ 원가 · 정가

　㉠ 원가 : 이익을 붙이지 않은 원래 가격

　㉡ 정가 : 원가에 이익을 붙여서 정한 가격

　㉢ a원에서 $b\%$ 할인한 가격 : $a\times\left(1-\dfrac{b}{100}\right)$

　㉣ 이익률$=\dfrac{이익}{원가}\times100$

　㉤ 할인율$=\dfrac{할인액}{정가}\times100$

⑪ 일률

　㉠ 전체 해야 할 일의 양을 1로 두고, 각 사람이 단위 시간동안 할 수 있는 일의 양을 구함

　㉡ 일률$=\dfrac{일의\ 양}{시간}$

　㉢ 두 사람 P, Q가 혼자서 일을 마칠 때 각각 x일, y일 걸리는 경우
- 하루 동안 P가 혼자서 한 일의 양 : $\dfrac{1}{x}$
- 하루 동안 Q가 혼자서 한 일의 양 : $\dfrac{1}{y}$
- 하루 동안 P, Q가 한 일의 양 : $\dfrac{1}{x}+\dfrac{1}{y}$

2. 경우의 수

(1) 경우의 수

① 어떤 사건이 일어날 수 있는 모든 가짓수

② 팩토리얼 : 자연수 n부터 시작하여 1까지 모든 자연수를 곱하는 것

　　예 $5! = 5 \times 4 \times 3 \times 2 \times 1 = 120$

③ 순열과 조합

　　㉠ 순열 : 서로 다른 n개 중 r개를 선택한 후 순서를 고려하여 나열한 것

$$_n\mathrm{P}_r = \frac{n!}{(n-r)!}$$

　　㉡ 조합 : 서로 다른 n개 중 순서를 고려하지 않고 r개를 선택하는 것

$$_n C_r = \frac{_n\mathrm{P}_r}{r!}$$

(2) 합의 법칙, 곱의 법칙

① 합의 법칙 : 두 사건 A, B가 동시에 일어나지 않을 때, 사건 A가 일어나는 경우의 수가 m가지이고, 사건 B가 일어나는 경우의 수가 n가지이면, 사건 A 또는 사건 B가 일어나는 경우의 수는 $m+n$가지

② 곱의 법칙 : 사건 A가 일어나는 경우의 수가 m가지이고, 사건 B가 일어나는 경우의 수가 n가지이면 사건 A와 사건 B가 동시에 일어나는 경우의 수는 $m \times n$가지

(3) 여러 가지 경우의 수

① 한 줄로 서기

　　㉠ n명을 한 줄로 세우는 경우의 수 : $n \times (n-1) \times (n-2) \times \cdots \times 2 \times 1$

　　㉡ n명 중 k명을 뽑아 한 줄로 세우는 경우의 수 : $n \times (n-1) \times (n-2) \times \cdots \times (n-k+1)$

② n명이 원형 테이블에 앉을 때의 경우의 수 : $(n-1)! = (n-1) \times (n-2) \times \cdots \times 2 \times 1$

③ 서로 다른 n개에서 중복을 허락하여 r개를 택하는 경우의 수 : $\underbrace{n \times n \times \cdots \times n}_{r개} = n^r$

④ 대표 뽑기

　　㉠ 자격이 서로 다른 대표를 뽑는 경우의 수(반장/부반장)

　　　• n명 중 자격이 다른 2명의 대표를 뽑을 때 : $n \times (n-1)$

　　　• n명 중 자격이 다른 3명의 대표를 뽑을 때 : $n \times (n-1) \times (n-2)$

　　㉡ 자격이 같은 대표를 뽑는 경우의 수

　　　• n명 중 자격이 같은 2명의 대표를 뽑을 때 : $\dfrac{n \times (n-1)}{2 \times 1}$

　　　• n명 중 자격이 같은 3명의 대표를 뽑을 때 : $\dfrac{n \times (n-1) \times (n-2)}{3 \times 2 \times 1}$

PART 01

PART 02

PART 03

PART 04

PART 05

부록

수리능력

⑤ 동전 또는 주사위 던지기

　㉠ n개의 동전을 던질 때의 경우의 수 : $\underbrace{2 \times 2 \times \cdots \times 2}_{n개} = 2^n$

　㉡ n개의 주사위를 던질 때의 경우의 수 : $\underbrace{6 \times 6 \times \cdots \times 6}_{n개} = 6^n$

⑥ 경기 수 세기

　㉠ 참가한 n개의 팀들이 모두 서로 한 번씩 경기를 하여 그중 가장 성적이 좋은 팀을 뽑는 경기 방식(리그) : $\dfrac{n(n-1)}{2}$

　㉡ 참가한 n개의 팀들이 2팀씩 경기를 하여 진 팀은 탈락하고 이긴 팀만 다시 경기를 하는 과정을 반복하여 최종 우승팀을 뽑는 경기 방식(토너먼트) : $n-1$

⑦ **최단 경로 수** : 가로 x칸, 세로 y칸인 경우 $\dfrac{(x+y)!}{x! \, y!}$

3. 확률

(1) 확률

① 하나의 사건이 일어날 수 있는 가능성을 수로 나타낸 것

② 확률$=\dfrac{\text{어떤 사건이 일어날 수 있는 경우의 수}}{\text{일어날 수 있는 모든 경우의 수}}$

　㉠ 어떤 사건이 일어날 확률이 p라고 하면 $0 \le p \le 1$

　㉡ 절대로 일어날 수 없는 사건의 확률은 0

　㉢ 반드시 일어나는 사건의 확률은 1

③ **경우의 수와 확률의 차이** : 확률에서 분모에 해당하는 '어떤 사건이 일어날 수 있는 경우의 수'가 경우의 수를 의미함

(2) 확률의 덧셈, 곱셈

① **확률의 덧셈** : 사건 A와 B가 동시에 일어나지 않을 때, 사건 A가 일어날 확률을 P(A), 사건 B가 일어날 확률을 P(B)라 함

　㉠ 사건 A 또는 사건 B가 일어나는 경우(교집합이 없음) : P(A)+P(B)

　㉡ 사건 A 또는 사건 B가 일어나는 경우(교집합이 있음) : P(A)+P(B)−P(A∩B)

② **확률의 곱셈** : 사건 A와 B가 동시에 일어날 확률 P(A)×P(B)

(3) 여러 가지 확률

① **여사건의 확률** : 사건 A에 대하여 사건 A가 일어나지 않을 사건을 A의 여사건이라고 하고 A^c로 나타냄

$P(A^c) = 1 - P(A)$

※ '적어도'가 포함된 문제는 대부분 여사건의 확률도 푸는 것이 시간 절약에 도움이 됨

② **조건부 확률** : $P(B) > 0$일 때 두 사건 A, B에 대해 사건 B가 일어난 조건하에서 사건 A가 일어날 확률을 조건부 확률이라고 함

$$P(A|B) = \frac{P(A \cap B)}{P(B)}, \quad P(B|A) = \frac{P(A \cap B)}{P(A)}, \quad P(A \cap B) = P(A) \times P(B|A) = P(B) \times P(A|B)$$

PART 01
PART 02
PART 03
PART 04
PART 05
부록

수리능력

◯3 자료해석

1. 도표분석능력

(1) 비율, 백분율

① 비율 : $\dfrac{\text{비교하는 양}}{\text{기준량}}$

   ㉠ A 대비 B : $\dfrac{B}{A}$

   ㉡ A 중 B : $\dfrac{B}{A}$

   ㉢ A당 B : $\dfrac{B}{A}$

   ㉣ A에 대한 B : $\dfrac{B}{A}$

② 백분율(기준량 100) : $\dfrac{\text{비교하는 양}}{\text{기준량}} \times 100$

③ %와 %p

   ㉠ %(퍼센트) : 백분율 지표

     예 실업률이 지난해 5%, 올해 10%라고 하면 지난해에 비해서 올해 $\dfrac{10-5}{5} \times 100 = 100\%$ 늘어났다.

   ㉡ %p(퍼센트 포인트) : 이전 수치 대비 증감량

     예 실업률이 지난해 5%, 올해 10%라고 하면 지난해에 비해서 올해 $10-5=5\%$p 늘어났다.

(2) 증감

① 이상, 이하

   ㉠ 이상 : 어떤 수와 같거나 어떤 수보다 큰 수

   ㉡ 이하 : 어떤 수와 같거나 어떤 수보다 작은 수

② 초과, 미만

   ㉠ 초과 : 어떤 수보다 큰 수(어떤 수와 같지 않음)

   ㉡ 미만 : 어떤 수보다 작은 수(어떤 수와 같지 않음)

③ 증가, 감소

   ㉠ 증가＝성장＝상승＝신장

   ㉡ 감소＝하락＝위축＝후퇴

PART
01

PART
02

PART
03

PART
04

PART
05

부록

수리능력

ⓒ 증가폭=증가량, 감소폭=감소량

ⓔ 증가율=증가세=증가폭, 감소율=감소세=감소폭

ⓜ 작년 대비 올해 증감률 : $\dfrac{\text{올해}-\text{작년}}{\text{작년}}\times100$

(3) 평균

① 자료 전체의 합을 자료의 개수로 나눈 값

② (변량의 총합)÷(변량의 개수)

③ **중앙값과의 차이점** : 각 변량을 크기순으로 나열했을 때 중앙에 오는 값으로 평균과 다름

> **예** 1, 2, 6의 평균은 $\dfrac{1+2+6}{3}=3$이고, 중앙값은 크기순으로 나열했을 때 중앙에 오는 값인 2이다.

(4) 주의해야 할 표현

① '지속적', '꾸준히', '계속', '연속', '매년' 같은 표현은 예외가 허용되지 않으므로 주의

② '대체로', '경향', '추세' 같은 표현은 예외 허용

③ '비(非)~', '미(未)~', '~외(外)'가 붙은 단어들은 여사건을 묻는 것에 주의

④ '~뿐이', '~만이', '~가 유일하게' 같은 표현은 해당되는 것이 ~외에도 존재하는지 주의

2. 도표작성능력

① 막대그래프

ⓐ 조사한 수를 막대 모양으로 나타낸 그래프

ⓑ 막대의 길이를 비교하여 각 수량 간의 대소 관계를 나타낼 때 사용함

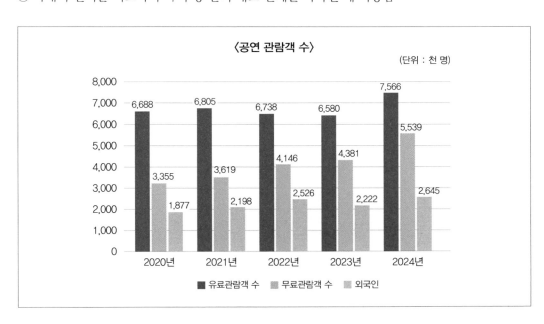

② 원그래프
　㉠ 전체에 대한 각 부분의 비율을 부채꼴 모양으로 나타낸 그래프
　㉡ 내역이나 내용의 구성비를 분할하여 나타낼 때 사용함

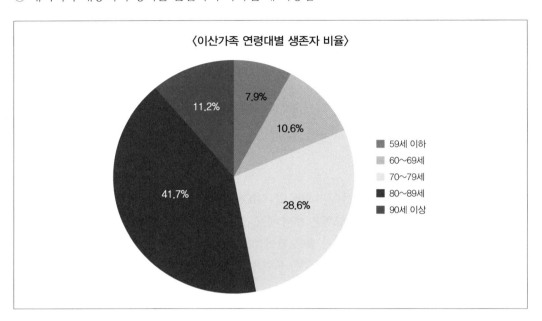

③ 띠그래프 : 전체에 대한 각 부분의 비율을 띠 모양으로 나타낸 그래프

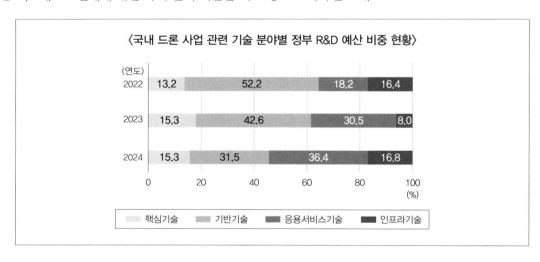

④ 꺾은선그래프
    ㉠ 조사한 내용을 가로 눈금과 세로 눈금에서 찾아 만나는 곳에 점을 찍고, 점을 선분으로 이은
      그래프
    ㉡ 시간적 추이, 경과 · 비교 · 분포 등 상관관계를 나타낼 때 사용함

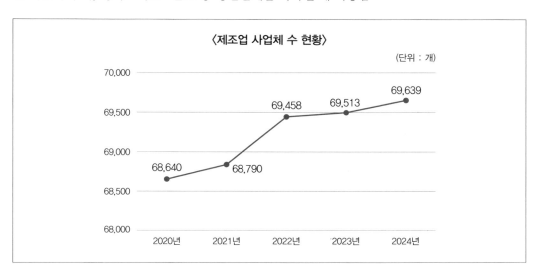

⑤ 층별그래프
    ㉠ 선의 움직임보다는 선과 선 사이의 크기로써 데이터 변화를 나타내는 그래프
    ㉡ 합계와 각 부분의 크기는 백분율로 나타내고, 시간적 변화를 나타낼 때 사용함

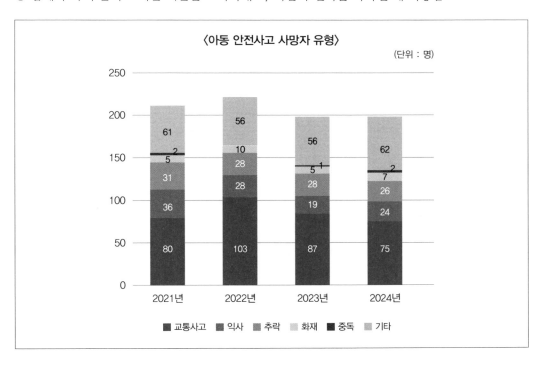

PART 01
PART 02
PART 03
PART 04
PART 05
부록
수리능력

⑥ 방사형그래프
 ㉠ 비교하는 수량을 직경, 반경으로 나누어 원의 중심에서 거리에 따라 각 수량의 관계를 나타내는
   그래프
 ㉡ 다양한 요소를 비교할 때 경과를 나타내는 데 적합함

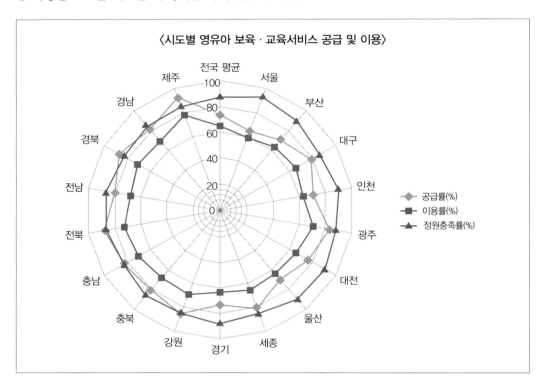

〈시도별 영유아 보육 · 교육서비스 공급 및 이용〉

CHAPTER 04

출제예상문제

대표 유형 01 | 기본 연산

다음 식을 계산한 값으로 적절한 것은?

$$311 \div 0.01 + 108 \times 200$$

① 50,500　　　　　　　　② 52,700

③ 54,700　　　　　　　　④ 56,500

정답 | ②

해설 | $311 \div 0.01 + 108 \times 200 = 31,100 + 21,600 = 52,700$

[01~10] 다음 식을 계산한 값으로 적절한 것은?

01

$$\frac{7}{12} - \frac{3}{4} + \frac{5}{8} \times \frac{1}{3}$$

① $\frac{1}{24}$　　　　　　　　② $\frac{1}{12}$

③ $\frac{1}{8}$　　　　　　　　④ $\frac{1}{6}$

02

$$0.54 \div 0.8 \times 0.2 + 0.135$$

① 0.25　　　　　　　　② 0.27

③ 0.29　　　　　　　　④ 0.31

03

$$11^2 - 7^2 + 28$$

① 100   ② 95

③ 90   ④ 85

04

$$3,743 + 1,350 - 3,061 - 1,007 + 928$$

① 1,943   ② 1,953

③ 1,963   ④ 1,973

05

$$162 \times 0.1 + 86 - 3 \times 2^2$$

① 90.2   ② 80.2

③ 70.2   ④ 60.2

06

$$128 - 90 + 65 + 48 - 32 - 45$$

① 80   ② 78

③ 76   ④ 74

07

$$7{,}244 - 2{,}024 + 8{,}877 - 660 - 1{,}898$$

① 13,539 ② 12,539

③ 11,539 ④ 10,539

08

$$\left(\frac{1}{3} + \frac{5}{4}\right) \div 8 \times \frac{6}{5} + \frac{1}{8}$$

① $\dfrac{5}{16}$ ② $\dfrac{27}{80}$

③ $\dfrac{29}{80}$ ④ $\dfrac{31}{80}$

09

$$120 \times \frac{1}{4} - 80 \div \frac{2}{3} + 10^2$$

① 1 ② 10

③ 20 ④ 30

10

$$5^2 - 3^4 + 8^2 - 9^2$$

① −43 ② −53

③ −63 ④ −73

PART 01
PART 02
PART 03
PART 04
PART 05
부록
수리능력

연속하는 세 짝수를 모두 더하면 102일 때, 가장 작은 짝수는?

① 28
② 30
③ 32
④ 34

정답| ③

해설| 연속하는 세 짝수를 각각 $x-2$, x, $x+2$라고 하면
$(x-2)+x+(x+2)=102$, $3x=102$, $x=34$
따라서 연속하는 세 짝수는 32, 34, 36이다.

11 현재 팀장님과 신입사원의 나이 차이는 25세이고, 2년 후 팀장님의 나이는 신입사원의 나이보다 2배보다 1살 더 적다고 한다. 현재 팀장님과 신입사원의 나이의 합은?

① 70
② 71
③ 72
④ 73

12 현재 경영관리부서원 28명의 평균 나이가 36세이다. 다음 달에 55세의 팀원이 퇴사하고, 27살의 신입사원이 들어온다고 한다. 이때 다음 달 경영관리부서원 28명의 평균 나이는? (단, 이외 인사이동은 없다고 가정한다.)

① 35세
② 34세
③ 33세
④ 32세

13 1개에 2,000원인 빵과 1개에 1,800원인 과자를 합하여 총 20개를 38,000원 이상 40,000원 이하로 사려고 한다. 이때 과자의 최대 구매 가능 개수는?

① 10
② 11
③ 12
④ 13

PART
01

PART
02

PART
03

PART
04

PART
05

부록

수리능력

14 A고등학교에 작년 3학년 학생은 전체 학생의 25%이다. 올해 전체 학생 수가 2% 증가하고, 3학년 학생이 4% 감소했다면, 올해 3학년 학생은 전체 학생의 몇 %인가? (단, 소수점 둘째 자리에서 반올림한다.)

① 22.5%   ② 23%

③ 23.5%   ④ 24%

15 가로 20m, 세로 18m 직사각형의 공원에 다음과 같은 산책로가 있다. 산책로를 제외한 공원의 면적은 168m²일 때 산책로의 폭은 얼마인가? (단, 산책로의 가로, 세로 폭은 일정하다.)

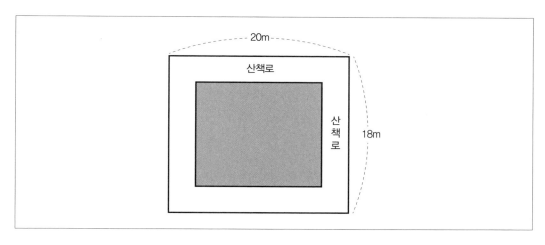

① 2.5m   ② 3m

③ 3.5m   ④ 4m

16 부품 a, b의 원자재 비용은 각각 8,000원, 12,000원이었으나 물가 상승으로 인해 각각 20%, 10% 증가했다. 원래의 예산으로 부품 a, b의 원자재를 구매했을 때 100개씩 살 수 있었다면, 동일 예산으로 각각의 부품을 최대 몇 개까지 구매할 수 있는가?

① 85개   ② 86개

③ 87개   ④ 88개

대표 유형 03 **속력**

A씨는 집에서 20km 떨어진 도서관까지 가는데, 집에서 버스정류장까지 시속 4km로 걸어가서 시속 60km인 버스를 타고 갔더니, 총 1시간 30분이 걸렸다. A씨가 집에서 버스정류장까지 걸어간 거리는 몇 km인가?

① 4km ② 5km
③ 6km ④ 7km

정답 | ②
해설 | A씨가 걸어간 거리는 x라 하고 버스를 타고 간 거리를 y라 하면
집에서 도서관까지 20km이므로 $x+y=20$ ·················· ㉠
총 1시간 30분(90분)이 걸렸으므로 $\dfrac{x}{4}+\dfrac{y}{60}=\dfrac{90}{60}$, $\dfrac{x}{4}+\dfrac{y}{60}=\dfrac{3}{2}$ ······ ㉡
㉠과 ㉡을 연립해 보면
$\dfrac{x}{4}+\dfrac{(20-x)}{60}=\dfrac{3}{2}$, $15x+20-x=90$, $14x=70$, $x=5$, $y=15$
따라서 A씨가 집에서 버스정류장까지 걸어간 거리는 5km이다.

17 길이가 20m인 열차가 200m인 터널을 통과하는데 11초가 걸렸다. 이 열차가 340m인 터널을 통과하는데 걸리는 시간은 몇 초인가?

① 18초 ② 19초
③ 20초 ④ 21초

18 배를 타고 길이가 5km인 강을 거슬러 올라가는 데 30분, 내려오는 데 20분이 걸렸다. 강물의 속력은 얼마인가? (단, 배와 강물의 속력은 일정하다.)

① 2km/h ② 2.5km/h
③ 3km/h ④ 3.5km/h

19 둘레가 1.6km인 호수가 있다. 이 호숫가의 한 지점에서 A씨와 B씨가 만나기로 했는데, 같은 방향으로 돌면 32분 후에 만나고, 반대 방향으로 돌면 20분 후에 만난다고 한다. B씨가 A씨보다 걷는 속력가 더 빠르다면, A씨의 속력은 얼마인가?

① 25m/분

② 20m/분

③ 15m/분

④ 10m/분

20 사원 A씨가 회사를 나선 지 15분 후에 사원 B씨가 사원 A씨를 따라 나섰다. 사원 A씨는 분당 120m의 속력으로 걷고, 사원 B씨는 분당 210m의 속력으로 따라갔다. 사원 B씨는 사원 A씨를 따라 나선지 몇 분 후에 사원 A씨를 만나는가?

① 30분

② 25분

③ 20분

④ 15분

대표 유형 04 농도

농도 15%의 소금물 250g에 몇 g의 소금을 더 넣으면 농도 25%의 소금물이 되는가?

① $\dfrac{130}{3}$g

② 40g

③ $\dfrac{110}{3}$g

④ $\dfrac{100}{3}$g

정답 | ④

해설 | 15%의 소금물 250g에 들어 있는 소금의 양은 0.15×250=37.5g이다. 여기에 xg의 소금을 더 넣으면, 소금물의 양은 (250+x)g, 소금의 양은 (37.5+x)g이다.

이때 농도가 25%이므로 $\dfrac{37.5+x}{250+x} \times 100 = 25$, 0.25(250+$x$)=37.5+$x$, $x=\dfrac{100}{3}$g이다.

---

21 농도 6%의 소금물과 농도 10%의 소금물을 섞어서 농도 9%의 소금물 400g을 만들려고 한다. 농도 6%의 소금물은 몇 g이 필요한가?

① 130g

② 120g

③ 110g

④ 100g

22 농도 15%의 소금물을 20% 증발시킨 후 농도 35%의 소금물 200g을 섞었더니 농도 25%의 소금물이 되었다. 증발 전 15% 소금물의 양은 몇 g인가?

① 500g

② 400g

③ 300g

④ 200g

대표 유형 05   원가, 정가

어떤 상품 원가에 25%의 이익을 붙여 정가로 팔다가 세일기간을 맞이해서 정가의 10% 할인을 하여 팔았더니 3,000원의 이익을 보았다. 이 상품의 원가는?

① 22,000원

② 24,000원

③ 26,000원

④ 28,000원

정답 | ②

해설 | 원가를 x라고 하면 정가는 $(1+0.25)x=1.25x$이다.

세일기간에 판매가는 $(1-0.1)\times1.25x=1.125x$이다.

판매가에서 원가를 제외하여 3,000원의 이익을 본 것이므로

$1.125x-x=0.125x$, $0.125x=3,000$, $x=24,000$

따라서 상품의 원가는 24,000원이다.

---

23 개당 원가가 4,500원인 팔찌 100개 중 20개는 6,000원에 판매하고 나머지의 절반을 3,500원에 판매하였다. 남은 팔찌를 팔아 최소한의 이윤을 남기려고 할 때 다음 중 가장 적절한 가격은 얼마인가?

① 4,760원

② 4,770원

③ 4,780원

④ 4,790원

---

24 박람회 입장료는 5,000원인데 20명 이상이면 단체로 30%를 할인해준다고 한다. 20명 미만의 인원이 입장하는 경우 몇 명 이상일 때 20명의 단체 요금을 내고 입장하는 것이 개인별로 입장하는 것보다 유리한가?

① 13명

② 14명

③ 15명

④ 16명

PART
01

PART
02

PART
03

PART
04

PART
05

부록

수리능력

대표 유형 06   일률

어떤 일을 마무리하는 데 A씨는 15일, B씨는 10일 걸린다고 한다. 이때, A씨와 B씨가 함께 일을 한다면 얼마나 걸리는가?

① 4일   ② 5일
③ 6일   ④ 7일

정답 | ③

해설 | A씨가 어떤 일을 마무리하는데 15일이 걸리므로 하루에 하는 일의 양은 $\frac{1}{15}$, 마찬가지로 B씨가 하루에 하는 일의 양은 $\frac{1}{10}$ 이다. A씨와 B씨가 함께 일하는 날을 x라고 하면

$$\left(\frac{1}{15}+\frac{1}{10}\right) \times x = 1, \ \frac{1}{6} \times x = 1, \ x = 6$$

따라서 A씨와 B씨가 함께 일을 한다면 6일 만에 일이 마무리된다.

25 A씨가 혼자 하면 6일, B씨가 혼자 하면 8일 걸리는 일이 있다. A씨가 먼저 3일 동안 일을 하고 남은 양을 B씨가 끝마치려 한다. B씨는 며칠 동안 일을 해야 하는가?

① 3일   ② 4일
③ 5일   ④ 6일

26 수영장의 물을 가득 채우는 데 A호스를 사용하면 9시간, B호스를 사용하면 11시간이 걸린다고 한다. A호스로 3시간 동안 물을 받다가 A, B 두 호스를 동시에 사용하여 물을 가득 채웠다고 한다. A, B 두 호스를 동시에 사용하여 물을 채운 시간은 얼마인가?

① 2시간   ② 2.3시간
③ 3시간   ④ 3.3시간

27 A씨가 제품 5개를 혼자 만드는 데 1시간이 걸리고, A씨와 B씨 둘이서 같이 제품을 5개 만드는 데 40분이 걸린다고 한다. 그렇다면 B씨가 혼자 제품을 30개 만드는 데 얼마나 걸리는가?

① 12시간   ② 14시간
③ 16시간   ④ 18시간

28 어떤 일은 A씨, B씨, C씨 세 사람이 함께 하면 9일이 걸리고, A씨와 B씨 두 사람이 함께 하면 12일이 걸리며, B씨와 C씨 두 사람이 함께 하면 18일이 걸린다. A씨와 C씨가 함께 하여 일을 끝낸다고 하면 얼마나 걸리는가?

① 15일   ② 14일

③ 13일   ④ 12일

대표 유형 07   **경우의 수, 확률**

A팀의 직원 5명과 B팀의 직원 8명 중에서 우수한 실적을 거둔 직원을 각 팀에서 2명씩 뽑아 해외연수를 보내주려고 한다. 이때 가능한 경우의 수는?

① 220가지   ② 240가지

③ 260가지   ④ 280가지

> **정답 |** ④
>
> **해설 |** A팀 5명 중 2명, B팀 8명 중 2명을 뽑는 경우의 수를 구하면
>
> $$A팀 : {}_5C_2 = \frac{5 \times 4}{2 \times 1} = 10가지$$
>
> $$B팀 : {}_8C_2 = \frac{8 \times 7}{2 \times 1} = 28가지$$
>
> 따라서 해외연수를 보내줄 수 있는 경우의 수는 $10 \times 28 = 280$가지이다.

---

29 각 부서에서 3명씩 4개의 부서가 모여 원탁에서 회의할 때, 같은 부서끼리 이웃해서 앉을 경우는 몇 가지인가?

① 126가지   ② 132가지

③ 138가지   ④ 144가지

30 남자 직원 4명, 여자 직원 3명 중 회의 발표자 2명을 정하려고 한다. 이때 회의 발표자 중 적어도 1명이 남자일 확률은?

① $\dfrac{7}{8}$

② $\dfrac{6}{7}$

③ $\dfrac{5}{6}$

④ $\dfrac{4}{5}$

PART 01
PART 02
PART 03
PART 04
PART 05
부록

수리능력

31 1부터 8까지 자연수가 적힌 8개 카드의 숫자가 보이지 않도록 뒤집혀 있다. 임의로 3장의 카드를 동시에 선택할 때, 뒤집은 카드에 적힌 세 수의 합이 짝수일 확률은?

① $\dfrac{3}{7}$

② $\dfrac{13}{28}$

③ $\dfrac{1}{2}$

④ $\dfrac{15}{28}$

32 한 제품을 A, B 두 개의 공장에서 생산한다. 공장 A, B에서의 생산비율과 불량률이 다음과 같다. 임의로 선택한 제품이 불량이고 A공장에서 생산되었을 확률은?

구분	생산비율	불량률
A공장	40%	10%
B공장	60%	12%

① $\dfrac{5}{14}$

② $\dfrac{3}{7}$

③ $\dfrac{1}{2}$

④ $\dfrac{4}{7}$

33 주머니 A에는 흰 공 3개와 검은 공 4개가 들어 있고, 주머니 B에는 흰 공 2개와 검은 공 2개가 들어 있다. 주머니 A에서 임의로 1개의 공을 꺼내 색을 확인하지 않고 주머니 B에 넣었다. 주머니 B에서 하나의 공을 꺼냈을 때, 검은 공이었다. 이 공이 주머니 A에 들어 있던 검은 공일 확률은?

① $\dfrac{5}{6}$

② $\dfrac{4}{5}$

③ $\dfrac{3}{4}$

④ $\dfrac{2}{3}$

다음은 올해 신혼부부를 대상으로 조사한 통계 자료이다. 이에 대한 설명으로 옳은 것은? (단, 소수 둘째 자리에서 반올림한다.)

〈올해 신혼부부통계 작성 대상〉

(단위 : 쌍)

혼인 연차	혼인신고 수 (A)	혼인관계 종료			혼인관계 유지 (C=A-B)	국내 미거주 (D)	올해 작성 대상 (C-D)
		소계(B)	이혼	사별			
5년차	329,268	26,947	24,230	2,717	302,321	47,853	254,468
4년차	324,925	20,641	18,493	2,148	304,284	10,700	293,584
3년차	313,341	14,183	12,604	1,579	( )	10,561	( )

① 혼인 연차가 올라갈수록 혼인신고 수는 늘어나고 혼인관계 종료 수는 감소한다.
② 혼인관계 종료의 이유 중 사별의 비율은 3년차 신혼부부가 가장 높다.
③ 5년차 신혼부부는 4년차 신혼부부보다 이혼율이 2% 이상 높다.
④ 3년차 신혼부부의 혼인관계 유지자와 올해 작성 대상자 모두 가장 적다.

정답 | ②
해설 | 혼인관계 종료의 이유 중 사별의 비율을 연차별로 구해 보면 다음과 같다.

- 5년차 : $\dfrac{2,717}{26,947} \times 100 \fallingdotseq 10.1\%$

- 4년차 : $\dfrac{2,148}{20,641} \times 100 \fallingdotseq 10.4\%$

- 3년차 : $\dfrac{1,579}{14,183} \times 100 \fallingdotseq 11.1\%$

따라서 3년차 신혼부부가 가장 높다.

① 혼인 연차가 올라갈수록 혼인신고 수는 313,341쌍 → 324,925쌍 → 329,268쌍으로 늘어나고 혼인 관계 종료 수도 14,183쌍 → 20,641쌍 → 26,947쌍으로 늘어난다.

③ 5년차 신혼부부의 이혼율은 $\dfrac{24,230}{329,268} \times 100 \fallingdotseq 7.4\%$이고, 4년차 신혼부부의 이혼율은 $\dfrac{18,493}{324,925} \times$ $100 \fallingdotseq 5.7\%$이므로 5년차 신혼부부가 4년차 신혼부부보다 이혼율이 약 1.7% 높다.

④ 3년차 신혼부부의 혼인관계 유지자는 313,341-14,183=299,158쌍으로 가장 적고, 올해 작성 대상 자는 299,158-10,561=288,597쌍으로 5년차 신혼부부보다는 많다.

PART
01

PART
02

PART
03

PART
04

PART
05

부록

수리능력

34 A씨는 중국으로 출장을 다녀온 후 남은 돈을 다음 출장지인 일본 경비에 쓰려고 한다. 다음 표에 고시된 환율을 참고하여 1,000위안을 엔화로 교환한다면 얼마를 바꿔갈 수 있는가? (단, 소수 둘째 자리에서 반올림한다.)

구분	환율 정보
원/달러	1,365.60
원/100엔	873
원/위안	188.39

① 21,579.6엔   ② 22,579.6엔

③ 23,579.6엔   ④ 24,579.6엔

35 다음은 전국 및 수도권 지역의 인구수를 나타낸 그래프이다. 2000년 대비 2010년 전체 인구증가율과 2010년 대비 2024년 수도권 인구증가율의 차이는 몇 %p인가? (단, 증가율은 소수 둘째 자리에서 반올림한다.)

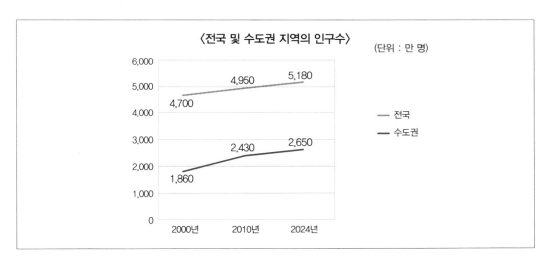

① 2.8%p   ② 3.8%p

③ 4.8%p   ④ 5.8%p

36 다음은 평균 통근시간에 대해 조사한 자료이다. 이에 대한 설명으로 옳지 않은 것은?

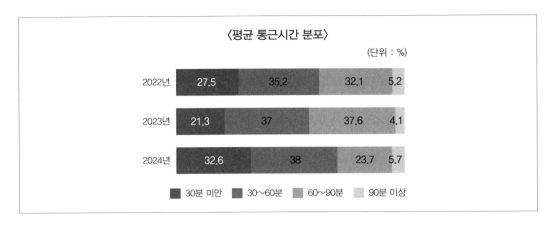

① 2024년 평균 30~60분 통근자의 비중이 가장 크다.

② 2022년과 2024년 평균 통근시간 분포를 비중이 큰 순으로 나열하면 동일하다.

③ 2023년 평균 통근시간이 90분 이상인 비중은 전체 조사기간 동안 가장 낮은 비중을 기록했다.

④ 조사기간 동안 평균 통근시간 30분 미만과 평균 통근시간 60~90분의 증감 추이는 정반대로 나타난다.

PART
01

PART
02

PART
03

PART
04

PART
05

부록

수리능력

[37~38] 다음은 세계 주요국 월 문화지출비와 월 소득 대비 월 문화지출비 비율을 나타낸 자료이다. 물음에 답하시오.

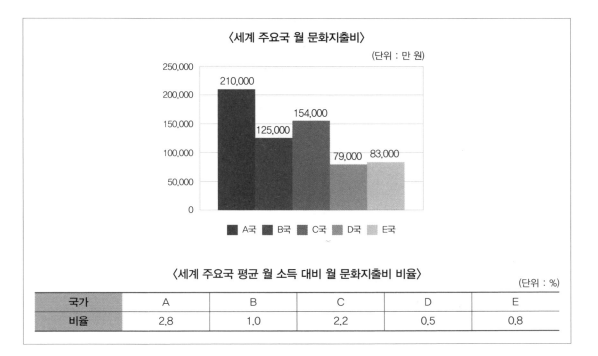

〈세계 주요국 월 문화지출비〉

(단위 : 만 원)

〈세계 주요국 평균 월 소득 대비 월 문화지출비 비율〉

(단위 : %)

국가	A	B	C	D	E
비율	2.8	1.0	2.2	0.5	0.8

37 위 자료를 해석한 것으로 가장 적절한 것은? (단, 소수 둘째 자리에서 반올림한다.)

① A국 평균 월 소득은 B국의 평균 월 소득보다 600만 원 이상 적다.

② 세계 주요국의 평균 월 소득 대비 월 문화지출비 비율이 가장 높은 국가는 가장 낮은 국가와 2.5%p 이상 차이가 난다.

③ C국의 평균 월 소득은 E국의 평균 월 소득보다 2배 이상 낮다.

④ B국과 D국의 문화지출비 차와 소득 차의 비는 약 1:70이다.

38 평균 월 소득이 가장 높은 국가와 가장 낮은 국가를 순서대로 나열한 것은?

① A국, B국

② B국, C국

③ C국, D국

④ D국, C국

39 다음은 국내 주요 도시의 미세먼지(PM2.5) 농도와 2024년 국외 주요국의 미세먼지 농도를 조사한 자료이다. 이에 대한 설명으로 옳지 않은 것은?

〈국내 주요 도시의 미세먼지(PM2.5) 농도〉

(단위 : $\mu g/m^3$)

구분	2019년	2020년	2021년	2022년	2023년	2024년
서울	25	23	25	21	20	18
부산	26	23	21	17	15	15
대구	23	22	22	20	17	16
인천	25	22	23	19	20	19
광주	24	24	23	18	18	17
대전	21	22	22	18	16	17
울산	25	23	20	17	15	16

※ 미세먼지 연평균 기준치는 15$\mu g/m^3$임

〈2024년 국외 주요국의 미세먼지(PM2.5) 농도〉

(단위 : $\mu g/m^3$)

구분	미국	일본	영국	프랑스	독일	캐나다
미세먼지 농도	7.7	13.6	10	11.4	11.9	7.1

① 2024년 서울의 미세먼지(PM2.5) 농도는 전년보다 소폭 하락했다.

② 2021, 2022년 2년 연속 국내 주요 도시 중 가장 높은 미세먼지(PM2.5) 농도를 기록한 도시는 동일하다.

③ 2024년 울산 미세먼지(PM2.5) 농도는 국외 주요국보다 높으며, 미국과 캐나다보다 2배 이상 높은 수준이다.

④ 2019년 대비 2024년 국내 주요 도시의 미세먼지(PM2.5) 농도는 전반적으로 기준치를 넘지 않는다.

40 다음은 2023년과 2024년 세계 전기차 배터리 시장점유율을 조사하여 비교한 자료이다. 이에 대한 〈보기〉의 설명 중 옳은 것을 고르면?

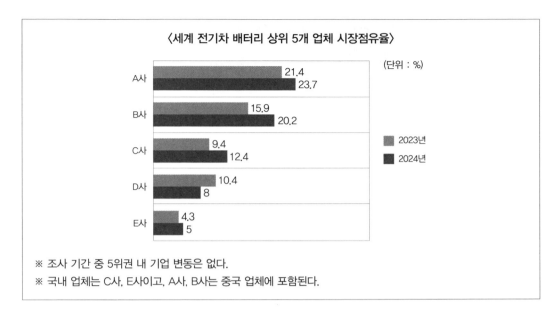

〈세계 전기차 배터리 상위 5개 업체 시장점유율〉

(단위 : %)

업체	2023년	2024년
A사	21.4	23.7
B사	15.9	20.2
C사	9.4	12.4
D사	10.4	8
E사	4.3	5

■ 2023년
■ 2024년

※ 조사 기간 중 5위권 내 기업 변동은 없다.
※ 국내 업체는 C사, E사이고, A사, B사는 중국 업체에 포함된다.

〈보기〉
ㄱ. 2023년과 2024년 세계 전기차 배터리 시장점유율 순위는 동일하다.
ㄴ. 전년 대비 2024년 세계 전기차 배터리 시장점유율이 가장 큰 폭으로 증가한 전기차 배터리 업체는 B사이다.
ㄷ. 2023년과 2024년 세계 전기차 배터리 시장점유율이 가장 높은 업체의 시장점유율은 20% 이상이다.
ㄹ. 전년 대비 2024년 세계 전기차 배터리 시장점유율이 감소한 업체는 총 2곳이다.
ㅁ. 2024년 세계 전기차 배터리 시장점유율 순위는 중국 업체가 한국 업체보다 높다.

① ㄱ, ㄴ, ㄷ   ② ㄱ, ㄷ, ㅁ
③ ㄴ, ㄷ, ㅁ   ④ ㄴ, ㄹ, ㅁ

PART 01
PART 02
PART 03
PART 04
PART 05
부록
수리능력

Global
Samsung
Aptitude
Test

PART

03

추리능력

GSAT 삼성직무적성검사 5급 고졸채용

CHAPTER 01 언어 추리

1. 연역 추론

(1) 개요
① 이미 알고 있는 판단(전제)을 근거로 새로운 판단(결론)을 유도하는 추론
② 명제 간의 관계와 논리적 타당성을 따짐 → 진리일 가능성을 따지는 귀납 추론과 다름
③ 전제들로부터 절대적인 필연성을 가진 결론을 이끌어 내는 추론

(2) 직접 추론
한 개의 전제로부터 중간적 매개 없이 새로운 결론을 이끌어 내는 추론, 대표적으로 대우 명제가 있음

• 법을 잘 지키는 사회는 정의로운 사회다.	(전제)
• 정의롭지 않은 사회는 법을 잘 지키지 않는다.	(결론 1)
• 정의로운 사회 중에는 정의롭지 않은 사회도 있다.	(결론 2)

TIP 역, 이, 대우

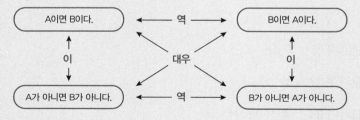

• 어떠한 전제에 대하여 다음과 같은 관계가 성립함

- A이면 B이다. ↔ 역 ↔ B이면 A이다.
- 이
- 대우
- A가 아니면 B가 아니다. ↔ 역 ↔ B가 아니면 A가 아니다.

• 어떠한 전제가 참이면 그 대우도 반드시 참
• 어떠한 전제가 참이라도 그 역이나 이가 반드시 참인 것은 아님

(3) 간접 추론
둘 이상의 전제로부터 새로운 결론을 이끌어 내는 추론, 대표적으로 삼단 논법이 있음

① 정언 삼단 논법
　㉠ 세 개의 정언명제로 구성된 간접 추론 방식

PART
01

PART
02

PART
03

PART
04

PART
05

부록

추리능력

정언명제

주사(명제가 되는 문장에서 주어에 대응하는 명사)와 빈사(주사에 결합되어 그것을 규정하는 개념)와의 일치·불일치를 아무런 제약이나 조건 없이 내세우는 명제

ⓛ 세 개의 명제 가운데 두 개의 명제는 전제이고, 나머지 한 개의 명제는 결론임

ⓒ 세 명제의 주어와 술어는 세 개의 서로 다른 개념을 표현함(P : 대개념, S : 소개념, M : 매개념)

대개념, 소개념, 매개념

• 대개념(P) : 결론의 술어가 되는 개념
• 소개념(S) : 결론의 주사(主辭)가 되는 개념
• 매개념(M) : 대전제와 소전제의 양자에 포함되어 대개념과 소개념을 매개하여 결론을 성립시키는 개념

ⓔ 'M은 P이다. S는 M이다. S는 P이다.'

• 모든 사람(M)은 죽는다(P).	(대전제)
• 나(S)는 사람(M)이다.	(소전제)
• 그러므로 나(S)는 죽는다(P).	(결론)

② 가언 삼단 논법

㉠ 가언명제로 이루어진 삼단 논법

가언명제

가언적 판단을 나타낸 명제로 두 개의 정언명제가 '만일 ~이라면'이라는 접속사에 의해 결합된 복합명제

ⓛ '만일'에 의해 이끌리는 명제를 전건이라 하고, 그 뒤의 명제를 후건이라 함

ⓒ 가언 삼단 논법의 종류

• 혼합가언 삼단 논법 : 대전제만 가언명제로 구성된 삼단 논법으로 긍정식과 부정식이 있음
－긍정식 : 'A면 B다. A다. 그러므로 B다.'

• 제비가 낮게 날면 비가 온다.	(대전제)
• 제비가 낮게 날고 있다.	(소전제)
• 그러므로 비가 올 것이다.	(결론)

－부정식 : 'A면 B다. B가 아니다. 그러므로 A가 아니다.'

• 제비가 낮게 날면 비가 온다.	(대전제)
• 비가 오지 않는다.	(소전제)
• 그러므로 제비가 낮게 날지 않는다.	(결론)

- 순수가언 삼단 논법
  - 대전제와 소전제 및 결론까지 모두 가언명제들로 구성된 삼단 논법
  - '만약 A라면 B다. 만약 B라면 C다. 그러므로 A라면 C다.'

• 만약 그 소식이 사실이라면 가족들이 슬퍼할 것이다.	(대전제)
• 만약 가족들이 슬퍼한다면 나는 마음이 아플 것이다.	(소전제)
• 그러므로 그 소식이 사실이라면 나는 마음이 아플 것이다.	(결론)

③ 선언 삼단 논법
  ㉠ 전제 속에 선언명제를 포함하고 있는 삼단 논법
  ㉡ 'A 또는 B이다. 그런데 A가 아니다. 그러므로 B이다.'

• 세균은 생물이거나 무생물이다.	(대전제)
• 세균은 무생물이 아니다.	(소전제)
• 그러므로 세균은 생물이다.	(결론)

④ 양도 논법(딜레마 논법)
  ㉠ 두 개의 가언명제인 대전제와 하나의 선언명제인 소전제로 이루어진 삼단 논법
  ㉡ 'A이면 B이다. C이면 D이다. A 또는 C이다. 그러므로 B 또는 D이다.'

• 네가 만일 정직하면 세인이 증오할 것이다.	(대전제)
• 네가 만일 부정직하면 신이 증오할 것이다.	(대전제)
• 너는 정직하든가 또는 부정직하다.	(소전제)
• 그러므로 너는 세인의 증오를 받든지 신의 증오를 받는다.	(결론)

2. 귀납 추론

(1) 개요

① 특수하거나 개별적인 사실로부터 일반적인 결론을 이끌어 내는 추론
② 구체적 사실들을 기반으로 하여 결론을 이끌어 냄 → 필연성보다는 개연성 · 유관성 · 표본성 등을 중시함
  ㉠ 개연성 : 관찰된 어떤 사실이 같은 조건하에서 앞으로도 관찰될 수 있는가 하는 가능성
  ㉡ 유관성 : 추론에 사용된 자료가 관찰하려는 사실과 관련되어야 하는 것
  ㉢ 표본성 : 추론을 위한 자료의 표본 추출이 공정하게 이루어져야 하는 것

③ 일상생활 속에서 많이 사용하며, 우리가 알고 있는 과학적 사실도 이러한 방법으로 밝혀짐

• 피타고라스는 죽었다.	(개별적인 사실 1)
• 소크라테스는 죽었다.	(개별적인 사실 2)
• 이들은 모두 사람이다.	(공통점)
• 그러므로 모든 사람은 죽는다.	(일반적인 결론)

④ 전제들이 참이어도 결론이 항상 참인 것은 아님 → 단 하나의 예외로 인하여 결론이 거짓이 될 수 있음

PART 01 / PART 02 / PART 03 / PART 04 / PART 05 / 부록 / 추리능력

• 한국에서 본 까마귀 100마리는 검은색이다.	(개별적인 사실 1)
• 미국에서 본 까마귀 100마리는 검은색이다.	(개별적인 사실 2)
• 한국과 미국에서 본 까마귀 100마리 모두 검은색이다.	(공통점)
• 그러므로 모든 까마귀는 검은색이다.	(일반적인 결론)

• 자연에서 흰까마귀가 관찰된 경우가 있다.	(예외)
• 그러므로 모든 까마귀가 검은색인 것은 아니다.	(결론)

(2) 완전 귀납 추론

① 관찰하고자 하는 집합의 전체를 다 검증함으로써 대상의 공통 특질을 밝혀내는 방법

② 장점 : 예외 없는 진실을 발견할 수 있음

③ 단점 : 집합의 규모가 크고 속성의 변화가 다양한 경우 적용하기 어려움

  예 1부터 10까지 수의 앞과 뒤를 차례대로 더한 값($1+10$, $2+9$, …)이 11임을 밝혀내는 방법

(3) 통계적 귀납 추론

① 관찰하고자 하는 집합의 일부에서 발견한 몇 가지 사실을 열거함으로써 그 공통점을 결론으로 이끌어 내려는 방식

② 관찰하려는 집합의 규모가 클 때 그 일부를 표본으로 추출하여 조사하는 방식

③ 단점 : 표본 추출의 기준이 얼마나 적합하고 공정한가에 따라 그 결과에 대한 신뢰도가 달라짐

  예 일부 국민을 대상으로 한 여론조사 내용을 전체 국민의 여론으로 제시하는 것

(4) 인과적 귀납 추론

① 관찰하고자 하는 집합의 일부 원소들이 지닌 인과 관계를 인식하여 그 원인이나 결과를 이끌어 내려는 방식

② 인과적 귀납 추론의 종류

  ㉠ 일치법 : 어떤 현상에 속하는 둘 또는 그 이상의 사례들이 하나의 공통된 요소만을 가진다면, 그 요소가 공통 현상의 원인이라고 판단하는 방법

• 학교 급식을 먹은 학생들 중 일부가 식중독에 걸렸다.	(현상)
• 그러므로 식중독의 원인은 급식이다.	(원인)

  ㉡ 차이법 : 어떤 현상이 일어난 경우와 일어나지 않은 경우를 비교하였을 때, 단 하나의 요소만이 차이를 보인다면 그 요소가 현상의 원인이라고 판단하는 방법

• 전국 사생대회에 참가한 소연이와 채연이는 각각 대상과 금상을 받았다. 연습 시간 및 환경, 지도자 등 비슷한 조건하에서 대회를 준비하였지만, 집중력에서 약간의 차이를 보였다.	(현상)
• 그러므로 두 사람이 전국 사생대회에서 다른 결과를 얻게 된 원인은 집중력이다.	(원인)

ⓒ 일치·차이 병용법 : 공통 현상이 나타나는 경우와 나타나지 않는 경우 여러 개를 놓고 일치법과 차이법을 병용하여 적용함으로써 그 원인을 판단하는 방법

• 학업능력이 비슷한 학생들을 두 집단으로 나누어 1차로 같은 분량의 과제를 부여하고 2차로 각기 다른 분량의 과제를 부여한 결과, 많은 양의 과제를 부여한 집단의 성적이 훨씬 높게 나타났다.	(현상)
• 그러므로 학생의 학업 성적 향상의 원인은 과제의 분량이다.	(원인)

ⓔ 공변법 : 어떤 현상의 변화에 따라 같은 방식으로 변하는 다른 현상 간에는 인과적인 관련이 있다고 판단하는 방법

• 흡연자를 대상으로 추적 연구를 진행한 결과, 담배를 많이 피울수록 폐암에 걸릴 확률이 높은 것으로 나타났다.	(현상)
• 그러므로 폐암의 원인은 담배이다.	(원인)

ⓜ 잉여법 : 앞의 몇 가지 현상이 뒤의 몇 가지 현상의 원인이며, 선행 현상의 일부분이 후행 현상의 일부분이라면, 선행 현상의 나머지 부분이 후행 현상의 나머지 부분의 원인임을 판단하는 방법

• 이서와 설윤이가 오늘 아침에 컵을 깬 사람으로 추정되는데, 이서의 경우 오늘 아침에 컵을 사용하지 않았다는 사실이 밝혀졌다.	(현상)
• 그러므로 컵을 깬 사람은 설윤이일 가능성이 높다.	(원인)

3. 유비 추론

① 두 개의 대상 사이에 일련의 속성이 동일하다는 사실에 근거하여 그것들의 나머지 속성도 동일할 것이라는 결론을 이끌어 내는 추론
② 이미 알고 있는 것에서 다른 유사한 점을 찾아내는 추론으로 기준이 되는 사물이나 현상이 있어야 함
③ 이미 알고 있는 사례로부터 아직 알지 못하는 것을 생각해 봄으로써 쉽게 가설을 세울 수 있으므로 가설을 세우는 데 유용함
④ 다만, 이미 알고 있는 사례와 이제 알고자 하는 사례가 매우 유사하다는 확신과 증거가 있어야 함
⑤ 확신과 증거가 없는 상태에서 나온 결론은 개연성이 거의 없고 잘못된 결론이 될 수도 있음

• 사람은 영장류이고, 무리 생활을 하며, 손을 사용한다.	A는 a, b, c, d의 속성을 가지고 있다.
• 침팬지는 영장류이고, 무리 생활을 하며, 손을 사용한다.	B는 a, b, c, d의 속성을 가지고 있다.
• 사람은 언어를 사용한다.	A는 e의 속성을 가지고 있다.
• 그러므로 침팬지도 언어를 사용할 것이다.	그러므로 B도 e의 속성을 가지고 있을 것이다.

02 수·문자 추리

1. 수 추리

(1) 등차수열

① 각 항이 그 앞의 항에 일정한 수를 더한 것으로 이루어진 수열

② 공차 : 각 항에 더해지는 일정한 수

	2	4	6	8	10	12	14	16	18	20

2	→	4	→	6	→	8	→	10	→	12	→	14	→	16	→	18	→	20
	+2		+2		+2		+2		+2		+2		+2		+2		+2	

(2) 등비수열

① 각 항이 그 앞의 항에 일정한 수를 곱한 것으로 이루어진 수열

② 공비 : 각 항에 곱해지는 일정한 수

	2	4	8	16	32	64	128	256	512

2	→	4	→	8	→	16	→	32	→	64	→	128	→	256
	×2		×2		×2		×2		×2		×2		×2	

(3) 계차수열

① 수열의 인접하는 두 항의 차로 이루어진 수열

② 계차 : 어떤 수열의 항과 그 바로 앞의 항의 차

	1	2	4	7	11	16	22	29	37	46

1	→	2	→	4	→	7	→	11	→	16	→	22	→	29	→	37	→	46
	+1		+2		+3		+4		+5		+6		+7		+8		+9	
	+1		+1		+1		+1		+1		+1		+1		+1		

(4) 피보나치 수열

처음 두 항은 1이고 세 번째 항부터는 바로 앞의 두 항의 합이 되는 수열

	1	1	2	3	5	8	13	21

1	→	1	→	2	→	3	→	5	→	8	→	13	→	21
			1+1		1+2		2+3		3+5		5+8		8+13	

(5) 건너뛰기 수열

두 개 이상의 수열이 일정한 간격을 두고 번갈아 가며 나타나는 수열

<u>1</u> 1 <u>2</u> 2 <u>3</u> 4 <u>4</u> 8 <u>5</u> 16 <u>6</u> 32 <u>7</u> 64 <u>8</u> 128

1	→ +1	2	→ +1	3	→ +1	4	→ +1	5	→ +1	6	→ +1	7	→ +1	8

1	×2	2	×2	4	×2	8	×2	16	×2	32	×2	64	×2	128

(6) 군수열

몇 개의 항을 묶어 놓은 것들이 또다시 수열을 이루는 수열

<u>1</u>   <u>1 2</u>   <u>1 2 3</u>   <u>1 2 3 4</u>

1	/	1	→ +1	2	/	1	→ +1	2	→ +1	3	/	1	→ +1	2	→ +1	3	→ +1	4

2. 문자 추리

① 일정한 규칙에 따라 문자가 나열됨
② 문자를 수로 전환하여 수열과 동일하게 규칙을 찾음
③ 문자표

1	2	3	4	5	6	7	8	9	10	11	12	13	14	15	16	17	18	19	20	21	22	23	24	25	26
A	B	C	D	E	F	G	H	I	J	K	L	M	N	O	P	Q	R	S	T	U	V	W	X	Y	Z
a	b	c	d	e	f	g	h	i	j	k	l	m	n	o	p	q	r	s	t	u	v	w	x	y	z
ㄱ	ㄴ	ㄷ	ㄹ	ㅁ	ㅂ	ㅅ	ㅇ	ㅈ	ㅊ	ㅋ	ㅌ	ㅍ	ㅎ												
ㅏ	ㅑ	ㅓ	ㅕ	ㅗ	ㅛ	ㅜ	ㅠ	ㅡ	ㅣ																
가	나	다	라	마	바	사	아	자	차	카	타	파	하												
一	二	三	四	五	六	七	八	九	十																
I	II	III	IV	V	VI	VII	VIII	IX	X	XI	XII														
i	ii	iii	iv	v	vi	vii	viii	ix	x	xi	xii														

一 二 三 四 五 六 七 八 九 十

一	二	三	四	五	六	七	八	九	十
1	2	3	4	5	6	7	8	9	10

1	→ +1	2	→ +1	3	→ +1	4	→ +1	5	→ +1	6	→ +1	7	→ +1	8	→ +1	9	→ +1	10

출제예상문제

대표 유형 01 무게 추리

[01~02] 다음 〈조건〉을 보고 ?에 들어갈 문자를 고르시오.

〈조건〉

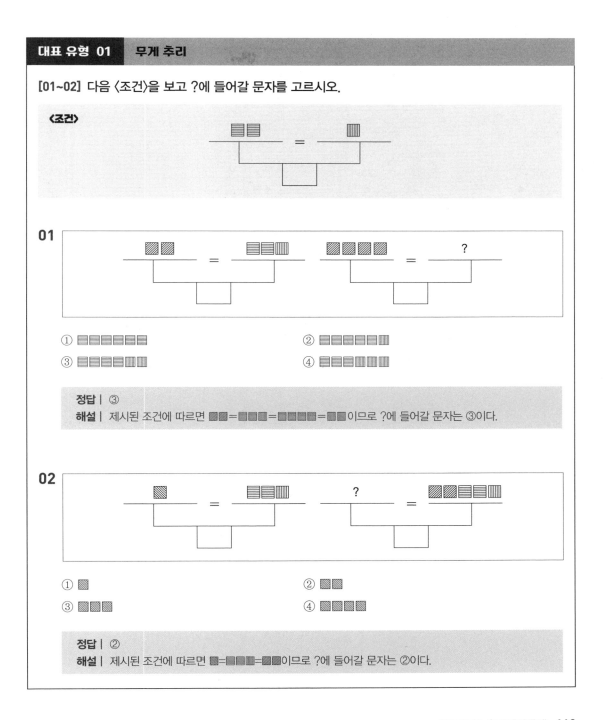

01

① ▦▦▦▦▦▦
② ▦▦▦▦▦▦
③ ▦▦▦▦▦▦
④ ▦▦▦▦▦▦

> 정답 | ③
> 해설 | 제시된 조건에 따르면 ▨▨=▦▦▦=▦▦▦▦=▦▦이므로 ?에 들어갈 문자는 ③이다.

02

① ▨
② ▨▨
③ ▨▨▨
④ ▨▨▨▨

> 정답 | ②
> 해설 | 제시된 조건에 따르면 ▨▨=▦▦▦=▨▨이므로 ?에 들어갈 문자는 ②이다.

[01~02] 다음 〈조건〉을 보고 ?에 들어갈 문자를 고르시오.

01

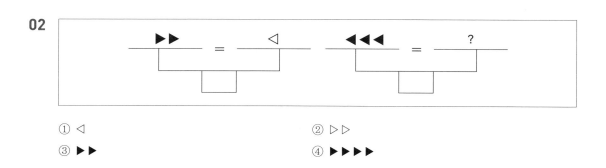

① ◁◁   ② ◁
③ ◀   ④ ◀◀

02

① ◁   ② ▷▷
③ ▶▶   ④ ▶▶▶▶

[03~04] 다음 〈조건〉을 보고 ?에 들어갈 문자를 고르시오.

〈조건〉

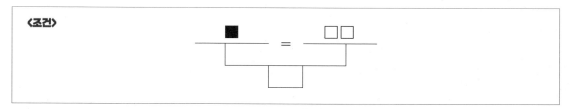

03

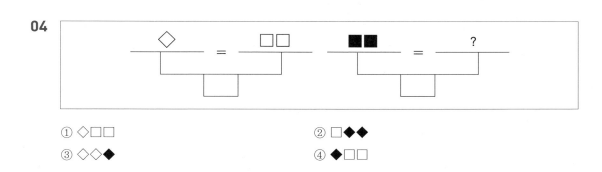

① ◆◆　　　　　　　　　　② ◆◆◆
③ ◆◆◆◆　　　　　　　　④ ◆◆◆◆◆

04

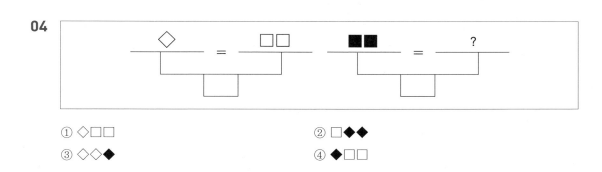

① ◇□□　　　　　　　　　② □◆◆
③ ◇◇◆　　　　　　　　　④ ◆□□

PART 01
PART 02
PART 03
PART 04
PART 05
부록
추리능력

[05~06] 다음 〈조건〉을 보고 **?**에 들어갈 문자를 고르시오.

〈조건〉

05

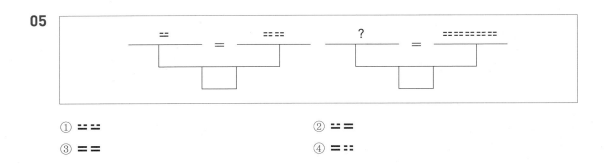

① == == ② ==＝

③ ＝＝ ④ ＝ ::

06

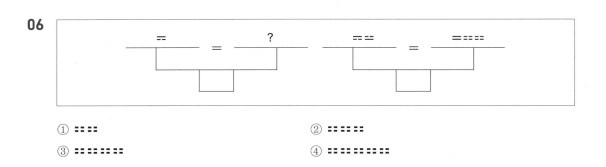

① == :: ② == == ::

③ == == == :: ④ == == == == ::

[07~08] 다음 〈조건〉을 보고 ?에 들어갈 문자를 고르시오.

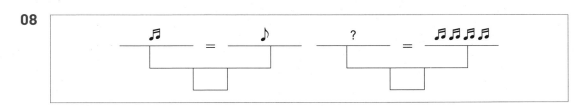

07

① ♪
② ♪ ♪
③ ♪ ♪ ♪
④ ♪ ♪ ♪ ♪

08

① ♪ ♩
② ♩ ♫
③ ♫ ♫
④ ♫ ♬

PART 01

PART 02

PART 03

PART 04

PART 05

부록

추리능력

[09~10] 다음 〈조건〉을 보고 ?에 들어갈 문자를 고르시오.

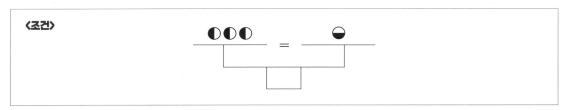

09

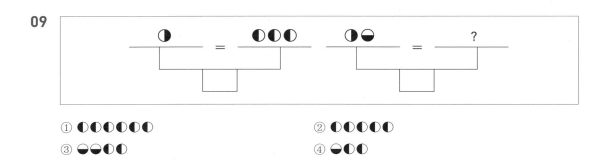

① ◐◐◐◐◐◐
② ◐◐◐◐◐
③ ◓◓◐◐
④ ◓◐◐

10

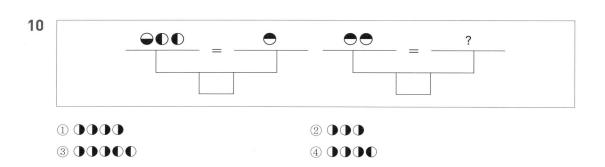

① ◐◐◐◐
② ◐◐◐
③ ◐◐◐◐◐
④ ◐◐◐◐

다음 〈조건〉을 읽고, 〈보기〉가 참인지 거짓인지 혹은 알 수 없는지 고르시오.

〈조건〉
- 지혜로운 사람은 행복하다.
- 덕을 가진 사람은 지혜롭다.

〈보기〉
덕을 가진 사람은 행복하다.

① 참   ② 거짓
③ 알 수 없음

정답 | ①
해설 | 제시된 〈조건〉을 정리하면 '덕을 가진 사람 → 지혜로운 사람 → 행복함'이 성립하므로 〈보기〉는 참이다.

[11~14] 다음 〈조건〉을 읽고, 〈보기〉가 참인지 거짓인지 혹은 알 수 없는지 고르시오.

11

〈조건〉
- 튀니지에 가 본 사람은 멕시코에 가 본 적이 없다.
- 튀니지에 가 본 적 없는 사람은 칠레에 가 본 적이 없다.

〈보기〉
멕시코에 가 본 사람은 칠레에 가 본 적이 없다.

① 참   ② 거짓
③ 알 수 없음

PART 01
PART 02
PART 03
PART 04
PART 05
부록
추리능력

12

〈조건〉
- 해외 출장을 가는 사람은 비행기를 탄다.
- 업무 우수자는 해외 출장을 간다.

〈보기〉
비행기를 타지 않는 사람은 업무 우수자이다.

① 참   ② 거짓
③ 알 수 없음

13

〈조건〉
- OA Master 수강생은 신입사원이다.
- 신입사원은 기획팀이다.

〈보기〉
OA Master 수강생은 기획팀이다.

① 참   ② 거짓
③ 알 수 없음

14

〈조건〉
- 어휘력이 풍부한 사람은 발표를 잘한다.
- 책을 좋아하는 사람은 어휘력이 풍부하다.

〈보기〉
발표를 잘하지 못하는 사람은 책을 좋아하지 않는다.

① 참   ② 거짓
③ 알 수 없음

[15~17] 다음 조건을 읽고 제시된 문장이 항상 참이면 ①, 거짓이면 ②, 알 수 없으면 ③을 고르시오.

> **〈조건〉**
> - A, B, C, D, E 다섯 사람은 이벤트에 참여해 경품을 받았다.
> - 1등 경품은 1명, 2등 경품은 2명, 3등 경품은 2명이 받았다.
> - A와 B는 서로 다른 경품을 받았다.
> - A와 C는 서로 다른 경품을 받았다.
> - E는 네 사람과 다른 경품을 받았다.

15 E는 1등 경품을 받았다.

① 참   ② 거짓
③ 알 수 없음

16 A는 3등 경품을 받았다.

① 참   ② 거짓
③ 알 수 없음

17 A와 D는 같은 경품을 받았다.

① 참   ② 거짓
③ 알 수 없음

PART 01
PART 02
PART 03
PART 04
PART 05
부록
추리능력

〈조건〉
- 주중에는 국어, 수학, 영어, 한국사, 탐구 중 하루에 한 과목씩 복습한다.
- 국어는 수요일에 복습한다.
- 영어보다 수학을 먼저 복습한다.
- 국어보다 한국사를 먼저 복습한다.
- 영어를 복습한 다음 날에는 탐구를 복습하지 않는다.

18 금요일에는 영어를 복습하지 않는다.

① 참   ② 거짓
③ 알 수 없음

19 화요일에 탐구를 복습한다면, 월요일에는 한국사를 복습한다.

① 참   ② 거짓
③ 알 수 없음

20 수학은 항상 탐구보다 먼저 복습한다.

① 참   ② 거짓
③ 알 수 없음

PART
01

PART
02

PART
03

PART
04

PART
05

부록

추리능력

대표 유형 03　논리 추론

다음 〈조건〉을 바탕으로 추론할 수 있는 것을 고르시오.

〈조건〉
- A가 근무이면, B는 휴무이다.
- C가 휴무이면, B는 근무이다.
- D가 근무이면, A도 근무이다.

① A가 휴무이면, B는 근무이다.　　② B가 근무이면, C는 근무이다.
③ C가 휴무이면, A도 휴무이다.　　④ D가 근무이면, B도 근무이다.

정답 | ③
해설 | 조건 2의 대우인 'B가 휴무이면, C는 근무이다'를 포함하여 제시된 〈조건〉을 정리하면 'D 근무 → A 근무 → B 휴무 → C 근무'와 그 대우인 'C 휴무 → B 근무 → A 휴무 → D 휴무'가 성립한다. 따라서, 'C가 휴무이면, A도 휴무이다'를 추론할 수 있다.

[21~30] 다음 〈조건〉을 바탕으로 추론할 수 있는 것을 고르시오.

21

〈조건〉
- 어떤 마케팅팀 사원은 사진 찍는 것을 좋아한다.
- 사진 찍는 것을 좋아하는 사원은 여행 동아리 소속이다.
- 여행 동아리 소속 사원은 모두 솔로이다.

① 어떤 마케팅팀 사원은 솔로이다.
② 여행 동아리 소속 사원은 모두 마케팅팀 사원이다.
③ 사진 찍는 것을 좋아하는 모든 사원은 마케팅팀 사원이다.
④ 사진 찍는 것을 좋아하는 어떤 사원은 여행 동아리 소속이 아니다.

22

<조건>
- 커피를 좋아하는 사람은 우유를 좋아한다.
- 케이크를 좋아하는 사람은 커피를 좋아한다.
- 우유를 좋아하는 사람은 홍차를 좋아하지 않는다.
- 과일주스를 좋아하지 않는 사람은 케이크를 좋아한다.

① 홍차를 좋아하는 사람은 커피를 좋아한다.
② 우유를 좋아하는 사람은 케이크를 좋아한다.
③ 우유를 좋아하지 않는 사람은 커피를 좋아한다.
④ 과일주스를 좋아하지 않는 사람은 홍차를 좋아하지 않는다.

23

<조건>
- 주연, 지원, 재현이는 국어, 영어, 수학 시험을 보았다.
- 재현이는 영어 2등, 수학 2등, 국어 2등을 하였다.
- 지원이는 영어 3등, 수학 1등, 국어 1등을 하였다.
- 주연이는 영어만 1등을 하였다.
- 전체 평균으로 1등을 한 사람은 재현이다.

① 수학과 영어 점수만 고려한다면, 지원이가 1등일 것이다.
② 지원의 국어 점수는 재현의 수학 점수보다 높다.
③ 주연의 영어 점수는 지원의 수학 점수보다 높다.
④ 재현이의 총점이 가장 높다.

24

<조건>
- A~F는 100m 달리기에서 각각 1~6등으로 들어왔다.
- C는 가장 늦게 결승지점을 통과하였다.
- B는 F 다음으로 결승지점에 들어왔다.
- D는 B와 E보다 늦게 결승지점에 들어왔다.
- F는 E보다 빨리 결승지점을 통과했지만, A보다는 늦게 결승지점을 통과하였다.

① A는 2등이다.
② B는 4등이다.
③ E는 F보다 빨리 결승지점을 통과하였다.
④ D는 E 다음으로 결승지점을 통과하였다.

25

<조건>
- 안경을 쓰고 있는 사람은 니트를 입고 있지 않다.
- 재킷을 입고 있는 사람은 셔츠를 입고 있다.
- 구두를 신고 있지 않은 사람은 재킷을 입고 있다.
- 모자를 쓰고 있는 사람은 셔츠를 입고 있지 않다.
- 안경을 쓰고 있지 않은 사람은 구두를 신고 있지 않다.

① 셔츠를 입고 있지 않은 사람은 안경을 쓰고 있지 않다.
② 니트를 입고 있지 않은 사람은 재킷을 입고 있지 않다.
③ 모자를 쓰고 있는 사람은 구두를 신고 있다.
④ 안경을 쓰고 있는 사람은 셔츠를 입고 있지 않다.

PART
01

PART
02

PART
03

PART
04

PART
05

부록

추리능력

26

<조건>
- 시은과 수정의 앞에 치킨, 피자, 햄버거가 놓여 있다.
- 세 가지의 음식 중 각자 좋아하는 음식이 반드시 있다.
- 시은은 치킨과 피자를 싫어한다.
- 수정이 좋아하는 음식은 시은이 싫어하는 음식이다.

① 시은은 좋아하는 음식이 없다.
② 시은은 햄버거를 싫어한다.
③ 수정은 햄버거를 싫어한다.
④ 시은과 수정이 같이 좋아하는 음식이 있다.

27

<조건>
- 딸기를 좋아하면 수박을 좋아하지 않는다.
- 복숭아를 좋아하면 수박을 좋아한다.
- 복숭아를 좋아하지 않으면 오이를 좋아한다.

① 딸기를 좋아하면 오이를 좋아하지 않는다.
② 딸기를 좋아하면 오이를 좋아한다.
③ 복숭아를 좋아하면 딸기를 좋아한다.
④ 수박을 좋아하지 않으면 딸기를 좋아한다.

28

<조건>
- A는 해외 봉사에 참여한다.
- A가 해외 봉사에 참여하면 D와 E는 해외 봉사에 참여한다.
- B가 해외 봉사에 참여하지 않으면 C는 해외 봉사에 참여한다.
- C가 해외 봉사에 참여하면 D는 참여하지 않는다.

① B는 해외 봉사에 참여하지 않는다.

② C는 해외 봉사에 참여하지 않는다.

③ C와 D는 해외 봉사에 참여한다.

④ D와 E는 해외 봉사에 참여하지 않는다.

29

<조건>
- A는 마케팅론을 신청하였다.
- 세무회계를 신청하지 않았다면 노사관계론은 신청하였다.
- 경영분석을 신청하지 않았다면 마케팅론도 신청하지 않았다.
- 재무관리를 신청했다면 노사관계론은 신청하지 않았다.
- 경영분석을 신청했다면 세무회계는 신청하지 않았다.

① A는 재무관리도 신청하였다.

② A는 경영분석을 신청하지 않았다.

③ A는 노사관계론과 경영분석도 신청하였다.

④ A는 세무회계과 노사관계론을 신청하지 않았다.

30

<조건>
- A~E는 순서대로 앉아있으며, 모두 다른 방법(자전거, 지하철, 버스, 승용차, 도보)으로 등교한다.
- A는 지하철로 등교한다.
- B는 버스로 등교하지 않는다.
- D가 승용차로 등교하지 않는다면 A는 지하철로 등교하지 않는다.
- 자전거로 등교하는 사람 양옆에 앉은 사람들은 모두 지하철로 등교하지 않는다.

① B는 지하철로 등교한다.

② C는 자전거로 등교한다.

③ D는 승용차로 등교하지 않는다.

④ E는 버스로 등교하지 않는다.

PART 01
PART 02
PART 03
PART 04
PART 05
부록
추리능력

대표 유형 04 　수 추리

일정한 규칙에 따라 수를 나열할 때, 빈칸에 들어갈 수로 적절한 것을 고르시오.

7　　−14　　−9　　18　　23　　−46　　( )　　82

① −41　　　　　　　　　　　② −92

③ 41　　　　　　　　　　　④ 92

정답 | ①

해설 | ×(−2), +5가 반복되는 수열이다.
　　　　따라서, 빈칸에 들어갈 숫자는 (−46)+5 = −41이다.

[31~35] 일정한 규칙에 따라 수를 나열할 때, 빈칸에 들어갈 수로 적절한 것을 고르시오.

31

12　　24　　72　　( )　　432　　864

① 132　　　　　　　　　　② 136

③ 140　　　　　　　　　　④ 144

32

0　　3　　9　　12　　36　　39　　( )　　120

① 117　　　　　　　　　　② 114

③ 45　　　　　　　　　　　④ 42

33

−10　　−15　　−40　　−165　　( )　　−3,915

① −290　　　　　　　　　② −415

③ −790　　　　　　　　　④ −1,415

34

	1 2 6	3 4 14	5 6 ( )	7 8 30

① 21　　　　　　　　　　　② 22
③ 23　　　　　　　　　　　④ 24

35

2	3 9	4 16 64	5 25 125 ( )

① 610　　　　　　　　　　② 615
③ 620　　　　　　　　　　④ 625

대표 유형 05　　**문자 추리**

일정한 규칙에 따라 문자를 나열할 때, 빈칸에 들어갈 문자로 적절한 것을 고르시오.

I　　　D　　　H　　　C　　　F　　　( )

① A　　　　　　　　　　　② B
③ E　　　　　　　　　　　④ G

정답 | ①
해설 | (−5), ×2가 반복되는 수열이다.

I	D	H	C	F	(A)
9	4	8	3	6	1

[36~40] 일정한 규칙에 따라 문자를 나열할 때, 빈칸에 들어갈 문자로 적절한 것을 고르시오.

36

ㄴ ㅇ ㄹ ㅊ ㅁ ( )

① ㅅ   ② ㅇ
③ ㅈ   ④ ㅋ

37

A B E J ( ) Z

① P   ② Q
③ R   ④ S

38

ㅎ ㅅ ㅊ ( ) ㅇ ㄹ

① ㄱ   ② ㅁ
③ ㅅ   ④ ㅈ

39

A C D G K ( )

① L   ② N
③ P   ④ R

40

ㅣ ㅗ ㅛ ㅓ ㅕ ( )

① ㅏ   ② ㅡ
③ ㅜ   ④ ㅑ

PART 01
PART 02
PART 03
PART 04
PART 05
부록
추리능력

PART

04

지각능력

GSAT 삼성직무적성검사 5급 고졸채용

사무지각

1. 문자 나열

① 오름차순 : 문자를 차례대로 배열한 순서

　㉑ 알파벳 A부터 Z의 순서, 한글은 ㄱ부터 ㅎ의 순서, 숫자는 작은 수부터 큰 수의 순서

구분	나열 순서													
알파벳	A	B	C	D	E	F	G	H	I	J	K	L	M	…
한글	ㄱ	ㄴ	ㄷ	ㄹ	ㅁ	ㅂ	ㅅ	ㅇ	ㅈ	ㅊ	ㅋ	ㅌ	ㅍ	ㅎ
숫자	1	2	3	4	5	6	7	8	9	10	11	12	13	…

② 내림차순 : 문자를 역순으로 배열한 순서(오름차순과 반대 순서)

　㉑ 알파벳 Z부터 A의 순서, 한글은 ㅎ부터 ㄱ의 순서, 숫자는 큰 수부터 작은 수의 순서

구분	나열 순서													
알파벳	Z	Y	X	W	V	U	T	S	R	Q	P	O	N	…
한글	ㅎ	ㅍ	ㅌ	ㅋ	ㅊ	ㅈ	ㅇ	ㅅ	ㅂ	ㅁ	ㄹ	ㄷ	ㄴ	ㄱ
숫자	…	13	12	11	10	9	8	7	6	5	4	3	2	1

2. 문자 비교

① 숫자 · 기호 · 문자를 다양하게 활용할 수 있는 실무처리능력을 평가

② 대응 : 제시된 문자와 동일한 문자를 보기에서 찾아 고르는 문제

PART
01

PART
02

PART
03

PART
04

PART
05

부록

지각능력

> **제시된 문자와 동일한 문자를 〈보기〉에서 찾아 고르시오. (단, 제일 왼쪽의 문자를 ①이라고 한다.)**
>
> | 〈보기〉 |
> | --- |
> | ○   ●   ◇   ◆ |
>
> | ● |
> | --- |
>
> ① 첫 번째   ② 두 번째
> ③ 세 번째   ④ 네 번째

③ 일치/불일치 : 문자를 제시하고, 제시된 문자와 일치하거나 일치하지 않는 문자를 고르는 문제

> **다음 제시된 좌우 문자를 비교하여 같으면 ①을, 다르면 ②를 고르시오.**
>
> | Necessary – Necesary |
> | --- |
>
> ① 같다   ② 다르다

CHAPTER 02 공간지각

1. 도형의 회전

① 180도 회전하는 경우 : 상하 · 좌우가 모두 대칭하면 같은 모양이 됨

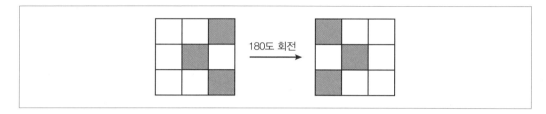

② 시계 방향으로 90도 회전하는 경우 : 반시계 방향으로 270도 회전하면 같은 모양이 됨

2. 도형의 대칭

(1) 상하 · 좌우 반전

① 상하 반전을 두 번 했을 경우 : 원래 모양과 같은 모양이 됨

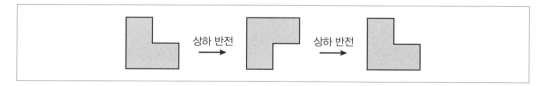

② 좌우 반전을 두 번 했을 경우 : 원래 모양과 같은 모양이 됨

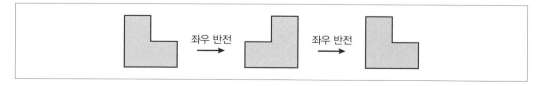

(2) 거울 위치에 따른 상하ㆍ좌우 반전

① 거울의 위치에 따라 도형은 좌우 혹은 상하로 대칭됨

② 거울이 위ㆍ아래에 위치할 때 : 상하 대칭이 됨

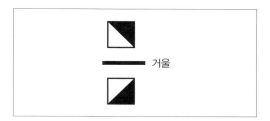

③ 거울이 좌ㆍ우에 위치할 때 : 좌우 대칭이 됨

3. 블록의 총개수 구하기

① 층별로 나누어 생각하기

② 아래층부터 세기

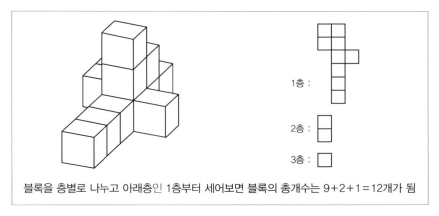

블록을 층별로 나누고 아래층인 1층부터 세어보면 블록의 총개수는 9+2+1=12개가 됨

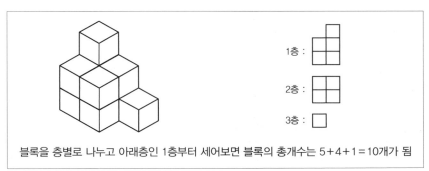

블록을 층별로 나누고 아래층인 1층부터 세어보면 블록의 총개수는 5+4+1=10개가 됨

PART 01

PART 02

PART 03

PART 04

PART 05

부록

지각능력

TIP 블록의 층·개수가 많은 경우

- 빈 부분에 블록을 채운 후 계산하면 쉽게 접근할 수 있음
- 그림과 같이 빈 부분에 블록을 채워서 계산하면 블록의 총개수는 [4×3−2(빈 부분의 개수)]＝10개가 됨

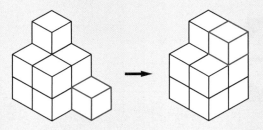

4. 블록의 최대·최소 개수 세기

(1) 블록의 최대 개수 세기

① 앞면과 측면의 층별 블록 개수를 통해 파악할 수 있음

② (앞면에서 보이는 층별 블록의 개수)×(측면에서 보이는 층별 블록의 개수)

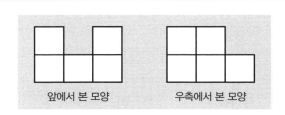

앞에서 본 모양　　　　　　우측에서 본 모양

(앞면 1층에서 보이는 블록의 개수 3개)×(측면 1층에서 보이는 블록의 개수 3개)+(앞면 2층에서 보이는 블록의 개수 2개)×(측면 2층에서 보이는 블록의 개수 2개)

따라서 블록의 최대 개수는 3×3+2×2＝13개

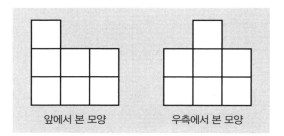

앞에서 본 모양　　　　　　우측에서 본 모양

(앞면 1층에서 보이는 블록의 개수 3개)×(측면 1층에서 보이는 블록의 개수 3개)+(앞면 2층에서 보이는 블록의 개수 3개)×(측면 2층에서 보이는 블록의 개수 3개)+(앞면 3층에서 보이는 블록의 개수 1개)×(측면 3층에서 보이는 블록의 개수 1개)

따라서 블록의 최대 개수는 3×3+3×3+1×1＝19개

(2) 블록의 최소 개수 세기

① 앞면과 측면의 블록 개수에서 중복되는 블록의 개수를 빼기

② (앞면에서 본 블록의 개수)+(측면에서 본 블록의 개수)−(중복되는 블록의 개수)

PART
01

PART
02

PART
03

PART
04

PART
05

부록

지각능력

TIP 중복되는 블록의 개수 구하는 방법

앞면과 측면에 대해 세로 열로 비교했을 때, 앞면과 측면에서 셀 수 있는 공통된 숫자를 더하면 중복되는 블록의 개수를 구할 수 있음

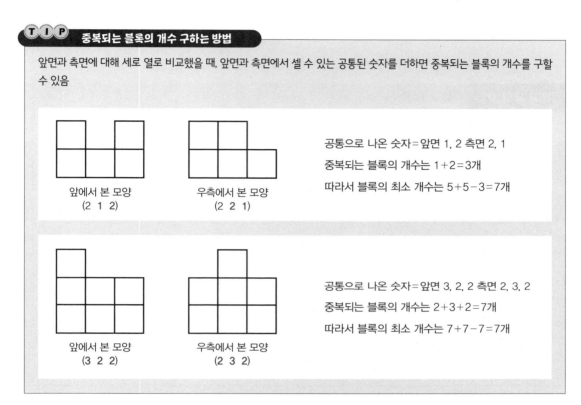

앞에서 본 모양
(2 1 2)

우측에서 본 모양
(2 2 1)

공통으로 나온 숫자＝앞면 1, 2 측면 2, 1

중복되는 블록의 개수는 1+2=3개

따라서 블록의 최소 개수는 5+5−3=7개

앞에서 본 모양
(3 2 2)

우측에서 본 모양
(2 3 2)

공통으로 나온 숫자＝앞면 3, 2, 2 측면 2, 3, 2

중복되는 블록의 개수는 2+3+2=7개

따라서 블록의 최소 개수는 7+7−7=7개

(3) 블록의 면적 구하기

① 사각형의 한 단면의 면적＝(가로)×(세로)

　㉠ 입체도형의 면적＝상하, 좌우, 앞뒤로 계산

　㉡ 전체 블록의 면적＝윗면의 면적＋측면의 면적

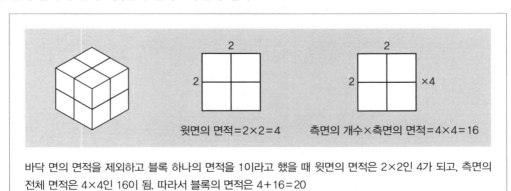

윗면의 면적=2×2=4　　측면의 개수×측면의 면적=4×4=16

바닥 면의 면적을 제외하고 블록 하나의 면적을 1이라고 했을 때 윗면의 면적은 2×2인 4가 되고, 측면의 전체 면적은 4×4인 16이 됨. 따라서 블록의 면적은 4+16=20

대표 유형 01	문자 비교

제시된 문자와 동일한 문자를 〈보기〉에서 찾아 고르시오. (단, 제일 왼쪽의 문자를 ①이라고 한다.)

> **〈보기〉**
>
>   *   ☎   §   ◎

◎

①   ②
③   ④

정답 | ④
해설 | '◎'는 네 번째에 제시되었으므로 정답은 ④가 된다.

[01~02] 제시된 문자와 동일한 문자를 〈보기〉에서 찾아 고르시오. (단, 제일 왼쪽의 문자를 ①이라고 한다.)

〈보기〉

◈   ◑   ▬   ♣

01

◑

①   ②
③   ④

02

◈

①   ②
③   ④

PART 01
PART 02
PART 03
PART 04
PART 05
부록
지각능력

[03~06] 제시된 문자와 동일한 문자를 〈보기〉에서 찾아 고르시오. (단, 제일 왼쪽의 문자를 첫 번째라고 한다.)

〈보기〉

⊖   ⬀   ⊘   ⊕   ⦶   ⊘   ⊗   ⦸

03

⊕

① 첫 번째　　　　　　　　② 두 번째
③ 세 번째　　　　　　　　④ 네 번째

04

⊘

① 세 번째　　　　　　　　② 네 번째
③ 여섯 번째　　　　　　　④ 일곱 번째

05

⬀

① 첫 번째　　　　　　　　② 두 번째
③ 세 번째　　　　　　　　④ 네 번째

06

⊗

① 네 번째　　　　　　　　② 다섯 번째
③ 일곱 번째　　　　　　　④ 여덟 번째

[07~10] 제시된 문자와 동일한 문자를 〈보기〉에서 찾아 고르시오. (단, 제일 왼쪽의 문자를 첫 번째라고
한다.)

<보기>

▤   ▥   ▨   ▦   ▩   ■   ▣

07

▨

① 두 번째　　　　　　　　　② 세 번째
③ 다섯 번째　　　　　　　　④ 여섯 번째

08

▦

① 세 번째　　　　　　　　　② 네 번째
③ 다섯 번째　　　　　　　　④ 여섯 번째

09

■

① 세 번째　　　　　　　　　② 네 번째
③ 여섯 번째　　　　　　　　④ 일곱 번째

10

▣

① 네 번째　　　　　　　　　② 다섯 번째
③ 여섯 번째　　　　　　　　④ 일곱 번째

PART 01
PART 02
PART 03
PART 04
PART 05
부록
지각능력

[11~13] 제시된 문자와 동일한 문자를 〈보기〉에서 찾아 고르시오. (단, 제일 왼쪽의 문자를 첫 번째라고 한다.)

〈보기〉

호   ▣   ♢   ◆   ♡   ●

11

◆

① 세 번째   ② 네 번째
③ 다섯 번째   ④ 여섯 번째

12

호

① 첫 번째   ② 두 번째
③ 세 번째   ④ 네 번째

13

●

① 세 번째   ② 네 번째
③ 다섯 번째   ④ 여섯 번째

다음 중 제시된 도형과 같은 도형을 고르시오.

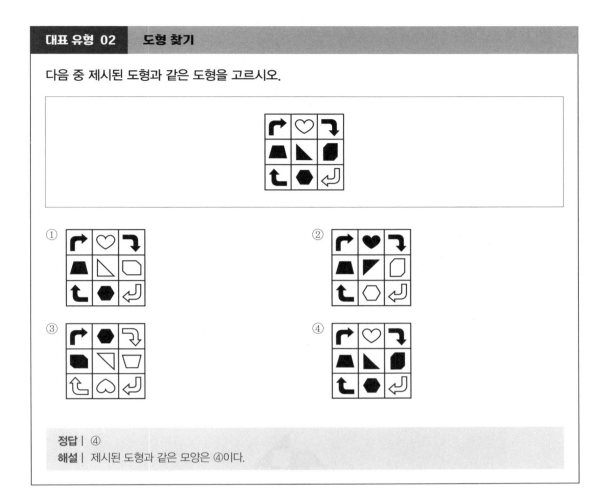

정답 | ④

해설 | 제시된 도형과 같은 모양은 ④이다.

PART 01

PART 02

PART 03

PART 04

PART 05

부록

지각능력

[14~18] 다음 중 제시된 도형과 같은 도형을 고르시오.

14

①

②

③

④

15

①

②

③

④

16

① 　　②

③ 　　④

17

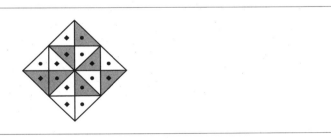

① 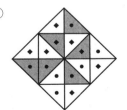　　②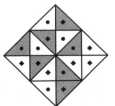

③ 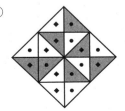　　④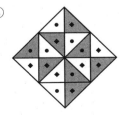

PART 01

PART 02

PART 03

PART 04

PART 05

부록

지각능력

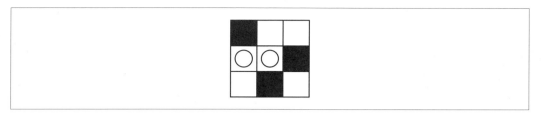

① 　　　②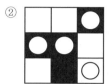

③ 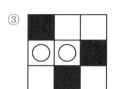　　　④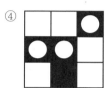

[19~21] 다음 중 나머지 도형과 다른 것을 고르시오. (단, 도형은 회전할 수 있다.)

19

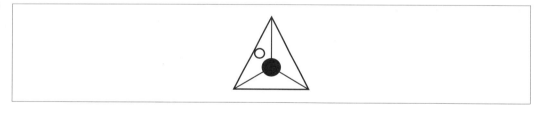

① 　　　②

③ 　　　④

20

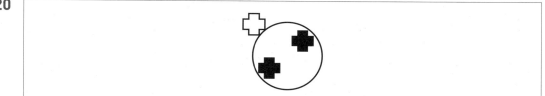

①    ②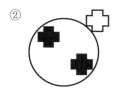

③   ④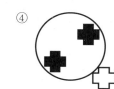

PART
01

PART
02

PART
03

PART
04

PART
05

부록

지각능력

21

① 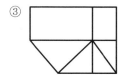   ②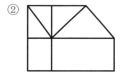

③   ④

[22~24] 다음 중 제시된 도형과 같은 것은? (단, 도형은 회전할 수 있다.)

22

①

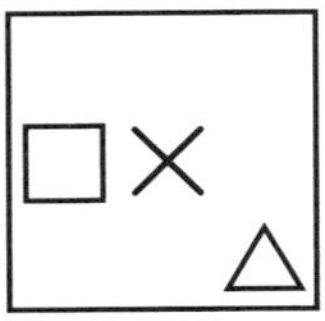

②

③

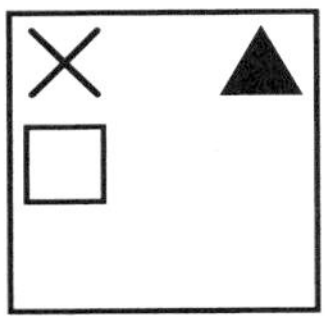

④

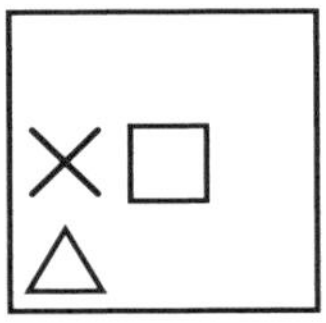

23

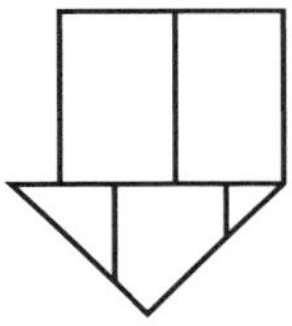

①

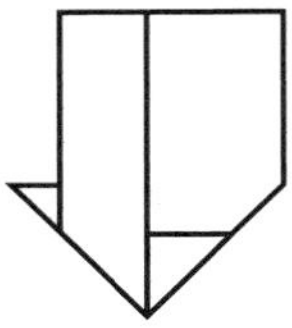

②

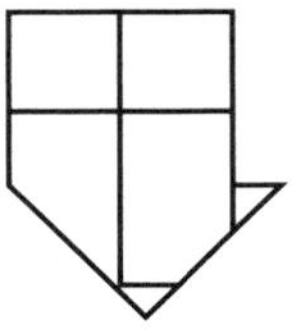

③

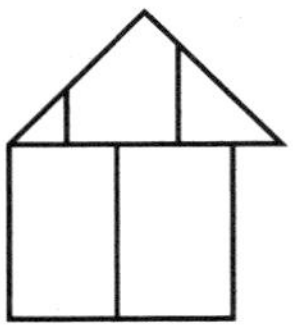

④

24

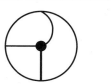

①

②

③

④

PART
01

PART
02

PART
03

PART
04

PART
05

부록

지각능력

다음 블록의 개수는 몇 개인지 고르시오. (단, 보이지 않는 곳의 블록은 있다고 가정한다.)

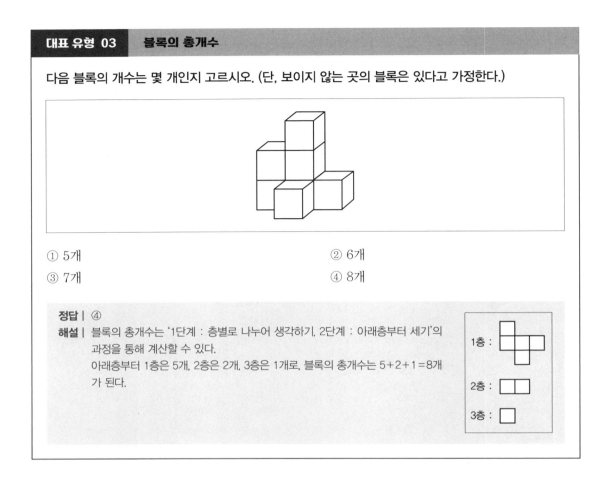

① 5개

② 6개

③ 7개

④ 8개

정답 | ④

해설 | 블록의 총개수는 '1단계 : 층별로 나누어 생각하기, 2단계 : 아래층부터 세기'의
과정을 통해 계산할 수 있다.
아래층부터 1층은 5개, 2층은 2개, 3층은 1개로, 블록의 총개수는 5+2+1=8개
가 된다.

1층 :

2층 :

3층 :

[25~34] 다음 블록의 개수는 몇 개인지 고르시오. (단, 보이지 않는 곳의 블록은 있다고 가정한다.)

25

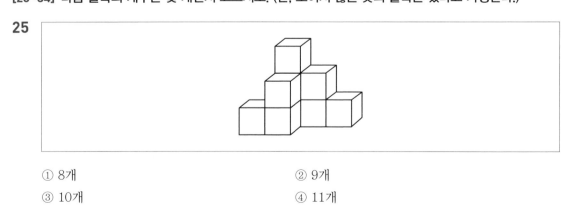

① 8개

② 9개

③ 10개

④ 11개

26

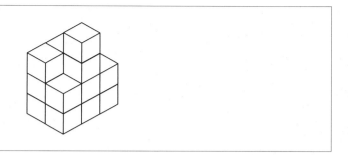

① 13개　　　　　　　　② 15개
③ 17개　　　　　　　　④ 19개

PART
01

PART
02

PART
03

PART
04

PART
05

부록

지각능력

27

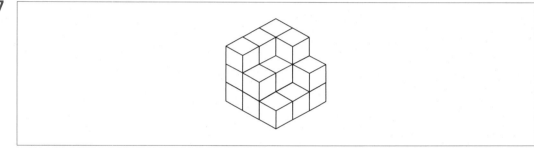

① 17개　　　　　　　　② 18개
③ 19개　　　　　　　　④ 20개

28

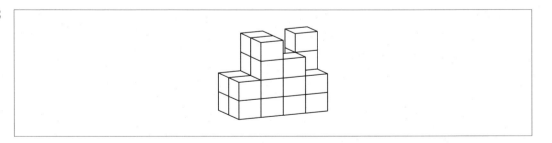

① 23개　　　　　　　　② 24개
③ 25개　　　　　　　　④ 26개

29

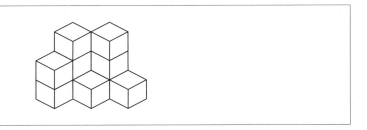

① 12개
② 14개
③ 16개
④ 18개

30

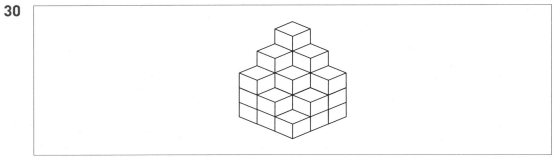

① 23개
② 25개
③ 27개
④ 29개

31

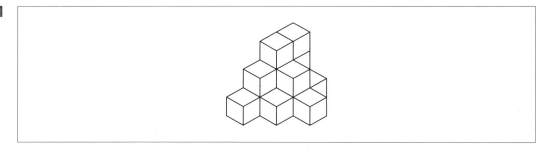

① 12개
② 13개
③ 14개
④ 15개

32

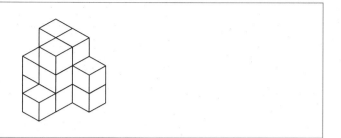

① 11개   ② 12개
③ 13개   ④ 14개

PART
01

PART
02

PART
03

PART
04

PART
05

부록

지각능력

33

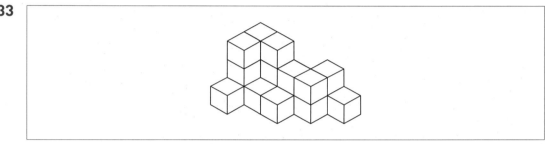

① 18개   ② 19개
③ 20개   ④ 21개

34

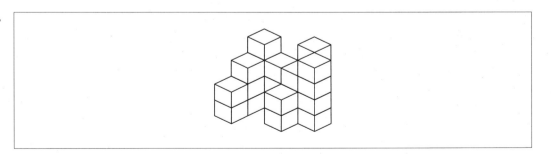

① 25개   ② 26개
③ 27개   ④ 28개

[01~02] 다음은 나무토막을 쌓아 앞과 오른쪽에서 본 모양이다. 입체도형을 완성하는 데 필요한 나무토막의 최대 개수와 최소 개수를 구하시오.

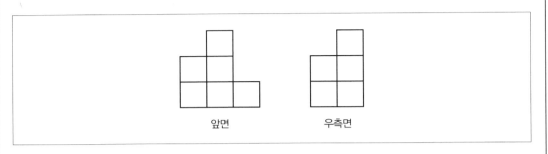

앞면   우측면

01   필요한 나무토막의 최대 개수는?

① 9개   ② 11개

③ 13개   ④ 15개

정답 | ②
해설 | 블록의 최대 개수는 (앞면의 1층 블록 개수 3×측면의 1층 블록 개수 2)+(앞면의 2층 블록 개수 2×측면의 2층 블록 개수 2)+(앞면의 3층 블록 개수 1×측면의 3층 블록 개수 1)=6+4+1=11개가 된다.

02   최소로 필요한 블록의 개수는?

① 6개   ② 8개

③ 8개   ④ 9개

정답 | ①
해설 | 제시된 도형의 앞면 블록의 개수는 6개이고 측면 블록의 개수는 5개이다. 중복되는 블록의 개수는 각각 앞면과 측면에서 본 개수 (2, 3, 1)과 (2, 3)의 공통된 숫자 2, 3을 더한 5개이다. 따라서 블록의 최소 개수는 6+5−5=11−5=6개가 된다.

• 블록의 최대 개수
  (앞면의 층별 블록 개수)×(측면의 층별 블록 개수)의 합
• 블록의 최소 개수
  (앞면 블록의 개수)+(측면 블록의 개수)−(중복되는 블록의 개수)

[35~37] 다음은 나무토막을 쌓아서 만든 도형을 정면과 우측에서 본 모양이다. 필요한 나무토막의 최대 개수를 구하시오.

35

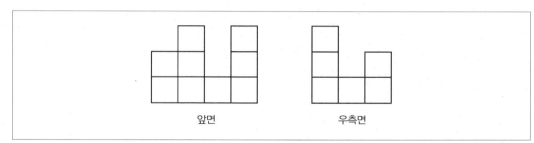

① 17개
② 18개
③ 19개
④ 20개

36

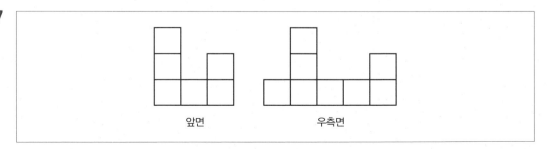

① 19개
② 20개
③ 21개
④ 22개

37

① 16개
② 18개
③ 20개
④ 22개

[38~40] 다음은 쌓아 놓은 블록을 앞과 오른쪽에서 본 모양이다. 입체도형으로 만들기 위해서 최소로 필요한 블록의 개수를 구하시오.

38

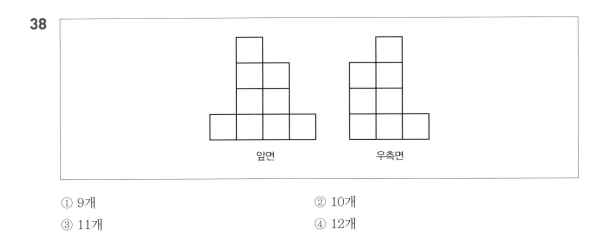

앞면   우측면

① 9개
③ 11개
② 10개
④ 12개

39

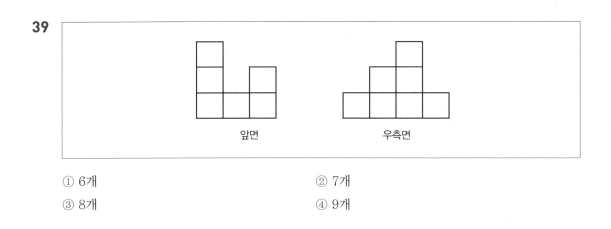

앞면   우측면

① 6개
③ 8개
② 7개
④ 9개

40

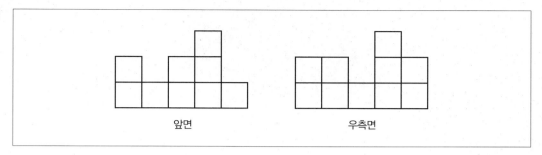

앞면   우측면

① 9개   ② 10개
③ 11개   ④ 12개

PART
01

PART
02

PART
03

PART
04

PART
05

부록

지각능력

PART

05

최종점검
모의고사

수 리 능 력

[01~18] 다음 식을 계산한 값으로 적절한 것을 고르면?

01

$$610-759+955-877+181$$

① 110   ② 120

③ 130   ④ 140

02

$$376-133\times\frac{1}{7}+121\div0.1$$

① 1,667   ② 1,567

③ 1,467   ④ 1,367

03

$$(1,213+460-824)\div3-103$$

① 180   ② 190

③ 200   ④ 210

04

$$0.19 \times 0.7 + 0.52 - 0.033$$

① 0.42 ② 0.52
③ 0.62 ④ 0.72

05

$$11^2 - 9^2 + 4^2$$

① 56 ② 60
③ 64 ④ 68

06

$$\frac{1}{9} \times \frac{1}{5} + \frac{2}{3} - \frac{1}{10} \div \frac{1}{2}$$

① $\frac{22}{45}$ ② $\frac{4}{9}$

③ $\frac{2}{5}$ ④ $\frac{16}{45}$

07

$$0.621 + 0.05 - 0.11 \times 0.4$$

① 0.327 ② 0.427
③ 0.527 ④ 0.627

PART 01

PART 02

PART 03

PART 04

PART 05

부록

최종점검 모의고사

08

$$(236+579)-237-(228+376)+426$$

① 100　　　　　　　　　　② 200

③ 300　　　　　　　　　　④ 400

09

$$240\times\frac{2}{5}\times\frac{1}{6}-320\div4\div8$$

① 5　　　　　　　　　　② 6

③ 7　　　　　　　　　　④ 8

10

$$32,000+4,500-3,000\times5+2,000\times2$$

① 24,000　　　　　　　　② 24,500

③ 25,000　　　　　　　　④ 25,500

11

$$\left(\frac{1}{7}+\frac{1}{5}\right)\times\frac{1}{12}\div4$$

① $\frac{1}{100}$　　　　　　　　② $\frac{1}{120}$

③ $\frac{1}{140}$　　　　　　　　④ $\frac{1}{160}$

12

$$145 \div 10 \times 12 \div 0.1$$

① 1,740   ② 1,730
③ 1,720   ④ 1,710

13

$$28 \times 7 \times 5 - 8^2$$

① 926   ② 916
③ 906   ④ 896

14

$$12.04 + 8.9 - 10.4 - 0.24 + 0.65$$

① 9.95   ② 10.95
③ 11.95   ④ 12.95

15

$$1{,}047 + 611 - 2{,}078 + 5{,}231 - 917 - 723$$

① 3,371   ② 3,271
③ 3,171   ④ 3,071

PART 01
PART 02
PART 03
PART 04
PART 05
부록
최종점검 모의고사

16

$$1{,}133 \times 2 + 376 \times 0.1 - 0.6$$

① 2,003

② 2,103

③ 2,203

④ 2,303

17

$$855 + 621 - 240 + 231 - 904$$

① 563

② 553

③ 543

④ 533

18

$$12 \times 5 + 40 - 16 \div 2 + 130$$

① 111

② 222

③ 333

④ 444

[19~20] 다음 빈칸에 들어갈 수로 가장 적절한 것은?

19

$$0.001 < (\qquad) < \frac{1}{200}$$

① 0.003

② 0.005

③ 0.007

④ 0.009

20

$$\frac{1}{125} < (\qquad) < \frac{1}{25}$$

① $\frac{1}{200}$　　　　② $\frac{3}{200}$

③ $\frac{9}{200}$　　　　④ $\frac{1}{20}$

21 한 개의 동전을 세 번 던져서 앞면이 나오면 100원, 뒷면이 나오면 200원의 상금을 받는다. 이때 상금의 기댓값은?

① 350원　　　　② 400원

③ 450원　　　　④ 500원

22 A제품을 정가로 판매하면 개당 8,500원의 이익을 얻는다. 정가의 20%를 할인하여 팔면 4,800원의 이익을 얻는다고 하면, 이때 상품의 정가는 얼마인가?

① 15,500원　　　　② 16,500원

③ 17,500원　　　　④ 18,500원

23 제품 1개를 포장하는 데 A씨는 5시간이 걸리고, B씨는 8시간이 걸린다. 제품 1개를 A씨가 3시간 동안 포장하고 나머지는 B씨가 포장한다고 하면, B씨는 몇 시간 만에 포장을 마무리하는가?

① 1.2시간　　　　② 2.2시간

③ 3.2시간　　　　④ 4.2시간

PART 01
PART 02
PART 03
PART 04
PART 05
부록

최종점검 모의고사

24 연속하는 자연수 세 짝수가 있다. 가장 작은 수의 제곱이 다른 두 수의 곱의 $\dfrac{1}{2}$ 보다 104만큼 크다고 할 때, 가장 큰 짝수를 구하면?

① 18   ② 20
③ 22   ④ 24

25 출발 지점 A에서 중간 지점인 B까지 10km/h의 속력으로 가다가 B지점에서 도착 지점인 C까지 6km/h의 속력으로 움직였다. 총 2시간이 걸렸다면 두 지점인 A와 C 사이의 거리는 얼마인가? (단, AB거리＝BC거리이다.)

① 15km   ② 20km
③ 25km   ④ 30km

26 A회사는 지난달에 연필과 지우개를 합쳐 총 1,000개를 생산하였다. 이번 달은 지난달 대비 연필의 생산량을 2%, 지우개의 생산량을 3% 증가시켜 총 1,026개를 생산한다고 할 때, 이번 달에 생산하는 연필의 수량은?

① 408개   ② 412개
③ 612개   ④ 618개

27 A씨와 B씨는 1.6km 떨어진 두 지점에서 동시에 출발하여 마주 보고 걷다가 만났다고 한다. A씨는 분속 50m, B씨는 분속 30m로 걸었을 때, B씨가 걸은 거리는 얼마인가?

① 600m   ② 500m
③ 400m   ④ 300m

28 A씨는 60분 동안 여러 편의 영상을 보려고 한다. 서로 다른 10분짜리 영상 5개와 20분짜리 영상 3개가 있을 때, 가능한 경우의 수는?

① 2,326가지   ② 2,426가지

③ 2,526가지   ④ 2,626가지

29 어느 팀은 남직원 18명, 여직원 16명으로 이루어져 있다. 남직원 중에서 기혼자는 12명이고, 여직원 중에서 미혼자는 7명이다. 이 팀에서 선택한 직원이 기혼자라고 할 때, 이 직원이 여자일 확률은?

① $\dfrac{6}{7}$ ② $\dfrac{5}{7}$

③ $\dfrac{4}{7}$ ④ $\dfrac{3}{7}$

30 물통에는 물 250g이 담겨 있고, 여기에 농도 12%인 설탕물 200g과 농도 8%인 설탕물 150g을 넣어 섞으면 물통의 농도는 얼마인가?

① 5.5%   ② 6%

③ 6.5%   ④ 7%

31 다음은 A회사의 입사시험 점수이다. 1차, 2차 점수의 평균이 87점 이상인 사람만 합격한다고 할 때, 몇 명이 합격하는가?

〈A회사의 입사시험 점수〉

(단위 : 점)

이름	A	B	C	D	E	F	G
1차 점수	89	84	88	85	92	94	88
2차 점수	85	91	87	80	80	78	83

① 2명   ② 3명

③ 4명   ④ 5명

PART 01
PART 02
PART 03
PART 04
PART 05
부록

최종점검 모의고사

32 다음은 A카페의 메뉴별 하루 판매액을 나타낸 것이다. 이에 대한 설명으로 옳지 않은 것은?

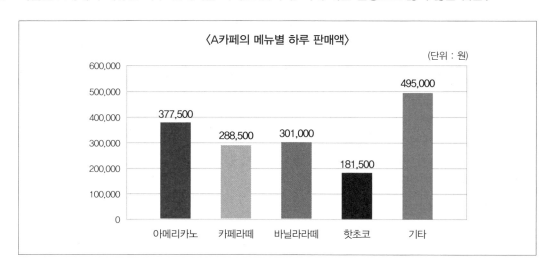

① A카페의 하루 매출액은 총 160만 원 이상이다.

② 아메리카노가 하루 115잔 팔렸다고 하면 한 잔에 3,300원 이상이다.

③ 하루 판매액 중 바닐라라떼의 비중은 20% 미만이다.

④ 카페라떼와 핫초코의 하루 판매액을 합쳐도 기타 메뉴 하루 판매액을 넘지 못한다.

33 다음은 국민의 일·가정 양립 지원제도에 대해 '알고 있다'라고 응답한 비율을 정리한 자료이다. 이에 대한 설명으로 적절하지 않은 것은?

〈국민의 일·가정 양립 지원제도 인지도〉

(단위 : %)

구분	출산(전후) 휴가제	배우자 출산 휴가제	육아 휴가제	직장 보육 지원	육아기 근로 시간 단축제	가족 돌봄 휴직제	유연 근무제
20~29세	77.3	62.9	73.0	49.2	38.9	30.5	44.6
30~39세	82.2	77.0	84.5	61.2	51.4	38.9	52.6
40~49세	84.7	76.1	82.1	62.5	48.8	40.9	51.6

① 일·가정 양립 지원제도의 인지도 순위는 20대와 40대가 동일하다.

② 20~40대는 직장 보육 지원보다 가족 돌봄 휴직제에 대한 인지도가 더 낮다.

③ 20~40대는 배우자 출산 휴가제에 대해 평균 75% 이상이 알고 있다.

④ 일·가정 양립 지원제도 중 40대에서 50% 미만의 인지도를 보인 제도는 2가지이다.

34 다음은 주요 5개국과 기타 국가의 선박 수출액을 비교한 자료이다. 이에 대한 설명으로 〈보기〉 중 옳은 것을 모두 고르면?

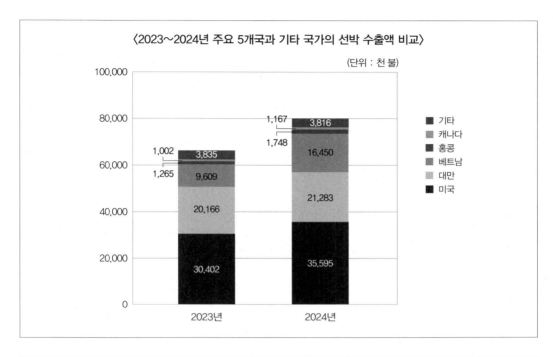

〈2023~2024년 주요 5개국과 기타 국가의 선박 수출액 비교〉
(단위 : 천 불)

범례: ■ 기타 / ■ 캐나다 / ■ 홍콩 / ■ 베트남 / ■ 대만 / ■ 미국

2023년: 미국 30,402 / 대만 20,166 / 베트남 9,609 / 홍콩 1,265 / 캐나다 3,835 / 기타 1,002

2024년: 미국 35,595 / 대만 21,283 / 베트남 16,450 / 홍콩 1,748 / 캐나다 3,816 / 기타 1,167

〈보기〉

ㄱ. 2023년과 비교해서 2024년 선박 수출량이 가장 큰 폭으로 증가한 국가는 베트남이다.
ㄴ. 선박 전체 수출액 중 대만으로의 선박 수출액 비중은 2023년보다 2024년이 더 높다.
ㄷ. 2024년 선박 전체 수출액은 전년 대비 20% 이상 증가했다.

① ㄱ, ㄴ ② ㄱ, ㄷ
③ ㄴ, ㄷ ④ ㄱ, ㄴ, ㄷ

PART 01
PART 02
PART 03
PART 04
PART 05
부록
최종점검 모의고사

35 다음은 한국의 10대 무역국 수출액과 수입액에 대한 자료이다. 2024년 한국의 10대 무역국에 대한 전년 대비 총수출액, 총수입액 감소율은 각각 얼마인가? (단, 소수점 둘째 자리에서 반올림한다.)

〈한국의 10대 무역국 수출액 및 수입액〉

(단위 : 백만 불)

구분	2021년	2022년	2023년	2024년
총수출액	334,388	396,812	431,660	317,516
총수입액	275,117	319,790	358,048	285,881

① -20.4%, -26.2% 　② -22.4%, -24.2%

③ -24.4%, -22.2% 　④ -26.4%, -20.2%

36 다음 A씨의 자산 및 부채, 자기자본 자료를 참고할 때, 총자산이 가장 적은 연도의 유동부채비율을 구하면?

〈2022~2024년 A씨의 자산 및 부채, 자기자본〉

(단위 : 만 원)

구분		2022년	2023년	2024년
자산	유동자산	2,300	1,600	1,450
	고정자산	3,400	4,400	4,650
부채	유동부채	350	250	200
	고정부채	1,500	1,420	1,600
자기자본		4,000	3,600	3,400

※ 유동부채비율 $= \dfrac{\text{유동부채}}{\text{자기자본}} \times 100$

① 8.75%   　② 7.24%

③ 6.94%   　④ 5.88%

37 다음은 총 경찰관 수 및 인구 10만 명당 경찰관 수를 조사한 자료이다. 2024년 총 인구 수가 작년 대비 0.5% 증가했다면, 2024년 10만 명당 경찰관 수는 몇 명인가? (단, 소수 첫째 자리에서 반올림한다.)

〈총 경찰관 수 및 인구 10만 명당 경찰관 수〉

구분	2019년	2020년	2021년	2022년	2023년	2024년
총 경찰관 수(만 명)	10.3	10.5	10.9	11.3	11.7	11.6
인구 10만 명당 경찰관 수(명)	204	209	216	222	230	( )

① 237명   ② 227명

③ 217명   ④ 207명

PART 01
PART 02
PART 03
PART 04
PART 05
부록
최종점검 모의고사

38 다음은 화재로 인한 재산피해 현황에 대한 자료이다. 이에 대한 설명으로 옳은 것은?

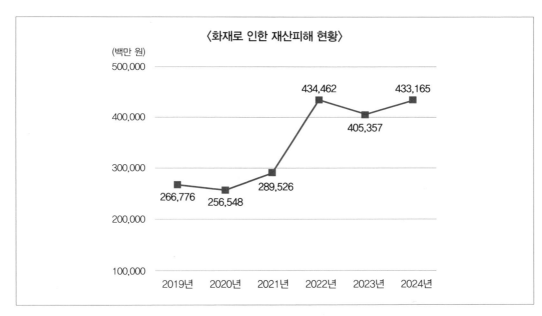

〈화재로 인한 재산피해 현황〉

① 2020~2024년 화재로 인한 재산피해액은 매년 증가했다.

② 2022년 화재로 인한 재산피해액은 전년 대비 50% 이상 증가했다.

③ 조사기간 중 화재로 인한 재산피해액은 2024년이 가장 크다.

④ 2019년 화재로 인한 재산피해액은 2023년 화재로 인한 재산피해액보다 약 150백만 원 적다.

39 다음은 A시 a~e구에 대한 정보를 나타낸 자료이다. 이에 대한 설명으로 옳지 않은 것은? (단, 아동도서관은 아동만 이용한다고 가정한다.)

〈A시 a~e구 정보〉

구분	아동인구(명)	아동인구비율(%)	면적(km²)	아동도서관 수(개관)
a구	91,599	11	39.54	14
b구	36,430	9.9	24.57	6
c구	21,044	8.9	13.1	4
d구	48,603	10.8	24.58	10
e구	12,518	8.1	23.91	9

※ 아동인구비율은 해당 구의 전체 인구 중 아동인구의 비율을 나타낸 것이다.

① A시의 5개 구는 면적의 크기와 아동도서관의 수는 비례하지 않는다.
② a구의 전체 인구 수와 c구의 전체 인구 수는 3배 이상 차이가 난다.
③ 아동도서관 한 곳의 평균 이용 아동인구 수는 d구보다 b구가 더 많다.
④ e구의 면적당 아동인구 수는 평균 500명 미만이다.

40 다음은 C시에 위치한 식물원 매표소에 게시된 관람료 안내문이다. 이를 참고해서 〈보기〉의 경우 총 관람료는 얼마인가?

〈식물원 관람료〉

구분	타 지역	C지역
일반(20~65세)	4,000원	2,500원
청소년(14~19세)	2,000원	1,300원
경로(66세 이상)	1,000원	600원

※ 14세 미만 어린이 관람료는 무료이다.

〈보기〉

이번 주말에 우리 가족은 C시에 위치한 식물원에 가기로 했다. 할머니(72세), 아버지(61세), 어머니(60세)와 나(28세)와 동생(20세)이 가기로 했고, 이모(55세)에게도 물어보니 시간이 되어 조카(19세)와 함께 오겠다고 했다. 할머니와 이모네는 C시에 살고 있고 나머지 가족들은 타 지역에 살고 있다.

① 20,400원   ② 21,400원
③ 22,400원   ④ 23,400원

[01~02] 다음 〈조건〉을 참고하여 ?에 들어갈 문자를 고르시오.

〈조건〉

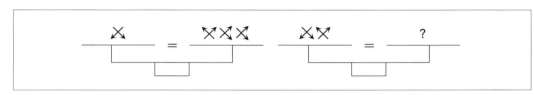

01

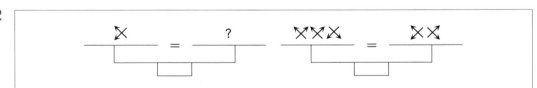

① ✕✕✕   ② ✕✕✕

③ ✕✕✕   ④ ✕✕✕

02

① ✕✕   ② ✕✕

③ ✕✕✕   ④ ✕✕✕✕

[03~04] 다음 〈조건〉을 참고하여 ?에 들어갈 문자를 고르시오.

03

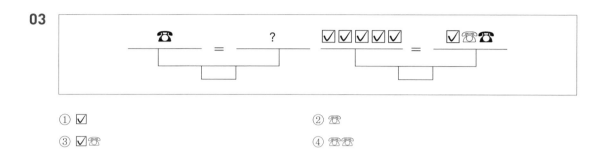

① ☑

② ☎

③ ☑☎

④ ☎☎

04

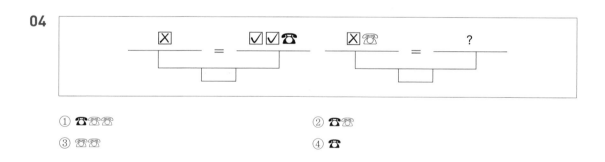

① ☎☎☎

② ☎☎

③ ☎☎☎

④ ☎

[05~06] 다음 〈조건〉을 참고하여 ?에 들어갈 문자를 고르시오.

〈조건〉

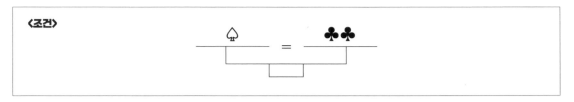

05

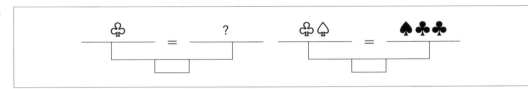

① ♤ ♤ ♣ ♣
② ♤ ♤ ♣ ♣ ♣
③ ♤ ♣ ♣ ♣
④ ♤ ♣ ♣ ♣ ♣

06

① ♣ ♠
② ♣ ♣
③ ♤ ♤
④ ♤ ♣

PART 01

PART 02

PART 03

PART 04

PART 05

부록

최종점검 모의고사

[07~08] 다음 〈조건〉을 참고하여 ?에 들어갈 문자를 고르시오.

〈조건〉

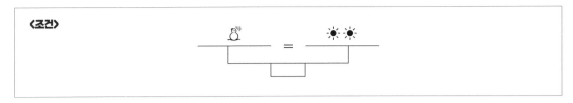

07

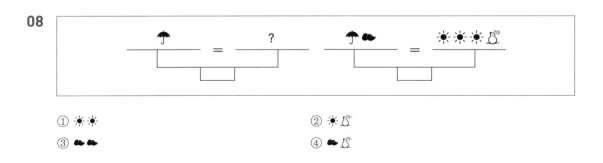

① ☀☀☀☀☀
② 🐌☀
③ ⛄☀
④ ☀☀☀

08

① ☀☀
② ☀⛄
③ 🐌🐌
④ 🐌⛄

[09~10] 다음 〈조건〉을 참고하여 ?에 들어갈 문자를 고르시오.

〈조건〉

09

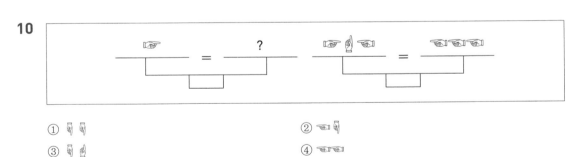

① ![손모양]   ② ![손모양]

③ ![손모양]   ④ ![손모양]

10

① ![손모양]   ② ![손모양]

③ ![손모양]   ④ ![손모양]

PART
01

PART
02

PART
03

PART
04

PART
05

부록

최종점검 모의고사

[11~12] 다음 〈조건〉을 참고하여 ?에 들어갈 문자를 고르시오.

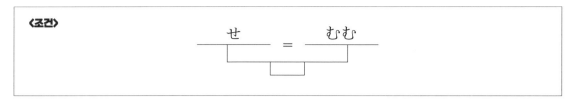

11

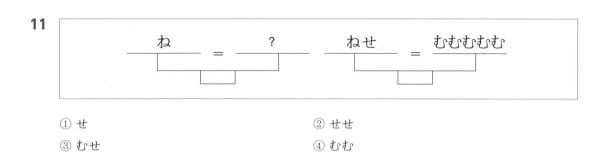

① せ   ② せせ
③ むせ   ④ むむ

12

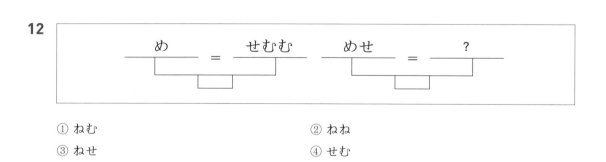

① ねむ   ② ねね
③ ねせ   ④ せむ

[13~14] 다음 〈조건〉을 참고하여 ?에 들어갈 문자를 고르시오.

〈조건〉

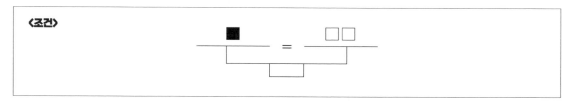

13

① ■
② □□
③ □
④ ■□

14

① ■■
② ■□
③ ◇◆
④ ◆◆

PART 01

PART 02

PART 03

PART 04

PART 05

부록

최종점검 모의고사

[15~16] 다음 〈조건〉을 참고하여 ?에 들어갈 문자를 고르시오.

〈조건〉

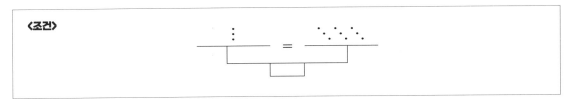

15

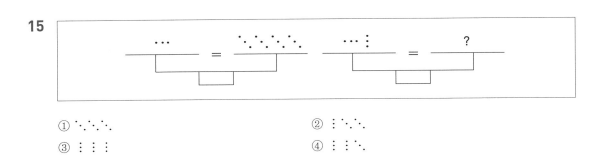

① ⠌⠌ ② ⠃⠌

③ ⠿ ④ ⠇⠘

16

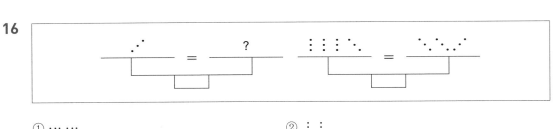

① ⠄⠄⠄ ② ⠃⠃

③ ⠡⠄⠄⠄ ④ ⠡⠡⠃

[17~18] 다음 〈조건〉을 참고하여 ?에 들어갈 문자를 고르시오.

〈조건〉

17

① 角角角

② 角角角角

③ 角角角角角

④ 角角角角角角

18

貝 = 角角角角角   貝角 = ?

① 門門

② 門角

③ 門見

④ 見見

PART 01
PART 02
PART 03
PART 04
PART 05
부록
최종점검 모의고사

[19~20] 다음 〈조건〉을 참고하여 ?에 들어갈 문자를 고르시오.

〈조건〉

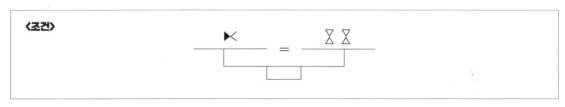

19

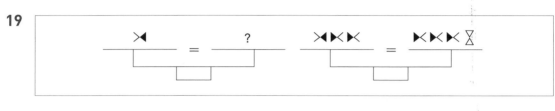

① ⟈   ② ⟈ ⟈

③ ⟈ ⟈ ⟈   ④ ⟈ ⟈ ⟈ ⟈

20

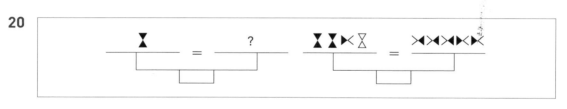

① ▶◀ ▶◀ ▶◀   ② ▶◀ ▶◀ ⟈

③ ▶◀ ⟈ ⟈   ④ ⟈ ⟈ ⟈

[21~24] 다음 〈조건〉을 읽고, 〈보기〉가 참인지 거짓인지 혹은 알 수 없는지 고르시오.

21

〈조건〉
- 고양이를 기르면 강아지를 기르지 않는다.
- 선인장을 기르면 강아지를 기른다.
- 고양이를 기르지 않으면 열대어를 기르지 않는다.

〈보기〉
선인장을 기르지 않으면 열대어를 기른다.

① 참　　　　　　　　　　　② 거짓
③ 알 수 없음

22

〈조건〉
- 수필을 좋아하지 않으면 소설을 좋아하지 않는다.
- 수필을 좋아하면 기사문을 좋아하지 않는다.
- 시집을 좋아하지 않으면 기사문을 좋아한다.
- 시집을 좋아하면 자기계발서를 좋아하지 않는다.

〈보기〉
자기계발서를 좋아하면 기사문을 좋아한다.

① 참　　　　　　　　　　　② 거짓
③ 알 수 없음

PART 01
PART 02
PART 03
PART 04
PART 05
부록

최종점검 모의고사

23

〈조건〉
- 물리화학을 수강하지 않으면 전기화학을 수강한다.
- 전기화학을 수강하면 공정모델링을 수강한다.
- 물리화학을 수강하면 공학수학을 수강하지 않는다.
- 고분자공학을 수강하면 공정모델링을 수강하지 않는다.

〈보기〉
물리화학을 수강하면 고분자공학도 수강한다.

① 참   ② 거짓
③ 알 수 없음

24

〈조건〉
- 이 차장, 윤 대리, 정 주임, 서 주임, 진 사원, 양 사원, 김 사원, 최 인턴은 회의실에 들어온 순서대로 원탁에 시계 방향으로 앉았다.
- 김 사원은 세 번째로 회의실에 들어왔다.
- 주임끼리 이웃해서 앉았고, 차장의 양 옆에는 사원이 앉았다.
- 윤 대리의 오른쪽에는 서 주임이 앉았다.
- 김 사원 왼쪽에는 최 인턴이, 맞은편에는 주임이 앉았다.
- 진 사원은 최 인턴보다 늦게 회의실에 들어왔다.

〈보기〉
이 차장의 오른쪽에는 김 사원이 앉았다.

① 참   ② 거짓
③ 알 수 없음

[25~28] 제시된 명제가 모두 참일 때, 빈칸에 들어갈 명제로 가장 적절한 것을 고르시오.

25

- 여름을 좋아하면 비를 좋아하지 않는다.
- (   )
- 여름을 좋아하면 야외활동을 좋아하지 않는다.

① 야외활동을 좋아하면 비를 좋아하지 않는다.
② 야외활동을 좋아하면 비를 좋아하지 않는다.
③ 비를 좋아하면 야외활동을 좋아한다.
④ 비를 좋아하지 않으면 야외활동을 좋아하지 않는다.

26

- 사과를 좋아하면 수박을 좋아한다.
- 포도를 좋아하면 수박을 좋아하지 않는다.
- (   )

① 수박을 좋아하면 포도를 좋아한다.
② 사과를 좋아하면 포도를 좋아하지 않는다.
③ 수박을 좋아하면 사과를 좋아하지 않는다.
④ 사과를 좋아하지 않으면 포도를 좋아하지 않는다.

27

- 시신경이 손상되면 주변 시야가 좁아진다.
- 안구 내 안압이 상승하면 시신경이 손상된다.
- (   )

① 안구 내 안압이 상승하면 주변 시야가 좁아진다.
② 주변 시야가 좁아지면 안구 내 안압이 상승한다.
③ 안구 내 안압이 상승하지 않으면 주변 시야가 좁아진다.
④ 시신경이 손상되지 않으면 주변 시야가 좁아지지 않는다.

PART 01
PART 02
PART 03
PART 04
PART 05
부록
최종점검 모의고사

28

- 해외 출장을 가는 사람은 비행기를 탄다.
- (   )
- 비행기를 타지 않는 사람은 업무 우수자가 아니다.

① 해외 출장을 가지 않는 사람은 업무 우수자이다.
② 해외 출장을 가면 업무 우수자이다.
③ 업무 우수자는 해외 출장을 간다.
④ 비행기를 타는 사람은 업무 우수자가 아니다.

[29~34] 다음 〈조건〉을 바탕으로 추론할 수 있는 것을 고르시오.

29

〈조건〉
- 눈사람 만들기를 좋아하면 겨울을 좋아한다.
- 여름을 좋아하면 겨울을 좋아하지 않는다.
- 눈사람 만들기를 좋아하지 않으면 해수욕을 좋아한다.

① 눈사람 만들기를 좋아하면 여름을 좋아하지 않는다.
② 겨울을 좋아하면 해수욕을 좋아하지 않는다.
③ 해수욕을 좋아하면 여름을 좋아한다.
④ 여름을 좋아하지 않으면 겨울을 좋아한다.

30

〈조건〉
- A~E 5명 중 출장자는 반드시 2명이다.
- E가 출장을 가면 D도 출장을 간다.
- B가 출장을 가지 않는다면 A도 출장을 가지 않는다.
- B가 출장을 가지 않는다면 C도 출장을 가지 않는다.

① A와 E는 출장을 간다.
② C와 E는 출장을 간다.
③ B와 D는 출장을 간다.
④ B와 E는 출장을 간다.

31

〈조건〉
- 탁구를 치는 사람은 헬스를 한다.
- 헬스를 하는 사람은 농구를 하지 않는다.
- 수영을 하는 사람은 농구를 한다.

① 탁구를 하는 사람은 수영을 한다.
② 농구를 하는 사람은 탁구를 하지 않는다.
③ 헬스를 하지 않는 사람은 탁구를 한다.
④ 수영을 하지 않는 사람은 헬스를 하지 않는다.

32

〈조건〉
- 원탁에 앉은 A~H는 맞은편에 앉은 사람과 같은 음료를 마신다.
- 앉은 사람의 시점을 기준으로 좌 · 우를 구분한다.
- A는 커피를 마시고 있으며, 맞은편에는 B가 앉아 있다.
- B 왼쪽에는 F가 앉아 있으며, F는 녹차를 마신다.
- C는 D와 H 사이에 앉아 있고, 콜라를 마신다.
- A 오른쪽에 앉은 사람은 사이다를 마신다.

① A 왼쪽에는 G가 앉는다.
② A 오른쪽에는 D가 앉는다.
③ D가 녹차를 마시면 H도 녹차를 마신다.
④ E가 사이다를 마시면 G는 콜라를 마신다.

PART 01
PART 02
PART 03
PART 04
PART 05
부록

최종점검 모의고사

33

<조건>
- 감자를 사면 파프리카를 산다.
- 양파를 사지 않으면 포도를 사지 않는다.
- 자두를 사지 않으면 감자를 산다.
- 수박을 사면 양파를 사지 않는다.
- 파프리카를 사면 수박을 산다.

① 양파를 사면 수박을 산다.
② 포도를 사면 감자를 사지 않는다.
③ 자두를 사지 않으면 양파를 산다.
④ 파프리카를 사지 않으면 수박을 사지 않는다.

34

<조건>
- 오늘 하루 동안 회계팀, 경영팀, 마케팅팀, 총무팀, 기획팀, 법무팀이 한 회의실을 서로 다른 시간에 1시간씩 사용한다.
- 회의실은 오전 10시 30분부터 오후 4시 30분까지 사용할 수 있다.
- 방송은 회의실에서만 나오고, 오전 11시부터 매 시각 정각에 3분간 지속되며, 오후 2시에는 방송이 나오지 않는다.
- 회계팀은 경영팀의 회의가 시작되기 2시간 전에 회의실을 사용한다.
- 마케팅팀과 총무팀은 인접한 시간에 회의실을 사용한다.
- 기획팀은 오후에 회의를 진행하며, 회계팀보다 회의실을 먼저 사용한다.

① 경영팀은 법무팀보다 회의실을 먼저 사용한다.
② 기획팀은 방송을 들을 수 없다.
③ 회계팀은 방송을 들을 수 없다.
④ 법무팀은 총무팀보다 회의실을 먼저 사용한다.

35 다음 A~E 5명의 진술 중 2명이 거짓이고 복사기를 고장 낸 사람은 1명일 때, 추론할 수 있는 것을 고르시오.

> • A : B가 복사기를 고장 냈어.
> • B : A는 거짓말을 하고 있어.
> • C : 나는 절대로 복사기를 고장 내지 않았어.
> • D : C의 말은 사실이야.
> • E : D는 복사기를 고장 낸 사람이 아니야.

① A와 E의 진술은 참이다.
② C와 D의 진술은 거짓이다.
③ 복사기를 고장 낸 사람은 B이다.
④ 복사기를 고장 낸 사람은 D이다.

36 다음 A~C 3명의 진술 중 한 문장은 참이고 다른 한 문장은 거짓일 때, 추론할 수 있는 것을 고르시오.

> • A : 나는 살인자가 아니다. C는 살인자가 아니다.
> • B : A는 살인자가 아니다. 나는 살인자이다.
> • C : 나는 살인자가 아니다. A는 살인자가 아니다

① 살인자 중 1명은 A이다.
② 살인자 중 1명은 C이다.
③ 3명 중 1명만이 살인자인 경우는 없다.
④ 3명 모두가 살인자인 경우는 없다.

PART
01

PART
02

PART
03

PART
04

PART
05

부록

최종점검 모의고사

[37~38] 일정한 규칙에 따라 수를 나열할 때, 빈칸에 들어갈 수로 적절한 것을 고르시오.

37

| | | 2 | 5 | 11 | 20 | 32 | ( ) | 65 | 86 |

① 39   ② 43
③ 47   ④ 61

38

| | | 1 | 2 | 4 | 8 | 16 | 32 | 64 | ( ) |

① 116   ② 128
③ 132   ④ 164

[39~40] 일정한 규칙에 따라 문자를 나열할 때, 빈칸에 들어갈 문자로 적절한 것을 고르시오.

39

| | | ㅁ | ㄴ | ㅂ | ㄷ | ㅈ | ( ) |

① ㅅ   ② ㄱ
③ ㄹ   ④ ㅂ

40

| | | B | D | F | J | P | ( ) |

① Q   ② U
③ X   ④ Z

[01~04] 제시된 문자와 동일한 문자를 〈보기〉에서 찾아 고르시오. (단, 제일 왼쪽의 문자를 첫 번째라고
한다.)

PART
01

PART
02

PART
03

PART
04

PART
05

부록

최종점검 모의고사

〈보기〉

01

① 두 번째   ② 네 번째
③ 여섯 번째   ④ 여덟 번째

02

① 첫 번째   ② 세 번째
③ 다섯 번째   ④ 일곱 번째

03

① 첫 번째   ② 세 번째
③ 다섯 번째   ④ 일곱 번째

04

① 세 번째   ② 네 번째
③ 다섯 번째   ④ 여섯 번째

[05~07] 제시된 문자와 동일한 문자를 〈보기〉에서 찾아 고르시오. (단, 제일 왼쪽의 문자를 ①이라고 한다.)

〈보기〉

05

① ②
③ ④

06

① ②
③ ④

07

① ②
③ ④

08 다음 제시된 문자들을 오름차순으로 나열하였을 때 두 번째에 오는 문자는 무엇인가?

먀 타 챠 댜 캬 햐 샤

① 먀

② 챠

③ 샤

④ 탸

PART
01

PART
02

PART
03

PART
04

PART
05

부록

최종점검 모의고사

09 다음 제시된 좌우 문자를 비교하여 같으면 ①을, 다르면 ②를 고르시오.

⒣⒤⒡⒢⒥ⓀⓁⓂⓃ – ⒣⒤⒡⒢⒥ⓀⓁⓂⓃ

① 같다

② 다르다

10 제시된 문자와 다른 것을 고르시오.

매뫄머뫠뫼뭐뭬뮈

① 매뫄머뫠뫼뭐뭬뮈

② 매뫄머뫠뫼뭐뭬뮈

③ 매뫄머뫠뮈뭐뭬뮈

④ 매뫄머뫠뫼뭐뭬뮈

[11~14] 다음 중 제시된 도형과 같은 도형을 고르시오.

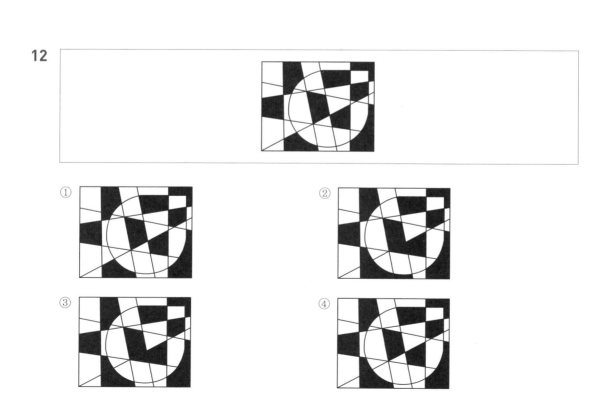

13

①

②

③

④

PART
01

PART
02

PART
03

PART
04

PART
05

부록

최종점검 모의고사

14

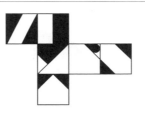

①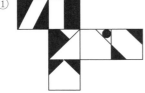

②

③

④

다음 중 제시된 도형과 다른 도형을 고르시오. (단, 도형은 회전할 수 있다.)

15

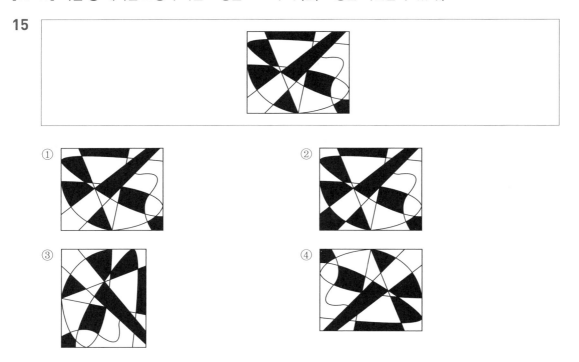

16

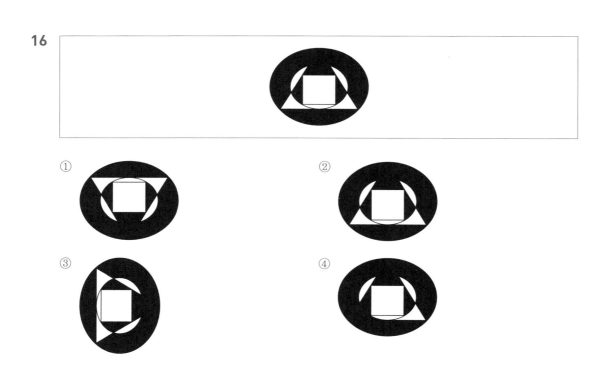

17

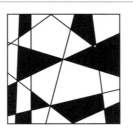

①

②

③

④

PART 01
PART 02
PART 03
PART 04
PART 05
부록
최종점검 모의고사

[18~20] 다음 중 나머지 도형과 다른 것을 고르시오.

18 ①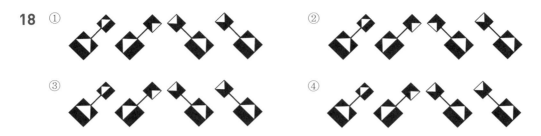
②
③
④

19 ①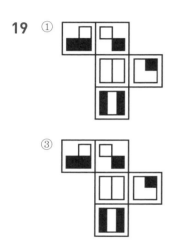
②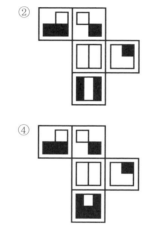
③
④

20 ①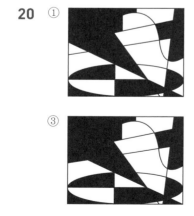
②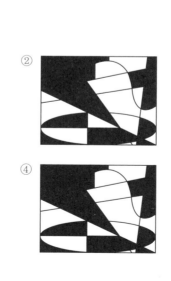
③
④

[21~30] 다음 블록의 개수는 몇 개인지 고르시오. (단, 보이지 않는 곳의 블록은 있다고 가정한다.)

21

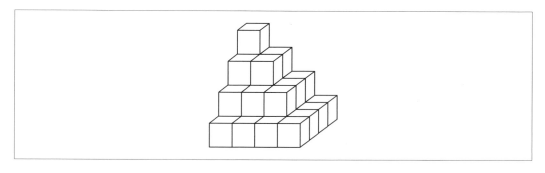

① 28개   ② 30개

③ 32개   ④ 34개

22

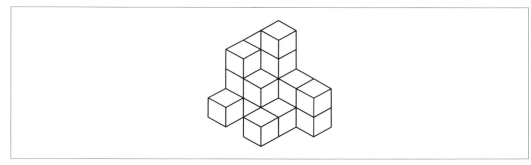

① 18개   ② 19개

③ 20개   ④ 21개

23

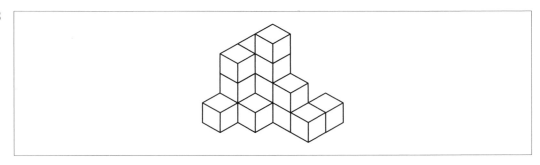

① 14개   ② 15개

③ 16개   ④ 17개

PART 01
PART 02
PART 03
PART 04
PART 05
부록

최종점검 모의고사

24

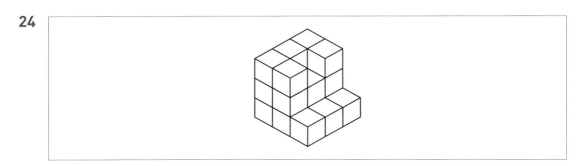

① 18개   ② 19개

③ 20개   ④ 21개

25

① 38개   ② 39개

③ 40개   ④ 41개

26

① 18개   ② 19개

③ 20개   ④ 21개

27

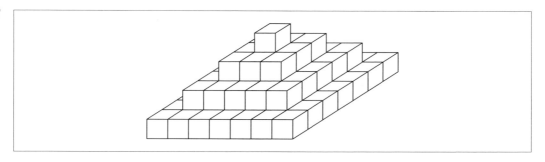

① 80개   ② 82개

③ 84개   ④ 86개

28

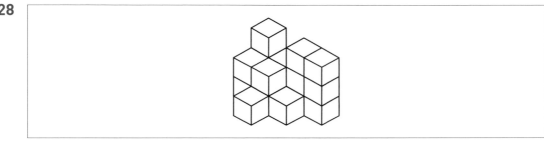

① 16개   ② 17개

③ 18개   ④ 19개

29

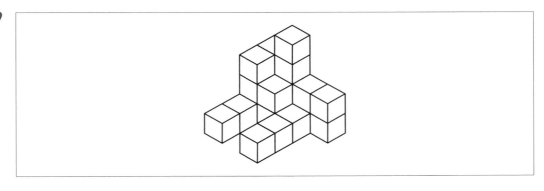

① 18개   ② 19개

③ 21개   ④ 22개

PART 01

PART 02

PART 03

PART 04

PART 05

부록

최종점검 모의고사

30

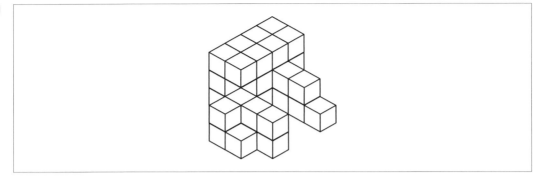

① 38개 ② 40개
③ 42개 ④ 44개

[31~35] 다음은 나무토막을 쌓아서 만든 도형을 정면과 우측에서 본 모양이다. 필요한 나무토막의 최대 개수는?

31

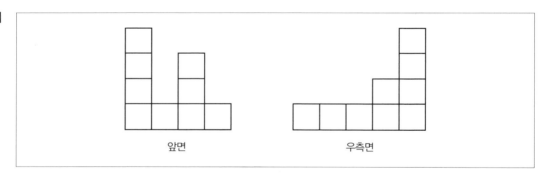

앞면　　　　　우측면

① 26개 ② 27개
③ 28개 ④ 29개

32

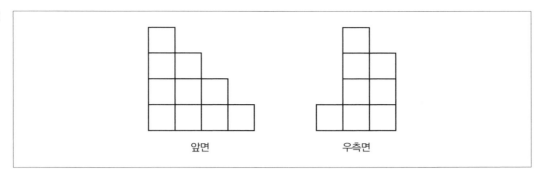

앞면   우측면

① 21개   ② 22개
③ 23개   ④ 24개

PART
01

PART
02

PART
03

PART
04

PART
05

부록

최종점검 모의고사

33

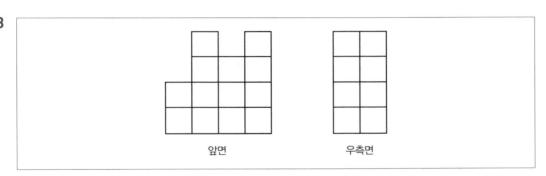

앞면   우측면

① 25개   ② 26개
③ 27개   ④ 28개

34

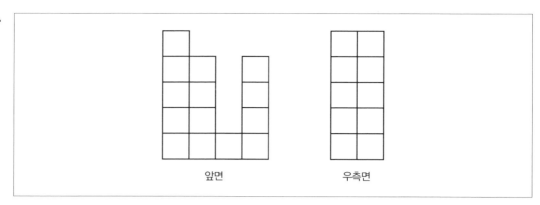

앞면   우측면

① 28개   ② 29개

③ 30개   ④ 31개

35

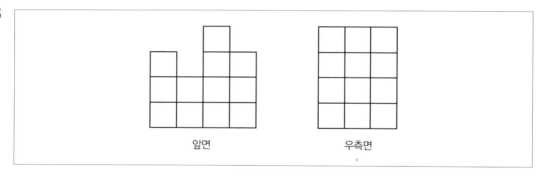

앞면   우측면

① 30개   ② 32개

③ 34개   ④ 36개

[36~40] 다음은 쌓아 놓은 블록을 앞과 오른쪽에서 본 모양이다. 입체도형으로 만들기 위해서 최소로 필요한 블록의 개수는?

36

앞면　　　　　　　우측면

① 8개　　　　　　　　　② 9개
③ 10개　　　　　　　　　④ 11개

37

앞면　　　　　　　우측면

① 15개　　　　　　　　② 17개
③ 19개　　　　　　　　④ 21개

PART 01
PART 02
PART 03
PART 04
PART 05
부록

최종점검 모의고사

38

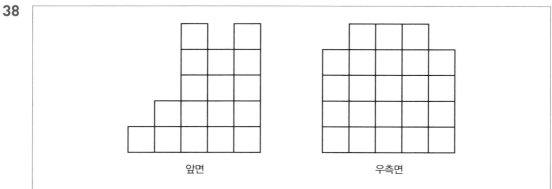

앞면   우측면

① 25개   ② 26개
③ 27개   ④ 28개

39

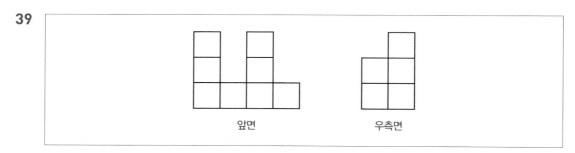

앞면   우측면

① 8개   ② 10개
③ 12개   ④ 14개

40

앞면   우측면

① 12개   ② 14개

③ 16개   ④ 18개

수 리 능 력

[01~19] 다음 식을 계산한 값으로 적절한 것을 고르면?

01

$$7.59 - 2.16 + 1.5 + 0.94 - 6.7$$

① 3.17

② 2.17

③ 1.17

④ 0.17

02

$$590 + 1,855 + 482 - 253 - 383$$

① 2,291

② 2,301

③ 2,311

④ 2,321

03

$$\frac{1}{12} + \frac{3}{4} - \frac{1}{6} - \frac{2}{5}$$

① $\frac{1}{15}$

② $\frac{2}{15}$

③ $\frac{1}{5}$

④ $\frac{4}{15}$

04

$$14\times11+27-38+15\times5\div3$$

① 138   ② 148
③ 158   ④ 168

PART
01

PART
02

PART
03

PART
04

PART
05

부록

최종점검 모의고사

05

$$3^2+9^2-5^2\times2^2$$

① -5 ② -10
③ -15 ④ -20

06

$$230\times2+1{,}690-908+716\times3-390$$

① 1,000   ② 2,000
③ 3,000   ④ 4,000

07

$$27{,}000\times0.25+30{,}500\times0.4-12{,}000\times1.2$$

① 4,600   ② 4,550
③ 4,500   ④ 4,450

08

$$35 \times \frac{2}{5} - 15 \times 0.3 + 60 \div 12$$

① 14.5   ② 15.5

③ 16.5   ④ 17.5

09

$$10^2 + 5^2 \times \frac{1}{10} - 6^2 + 4^2$$

① 82.5   ② 72.5

③ 62.5   ④ 52.5

10

$$32,500 \div 13 - 14,600 \times 2 + 45,000$$

① 18,100   ② 18,200

③ 18,300   ④ 18,400

11

$$191 \times 3 + 13 - 107 \times 2 - 11^2$$

① 251   ② 252

③ 253   ④ 254

12

$$3.11+2.51-8.1+2.24\div8$$

① -1.1 ② -2.2

③ -3.3 ④ -4.4

PART
01

PART
02

PART
03

PART
04

PART
05

부록

최종점검 모의고사

13

$$155.07+380.54-44.66-395.55+358.98-438.34$$

① 13.04 ② 14.04

③ 15.04 ④ 16.04

14

$$36+13\times4-316+60\div2^2+834$$

① 621 ② 622

③ 623 ④ 624

15

$$1{,}356-(2{,}111+943)+2{,}211\times2+1{,}706$$

① $4{,}410$ ② $4{,}420$

③ $4{,}430$ ④ $4{,}440$

16

$$\frac{5}{12} \div \left(\frac{2}{3} + \frac{3}{8} \right) - \frac{2}{5} \div \frac{3}{7} + \frac{1}{3}$$

① $-\dfrac{1}{3}$　　　　　　　② $-\dfrac{1}{4}$

③ $-\dfrac{1}{5}$　　　　　　　④ $-\dfrac{1}{6}$

17

$$20 + 24 \times 2^3 - 36 \div 3^2 - 5^3$$

① 73　　　　　　　② 83
③ 93　　　　　　　④ 103

18

$$105 \times 0.12 + 278 \div 0.5 - 2.6$$

① 577　　　　　　② 566
③ 555　　　　　　④ 544

19

$$312 \times 12 + 25 \times 4 - (710 + 34)$$

① 3,400　　　　　② 3,300
③ 3,200　　　　　④ 3,100

20 다음 빈칸에 들어갈 수로 가장 적절한 것은?

$$\frac{1}{10^3} < (\quad\quad) < \frac{1}{5^3}$$

① 0.005   ② 0.008

③ 0.011   ④ 0.014

21 현재 부모님과 딸의 나이를 모두 합하면 161살이고, 부모님의 나이 합은 딸의 나이의 4배보다 9살 적다고 한다. 아버지의 나이가 어머니의 나이보다 3살이 더 많다고 할 때, 딸의 나이는?

① 33살   ② 34살

③ 35살   ④ 36살

22 작년 적성검사 응시자 수는 총 30,000명이었고, 올해 적성검사 응시자 수는 작년보다 3.65% 늘어났다고 한다. 특히 남자 응시자 수는 2% 증가하였고, 여자 응시자 수는 5% 증가하였다고 할 때, 올해 적성검사 응시자 수 중 여자는 몇 명인가?

① 15,325명   ② 16,325명

③ 17,325명   ④ 18,325명

23 주머니에는 흰 공 3개와 검은 공 4개가 들어 있다. 세 명이 차례대로 공을 뽑을 때 모두 흰 공이 나올 확률은? (단, 뽑은 공은 주머니에 다시 넣지 않는다.)

① $\frac{1}{35}$ ② $\frac{1}{30}$

③ $\frac{1}{25}$ ④ $\frac{1}{20}$

PART 01
PART 02
PART 03
PART 04
PART 05
부록
최종점검 모의고사

24 A호스로 수영장을 가득 채우는 데 3시간이 걸리고, B호스로 수영장을 가득 채우는 데 9시간이 걸린다고 한다. A호스와 B호스를 사용하여 동시에 수영장을 채운다면 몇 시간이 걸리는가?

① 2시간 15분 ② 2시간 20분
③ 2시간 25분 ④ 2시간 30분

25 A씨는 공원까지 가는데 처음에는 시속 3km로 걸어가다가 중간에 자전거를 빌려 시속 9km로 이동해 총 2시간이 걸렸다. 걸어간 거리를 xkm, 자전거를 타고 간 거리를 ykm라고 할 때, 3x+y의 값은?

① 16 ② 18
③ 20 ④ 22

26 한 팀의 사원 A, B, C, D, E, F 여섯 사람이 일렬로 줄을 설 때, 양 끝에 A, B가 서게 될 확률은?

① $\dfrac{1}{15}$ ② $\dfrac{2}{15}$

③ $\dfrac{1}{5}$ ④ $\dfrac{4}{15}$

27 흐르는 강물에서 60m/s의 속력으로 움직이는 배가 있다. 배가 강물을 따라 내려올 때의 속력은 강물을 거슬러 올라갈 때의 속력보다 40% 더 빠르다고 할 때, 강물의 속력은 얼마인가?

① 10m/s ② 12m/s
③ 14m/s ④ 16m/s

28 농도 6%의 소금물에 농도 12% 소금물을 섞었더니 농도 10%의 소금물 900g이 만들어졌다. 처음 농도 6% 소금물의 양은 얼마인가?

① 100g   ② 200g

③ 300g   ④ 400g

PART 01

PART 02

PART 03

PART 04

PART 05

부록

최종점검 모의고사

29 공장에서 가로 108m, 세로 60m인 나무판자를 제작했으나, 크기가 너무 커서 한 변의 길이를 최대한 크게 하여 정사각형 모양으로 나무판자를 자른 후 거래처에 전달하려고 한다. 최대 몇 개의 나무판자를 전달할 수 있는가? (단, 이때 나무판자는 남지 않는다.)

① 30개   ② 35개

③ 40개   ④ 45개

30 어느 상점에서 두 제품 A, B를 합쳐서 5,400원에 매입했다. A제품은 30%, B제품은 20%의 이익을 붙여 정가를 정했으나 판매가 부진하여 두 제품 모두 각각 정가의 10%를 할인하여 판매하기로 했다. 두 제품을 모두 팔아 648원의 이익을 얻었다면, 두 제품 A, B의 원가의 차이는 얼마인가?

① 500원   ② 600원

③ 700원   ④ 800원

31 다음은 행사장 요금표이다. 〈보기〉의 상황에서 총 행사장 이용비는 얼마인가?

〈행사장 요금표〉

구분	월~금요일	토요일	일요일, 공휴일
10:00~12:30	35,000	65,000	65,000
12:30~15:00	55,000	95,000	85,000
15:00~17:30	45,000	75,000	95,000

※ 행사장 설비(별도) : 15,000원

〈보기〉

구분	이용일	행사장 설비
1회차	수요일 10:00~12:00	필요
2회차	일요일 13:00~15:00	불필요
3회차	토요일 15:00~17:00	필요

① 225,000원
② 215,000원
③ 205,000원
④ 195,000원

32 다음은 연도별·교육수준별 범죄자 현황을 나타낸 자료이다. 이에 대한 설명으로 옳은 것은?

〈범죄자 현황〉

구분	교육수준별 범죄자 비율(%)				범죄자 수 (명)
	무학	초등학교 졸업자	중학교 졸업자	고등학교 이상 졸업자	
1990년	12.4	44.3	18.7	24.6	252,229
2000년	8.5	41.5	22.4	27.6	355,416
2010년	5.2	27.6	24.4	42.8	491,699
2020년	3.0	18.9	23.8	54.3	472,199

① 1990~2010년 10년 주기로 초등학교 졸업 범죄자 수는 계속 증가했다.
② 2010년과 2020년 사이에 고등학교 이상 졸업 범죄자 수는 3배 이상으로 증가했다.
③ 매 시기 가장 많은 비중을 차지하는 범죄자들의 학력은 최소한 유지되거나 높아지고 있다.
④ 조사기간 중 무학인 범죄자 수는 꾸준히 증가했다.

33 다음은 섭취장소별 식중독 신고 현황에 대한 자료이다. 이에 대한 설명으로 옳은 것은?

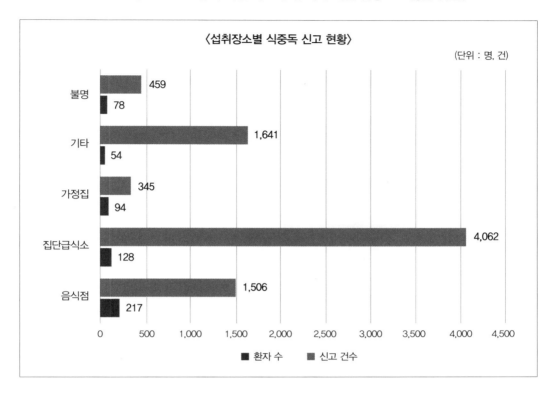

① 식중독 환자 수가 많은 장소가 신고 건수도 많다.

② 가정집은 신고 건수당 3명 이상의 환자가 발생했다.

③ 기타는 불명에 비해 신고 건수가 약 4배 더 많다.

④ 음식점은 신고 건수당 환자 수가 기타보다 5배 이상 높다.

PART 01
PART 02
PART 03
PART 04
PART 05
부록

최종점검 모의고사

34 다음은 국내 라면 종류별 생산액 비중을 나타낸 자료이다. 2020년 국내 라면 중 용기라면의 생산액이 4,807억 원이었고, 2024년에는 2020년 국내 라면 생산액보다 12% 늘어났다고 하면, 2024년 국내 라면 중 봉지라면 생산액은 얼마인가?

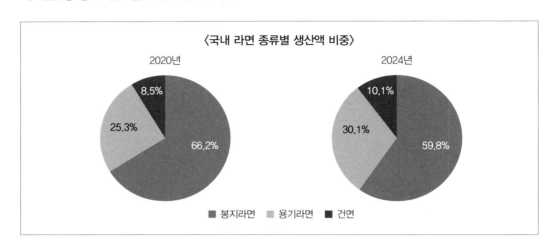

① 약 13,725억 원
② 약 12,725억 원
③ 약 11,725억 원
④ 약 10,725억 원

35 다음은 총 수출액 중 10대 수출품목 비중 변화 추이를 나타낸 것이다. 2020년 총 수출액 대비 2024년 총 수출액 증가율은 얼마인가?

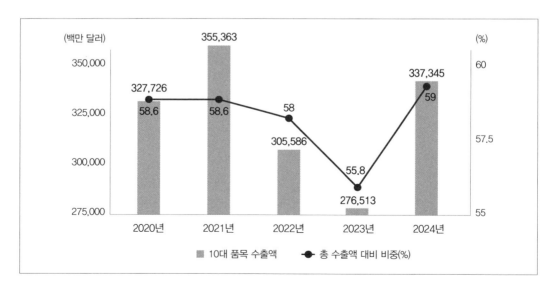

① 약 5.2%
② 약 4.2%
③ 약 3.2%
④ 약 2.2%

36 다음은 성별 운전면허 소지자 현황 자료이다. 이에 대한 설명으로 옳은 것은?

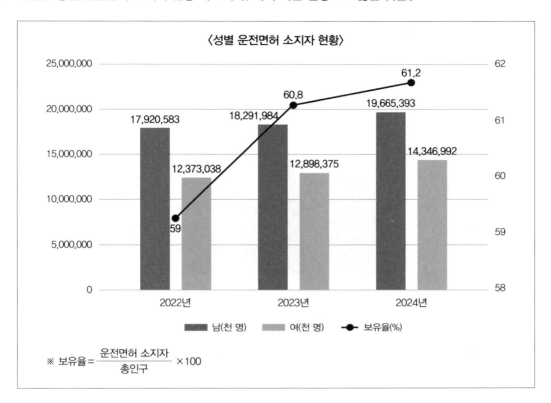

〈성별 운전면허 소지자 현황〉

※ 보유율 = $\dfrac{\text{운전면허 소지자}}{\text{총인구}} \times 100$

① 운전면허 소지자는 매년 감소했다.

② 2023년 운전면허 소지자 중 여성 운전면허 소지자는 40% 미만이다.

③ 2022년보다 2024년 남성 운전면허 소지자는 9% 이상 증가했다.

④ 2024년 총인구수는 6천 명 이상이다.

PART 01
PART 02
PART 03
PART 04
PART 05
부록

최종점검 모의고사

37 다음은 계절별 일조시간 변화추이를 조사한 자료이다. 평균 일조시간이 긴 순서대로 나열한 것은?

① 봄 > 겨울 > 여름 > 가을
② 봄 > 가을 > 여름 > 겨울
③ 겨울 > 봄 > 가을 > 여름
④ 겨울 > 가을 > 봄 > 여름

38 다음 전국 토마토 재배면적 및 생산량 추이 자료에 대한 설명으로 옳은 것은?

<전국 토마토 재배면적 및 생산량 추이>

구분	2021년	2022년	2023년	2024년
재배면적(ha)	18,040	22,997	20,668	19,357
생산량(ton)	255,284	342,668	302,269	294,655

① 2022년 토마토 재배면적은 전년 대비 25% 이상 증가했다.

② 2024년 재배면적 대비 생산량은 10ton 미만이다.

③ 2023년 토마토 생산량은 2021년보다 20% 이상 증가했다.

④ 조사기간 중 토마토 재배면적은 매년 증가했지만 생산량은 매년 증가하지 못했다.

39 다음은 에너지 소비량에 대한 자료이다. 빈칸에 들어갈 숫자를 모두 더하면 얼마인가?

<에너지 소비량>

(단위 : 백만 TOE)

구분	2021년	2022년	2023년	2024년
계	( )	218.4	225.7	233.9
산업부문	135.3	( )	138.5	144.3
수송부문	37.6	40.3	42.7	( )
가정/상업부문	35.5	36.6	38.3	39.9
공공/기타부문	5.3	5.8	6.2	6.9

① 391.2

② 392.2

③ 393.2

④ 394.2

PART 01
PART 02
PART 03
PART 04
PART 05
부록

최종점검 모의고사

40 다음은 우리나라 결혼식 문화 의식을 조사한 자료이다. 이에 대한 설명 중 옳은 것은?

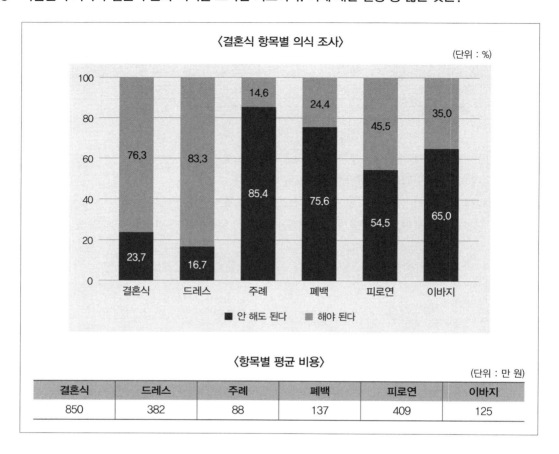

〈결혼식 항목별 의식 조사〉

(단위 : %)

■ 안 해도 된다 ■ 해야 된다

〈항목별 평균 비용〉

(단위 : 만 원)

결혼식	드레스	주례	폐백	피로연	이바지
850	382	88	137	409	125

① 비용이 많이 드는 항목의 순서와 안 해도 된다는 의견이 많은 순서는 동일하다.
② 해야 된다는 의견이 적은 하위 2개 항목을 생략하면 약 250만원 이상의 비용이 절약된다.
③ 해야 된다는 의견이 많은 상위 3개 항목과 많은 비용이 드는 상위 3개 항목은 동일하다.
④ 안 해도 된다는 의견이 가장 많은 항목은 비용이 가장 많이 드는 항목이다.

[01~02] 다음 〈조건〉을 참고하여 ?에 들어갈 문자를 고르시오.

〈조건〉

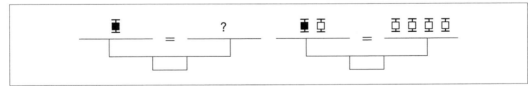

01

① ♠ ♠
② ♠ ♠ ♠ ♠ ♠
③ ♠ ♠ ♠ ♠
④ ♠ ♠ ♠

02

① 묘 묘
② 조 조
③ 조 묘
④ ♠ 묘

[03~04] 다음 〈조건〉을 참고하여 ?에 들어갈 문자를 고르시오.

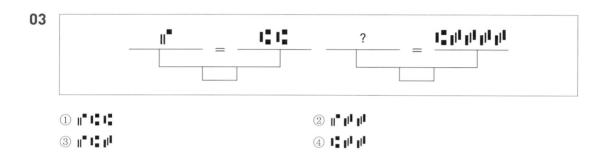

03

①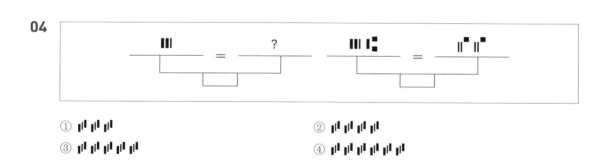

① ॥▪▫▪▫
③ ॥▪▫▪॥

② ॥▪▫▪॥
④ ▫▪॥▪॥

04

① ॥▪॥▪॥▪
③ ॥▪॥▪॥▪॥▪

② ॥▪॥▪॥▪॥▪
④ ॥▪॥▪॥▪॥▪॥▪

[05~06] 다음 〈조건〉을 참고하여 ?에 들어갈 문자를 고르시오.

〈조건〉

$$\underline{\quad し \quad} = \underline{\quad ちち \quad}$$

05

$$\underline{\quad ひ \quad} = \underline{\quad ? \quad} \qquad \underline{\quad ひひち \quad} = \underline{\quad しししち \quad}$$

① ち
② ちち
③ ちちち
④ ちちちち

06

$$\underline{\quad り \quad} = \underline{\quad ちちち \quad} \qquad \underline{\quad ? \quad} = \underline{\quad ひしち \quad}$$

① りち
② りし
③ りり
④ しし

PART 01

PART 02

PART 03

PART 04

PART 05

부록

최종점검 모의고사

[07~08] 다음 〈조건〉을 참고하여 ?에 들어갈 문자를 고르시오.

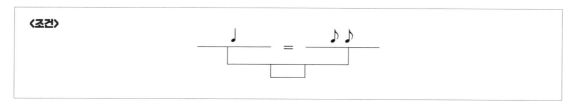

07

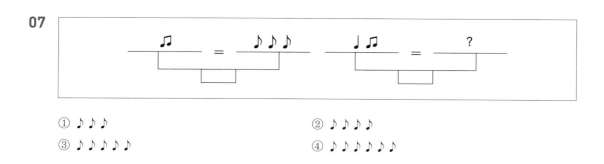

① ♪ ♪ ♪
② ♪ ♪ ♪ ♪
③ ♪ ♪ ♪ ♪ ♪
④ ♪ ♪ ♪ ♪ ♪ ♪

08

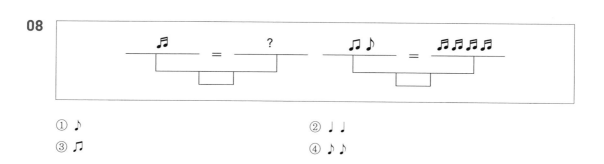

① ♪
② ♩ ♩
③ ♫
④ ♪ ♪

[09~10] 다음 〈조건〉을 참고하여 ?에 들어갈 문자를 고르시오.

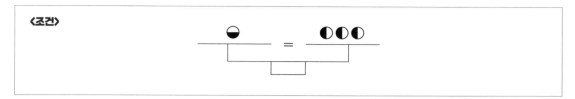

09

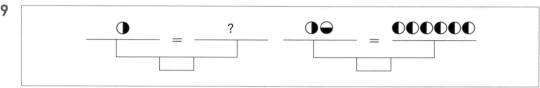

① ◖◗◖◗◖
② ◖◗◖◗◖◗
③ ◖◑◖◗◖◗◖
④ ◖◗◖◗◖◑◖◗

10

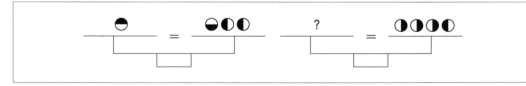

① ◓◖
② ◓◒
③ ◓◑
④ ◓◒

PART 01

PART 02

PART 03

PART 04

PART 05

부록

최종점검 모의고사

[11~12] 다음 〈조건〉을 참고하여 ?에 들어갈 문자를 고르시오.

〈조건〉

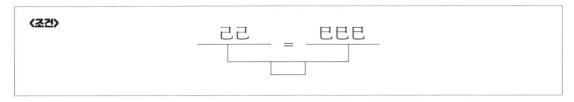

11

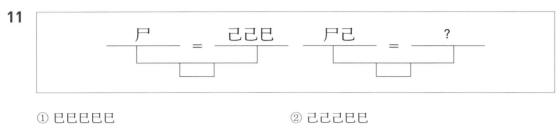

① ㅌㅌㅌㅌㅌ   ② ㄹㄹㄹㅌㅌ

③ ㄹㄹㅌㅌㅌ   ④ ㄹㅌㅌㅌㅌ

12

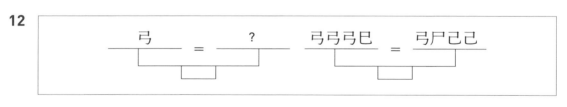

① ㄹ   ② ㄹㄹ

③ ㄹㄹㄹ   ④ ㄹㄹㄹㄹ

[13~14] 다음 〈조건〉을 참고하여 ?에 들어갈 문자를 고르시오.

〈조건〉

13

① ⵉⵝ
② ⵉⵝⵯ
③ ⵉⵉⵝ
④ ⵉⵉⵝⵯ

14

① ⵝⵯⵯⵯ
② ⵝⵯⵉⵯ
③ ⵉⵉⵉⵉ
④ ⵉⵝⵉⵝ

PART 01
PART 02
PART 03
PART 04
PART 05
부록
최종점검 모의고사

[15~16] 다음 〈조건〉을 참고하여 ?에 들어갈 문자를 고르시오.

〈조건〉

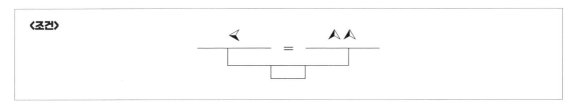

15

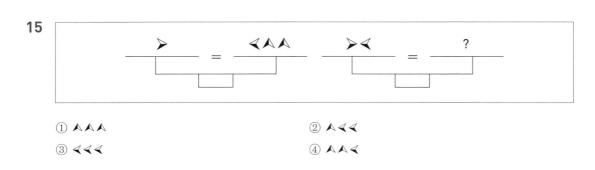

① ▲▲▲　　　　　　② ▲◀◀

③ ◀◀◀　　　　　　④ ▲▲◀

16

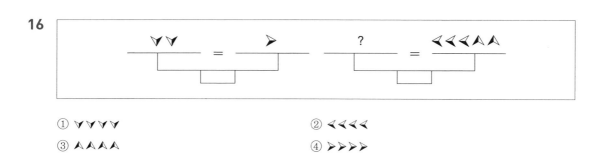

① ▼▼▼▼　　　　　② ◀◀◀◀

③ ▲▲▲▲　　　　　④ ▷▷▷▷

[17~18] 다음 〈조건〉을 참고하여 ?에 들어갈 문자를 고르시오.

〈조건〉

$$\frac{キ}{\underline{\qquad}} = \frac{ネネネ}{\underline{\qquad}}$$

17

$$\frac{ト}{\underline{\qquad}} = \frac{?}{\underline{\qquad}} \qquad \frac{トネ}{\underline{\qquad}} = \frac{ネネネネ}{\underline{\qquad}}$$

① トキ ② ネネ
③ キキ ④ キネ

18

$$\frac{チ}{\underline{\qquad}} = \frac{ネネト}{\underline{\qquad}} \qquad \frac{?}{\underline{\qquad}} = \frac{キキキキ}{\underline{\qquad}}$$

① チキ ② チト
③ チネ ④ チチ

PART 01
PART 02
PART 03
PART 04
PART 05
부록
최종점검 모의고사

[19~20] 다음 〈조건〉을 참고하여 ?에 들어갈 문자를 고르시오.

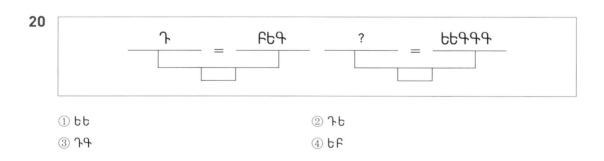

19

① ٩٩٩٩٩   ② ٩٩٩٩
③ ٩٩٩   ④ ٩٩

20

① Ƅ٤   ② ٦Ƅ
③ ٦٩   ④ Ƅ٤

21

〈조건〉
- A~E 6명은 원탁에 앉아 있다.
- A 왼쪽으로 한 사람을 사이에 두고 B가 앉아 있다.
- C 맞은편에는 D가 앉아 있다.
- F는 D 바로 오른쪽에 앉아 있다.

〈보기〉
A의 맞은편에 앉은 사람은 F이다.

① 참   ② 거짓
③ 알 수 없음

22

〈조건〉
- K대리의 출장지에는 세종이 포함되어 있다.
- 전주를 가지 않으면 군산에 간다.
- 세종에 가면 대구는 가지 않는다.
- 원주에 가면 전주를 가지 않는다.
- 울산에 가면 대구도 간다.
- 원주를 가지 않으면 울산에 간다.

〈보기〉
K대리가 출장 가는 도시는 대구, 세종, 원주이다.

① 참   ② 거짓
③ 알 수 없음

23

〈조건〉
- A, B, C, D, E 다섯 사람은 이벤트에 참여해 경품을 받았다.
- 1등 경품은 1명, 2등 경품은 2명, 3등 경품은 2명이 받았다.
- A와 B는 서로 다른 경품을 받았다.
- A와 C는 서로 다른 경품을 받았다.
- E는 네 사람과 다른 경품을 받았다.

〈보기〉
A와 D는 2등 경품을 받았다.

① 참   ② 거짓
③ 알 수 없음

24

〈조건〉
- R은 인공지능이다.
- 음식을 먹으면 인공지능이 아니다.
- 사람은 음식을 먹는다.
- 사람이 아니면 독창적인 예술 작품을 만들 수 없다.

〈보기〉
R은 독창적인 예술 작품을 만들 수 있다.

① 참   ② 거짓
③ 알 수 없음

[25~28] 제시된 명제가 모두 참일 때, 빈칸에 들어갈 명제로 가장 적절한 것을 고르시오.

PART
01

PART
02

PART
03

PART
04

PART
05

부록

최종점검 모의고사

25

> • 튀니지에 가본 사람은 멕시코에 가본 적이 없다.
> • (   )
> • 멕시코에 가본 사람은 칠레에 가본 적이 없다.

① 멕시코에 가본 적 없는 사람은 칠레에 가본 적이 있다.
② 칠레에 가본 사람은 멕시코에 가본 적이 있다.
③ 칠레에 가본 사람은 튀니지에 가본 적이 있다.
④ 튀니지에 가본 적 없는 사람은 멕시코에 가본 적이 없다.

26

> • 비가 오지 않으면 보트를 타지 않는다.
> • 비가 오면 한강 물이 불어난다.
> • (   )

① 한강 물이 불어나면 보트를 탄다.
② 보트를 타면 한강 물이 불어난다.
③ 비가 오지 않으면 한강 물이 불어난다.
④ 보트를 타지 않으면 비가 온다.

27

> • 이번 신입사원은 대외활동 경험이 없다.
> • 일이 능숙한 사람은 대외활동 경험이 있다.
> • (   )

① 일이 능숙한 사람은 이번 신입사원이 아니다.
② 일이 능숙한 사람은 이번 신입사원이다.
③ 대외활동 경험이 없으면 이번 신입사원이다.
④ 대외활동 경험이 있으면 일이 능숙하다.

28

- 온도 변화에 민감한 동물은 온도에 따라 색이 변한다.
- 파충류는 온도 변화에 민감한 동물이다.
- (   )

① 온도에 따라 색이 변하면 파충류이다.
② 온도 변화에 민감한 동물은 파충류이다.
③ 파충류가 아니면 온도에 따라 색이 변하지 않는다.
④ 파충류는 온도에 따라 색이 변한다.

[29~34] 다음 〈조건〉을 바탕으로 추론할 수 있는 것을 고르시오.

29

〈조건〉
- 개나리를 좋아하지 않으면 진달래를 좋아한다.
- 진달래를 좋아하는 사람은 장미도 좋아한다.
- 개나리를 좋아하면 수국을 좋아하지 않는다.
- 국화를 좋아하면 장미를 좋아하지 않는다.

① 국화를 좋아하면 수국을 좋아한다.
② 국화를 좋아하지 않으면 장미를 좋아하지 않는다.
③ 수국을 좋아하면 국화를 좋아하지 않는다.
④ 수국을 좋아하지 않으면 진달래를 좋아하지 않는다.

30

〈조건〉
- 바이올린을 연주할 수 있는 사람은 피아노를 연주할 수 있다.
- 기타를 연주할 수 있는 사람은 드럼을 연주할 수 있다.
- 피아노를 연주할 수 있는 사람은 드럼을 연주할 수 없다.

① 기타를 연주할 수 있는 사람은 피아노를 연주할 수 있다.
② 바이올린을 연주할 수 있는 사람은 기타를 연주할 수 없다.
③ 피아노를 연주할 수 없는 사람은 드럼을 연주할 수 있다.
④ 바이올린을 연주할 수 없는 사람은 기타를 연주할 수 없다.

31

<조건>
- 주차장에 A~G의 차가 왼쪽부터 오른쪽으로 일렬로 주차되어 있다.
- A의 차가 가장 먼저 주차되어 있다.
- B와 D 사이에는 차 3대가 주차되어 있다.
- C의 차는 가장 마지막에 주차되어 있지 않다.
- E의 차는 세 번째로 주차되어 있다.
- G의 차는 E의 차 바로 다음에 주차되어 있다.

① F는 가장 마지막 순서로 주차한다.
② D의 주차 순서는 5번째이다.
③ C의 주차 순서는 6번째이다.
④ E는 A 다음 순서로 주차한다.

32

<조건>
- A~G 7명은 최근 치른 승진 시험에서 1~7등 중 모두 다른 등수를 받았다.
- C의 승진 시험 등수는 4등이다.
- F는 G보다 1등 더 낮다.
- F는 7명 중 등수가 가장 낮다.
- A의 등수는 D보다 낮고, E보다 높다.
- B는 E보다 등수가 낮고, G보다 1등 더 높다.

① B는 E보다 1등 더 낮다.
② A는 G보다 1등 더 높다.
③ A의 승진 시험 등수는 2등이다.
④ D의 승진 시험 등수는 2등이다.

PART 01
PART 02
PART 03
PART 04
PART 05
부록
최종점검 모의고사

33

<조건>
- 달리기가 빠르지 않으면 국가대표팀 소속이 아니다.
- 축구를 잘하면 국가대표팀 소속이다.
- 끈기가 없으면 달리기가 빠르지 않다.

① 국가대표팀 소속은 끈기가 있다.
② 끈기가 있으면 축구를 잘한다.
③ 국가대표팀 소속이 아니면 끈기가 없다.
④ 축구를 잘하지 못하면 달리기가 빠르지 않다.

34

<조건>
- A~F 6개 부서의 업무 비용은 서로 다르다.
- 3개의 부서가 C부서보다 더 많은 비용을 사용하였다.
- B부서는 D부서와 F부서가 사용한 금액의 평균 금액을 사용하였다.
- F부서는 A부서와 E부서가 사용한 금액의 합보다 많은 금액을 사용하였다.
- F부서는 가장 많은 비용을 사용한 부서가 아니다.

① A부서는 두 번째로 적은 비용을 사용하였다.
② B부서는 세 번째로 많은 비용을 사용하였다.
③ D부서는 가장 많은 비용을 사용하였다.
④ C부서는 E부서보다 적은 비용을 사용하였다.

35 다음 A~E 5명의 진술 중 2명이 거짓이고 화재 경보를 울린 사람은 1명일 때, 추론할 수 있는 것을 고르시오.

- A : D는 화재 경보를 울리지 않았다.
- B : E가 화재 경보를 울렸다.
- C : 나는 화재 경보를 울린 사람이 아니다.
- D : C의 말은 사실이다.
- E : B의 말은 거짓이다.

---

① 화재 경보를 울린 사람은 E이다.
② C와 D의 진술은 거짓이다.
③ A와 B의 진술은 참이다.
④ 화재 경보를 울린 사람은 D이다.

PART
01

PART
02

PART
03

PART
04

PART
05

부록

최종점검 모의고사

36 다음 지민, 민호, 민혁 지영 4명의 진술 중 1명이 참이고 A, B, C, D 중 여자는 1명일 때, 추론할 수 있는 것을 고르시오.

- 지민 : A가 여자이거나 D가 여자이다.
- 민호 : B는 남자가 아니다.
- 민혁 : C와 D는 모두 여자가 아니다.
- 지영 : B가 여자이거나 C가 여자이다.

---

① A는 남자이다.
② C는 여자이다.
③ 민호의 말은 참이다.
④ 민혁의 말은 참이다.

[37~38] 일정한 규칙에 따라 수를 나열할 때, 빈칸에 들어갈 수로 적절한 것을 고르시오.

37

| 100 | 97 | 106 | 79 | 160 | (|) | 646 |

① 83
② 91
③ −83
④ −91

38

| 1 1 2 | 2 ( ) 4 | 2 3 7 |

① 2
② 4
③ 6
④ 8

[39~40] 일정한 규칙에 따라 문자를 나열할 때, 빈칸에 들어갈 문자로 적절한 것을 고르시오.

39

| ㅕ | ㅠ | ㅓ | ㅛ | ㅏ | ( ) |

① ㅑ
② ㅗ
③ ㅜ
④ ㅓ

40

| B | H | D | J | E | ( ) |

① F
② G
③ L
④ K

PART 01

PART 02

PART 03

PART 04

PART 05

부록

최종점검 모의고사

[01~04] 제시된 문자와 동일한 문자를 〈보기〉에서 찾아 고르시오. (단, 제일 왼쪽의 문자를 첫 번째라고 한다.)

〈보기〉

01

① 첫 번째
② 두 번째
③ 세 번째
④ 네 번째

02

① 세 번째
② 네 번째
③ 다섯 번째
④ 여섯 번째

03

① 네 번째
② 다섯 번째
③ 여섯 번째
④ 일곱 번째

04

① 첫 번째
② 두 번째
③ 세 번째
④ 네 번째

[05~07] 제시된 문자와 동일한 문자를 〈보기〉에서 찾아 고르시오. (단, 제일 왼쪽의 문자를 ①이라고 한다.)

〈보기〉

⇨　　⇔　　⇨　　⇔

05

⇔

① 　　　　　　　　②
③ 　　　　　　　　④

06

⇨

① 　　　　　　　　②
③ 　　　　　　　　④

07

⇨

① 　　　　　　　　②
③ 　　　　　　　　④

[08~10] 제시된 문자와 동일한 문자를 〈보기〉에서 찾아 고르시오. (단, 제일 왼쪽의 문자를 첫 번째라고 한다.)

〈보기〉

    ♺   ♲   ♳   ♼   ♽   ∞

08

♽

① 두 번째   ② 세 번째
③ 네 번째   ④ 다섯 번째

09

♲

① 첫 번째   ② 두 번째
③ 세 번째   ④ 네 번째

10

♳

① 두 번째   ② 세 번째
③ 네 번째   ④ 다섯 번째

[11~12] 한 도서관에서 해외 도서의 제목에 다음과 같은 규칙으로 코드를 부여한다. 이어지는 질문에 답하시오.

〈코드 부여 규칙〉

도서명을 다음의 규칙으로 변환한다.

- 알파벳의 경우 A부터 M까지는 숫자 '1 − 2 − 3…13'으로, N부터 Z까지는 한글 자음 'ㄱ − ㄴ − ㄷ…ㅍ'으로 변환한다.
- 책 제목의 띄어쓰기한 부분에는 ^을 적는다.
  - ⑩ 'The Stranger'을 변환할 때 'The Stranger' 사이에 ^을 붙여준다. → ㅅ85^ㅂㅅㅁ1ㄱ75ㅁ
- 한글 자음과 쌍자음으로 변환된 알파벳의 각각 뒤에 모음을 'ㅏ − ㅑ − ㅓ − ㅕ… ㅣ'를 뒤에 붙여주며 10개를 초과할 경우 다시 'ㅏ − ㅑ − ㅓ … ㅣ' 순서로 계속하여 붙여준다.
  - ⑩ 위의 규칙들을 모두 적용하여 'The Stranger'를 변환할 경우 → '사85^뱌서며1고75묘'가 됨

---

11 도서의 제목이 'Harry Potter'일 때, 이 도서의 코드는 무엇인가?

① 81마먀터^뎌노쇼수5뮤
② 81마먀타 텨노쇼수5뮤
③ 81마먀터$뎌노쇼수5뮤
④ 81마먀다^뎌뇨쇼수5뮤

12 도서 코드가 '13나2탸^49311'인 도서의 제목은?

① Jane Eyre
② Moby Dick
③ The Martian
④ The Giver

[13~17] 다음 중 제시된 도형과 같은 도형을 고르시오. (단, 도형은 회전할 수 있다.)

13

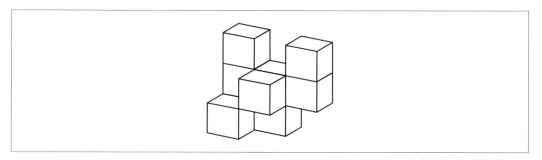

①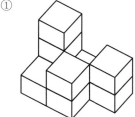

②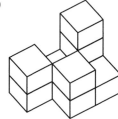

③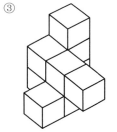

④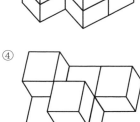

PART 01
PART 02
PART 03
PART 04
PART 05
부록
최종점검 모의고사

14

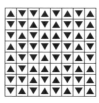

① ② ③ ④

15

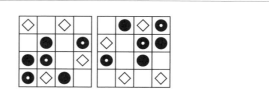

① ② ③ ④

16

①

②

③

④

17

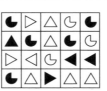

①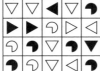

②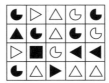

③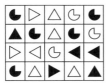

④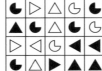

PART 01
PART 02
PART 03
PART 04
PART 05
부록
최종점검 모의고사

[18~20] 다음 중 나머지 도형과 다른 것을 고르시오.

18 ① 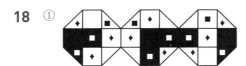 ②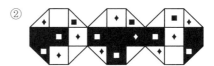

③ 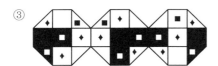 ④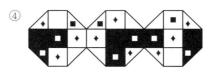

19 ① 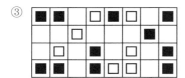 ②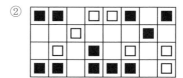

③ 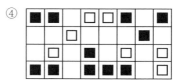 ④

20 ① 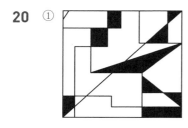 ②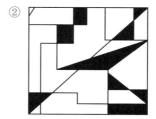

③ 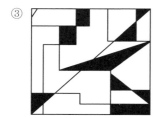 ④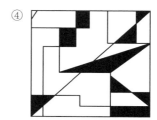

[21~24] 다음 중 제시된 도형과 같은 도형을 고르시오.

21

①    ②

③    ④

22

① 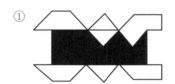   ②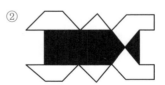

③    ④

PART 01
PART 02
PART 03
PART 04
PART 05
부록
최종점검 모의고사

23

①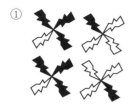

②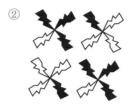

③

④

24

①

②

③

④

[25~32] 다음 블록의 개수는 몇 개인지 고르시오. (단, 보이지 않는 곳의 블록은 있다고 가정한다.)

25

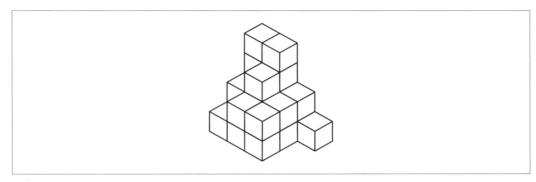

① 22개   ② 23개

③ 24개   ④ 25개

26

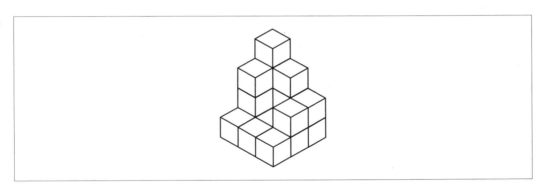

① 14개   ② 16개

③ 18개   ④ 20개

PART 01
PART 02
PART 03
PART 04
PART 05
부록

최종점검 모의고사

27

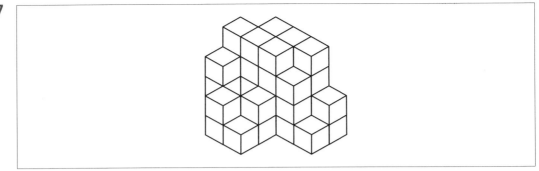

① 39개   ② 40개

③ 41개   ④ 42개

28

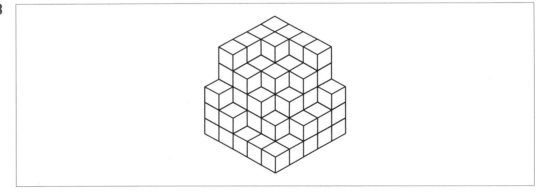

① 81개   ② 82개

③ 83개   ④ 84개

29

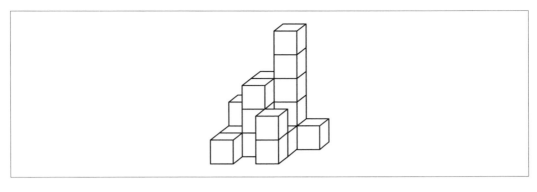

① 19개   ② 20개

③ 21개   ④ 22개

30

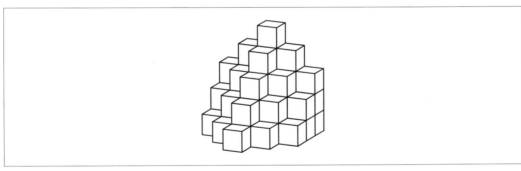

① 45개   ② 47개

③ 49개   ④ 51개

PART 01

PART 02

PART 03

PART 04

PART 05

부록

최종점검 모의고사

31

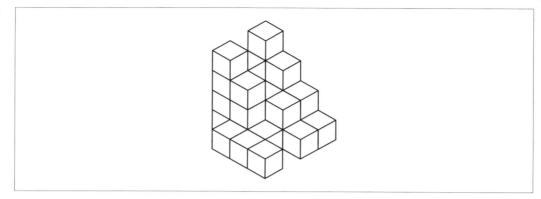

① 27개　　　　　　　② 28개

③ 29개　　　　　　　④ 30개

32

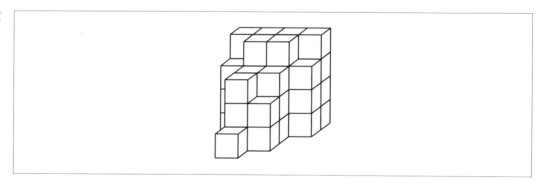

① 40개　　　　　　　② 42개

③ 44개　　　　　　　④ 56개

[33~36] 다음은 나무토막을 쌓아서 만든 도형을 정면과 우측에서 본 모양이다. 필요한 나무토막의 최대
개수는?

33

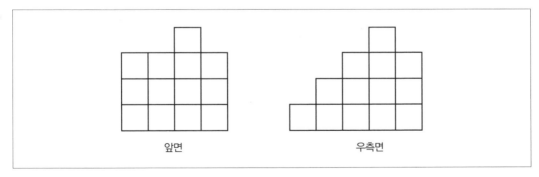

① 21개　　　　　　　　　② 22개
③ 23개　　　　　　　　　④ 24개

34

앞면　　　　　　　　　　우측면

① 46개　　　　　　　　　② 47개
③ 48개　　　　　　　　　④ 49개

PART
01

PART
02

PART
03

PART
04

PART
05

부록

최종점검 모의고사

35

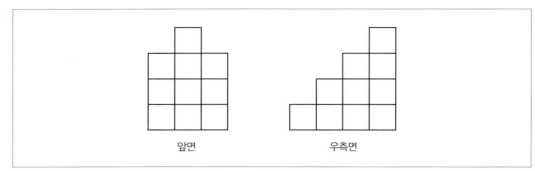

① 22개   ② 24개

③ 26개   ④ 28개

36

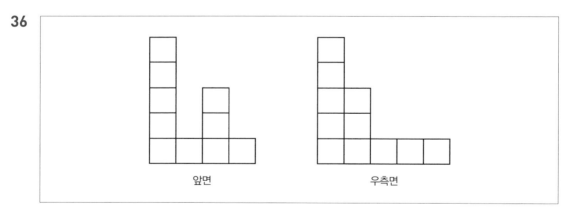

① 28개   ② 29개

③ 30개   ④ 31개

[37~40] 다음은 쌓아 놓은 블록을 앞과 오른쪽에서 본 모양이다. 입체도형으로 만들기 위해서 최소로 필요한 블록의 개수는?

37

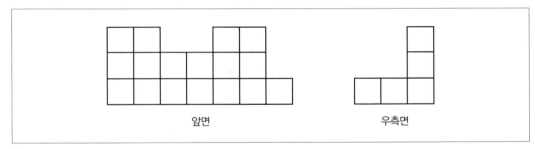

앞면   우측면

① 8개   ② 10개
③ 12개   ④ 14개

38

앞면   우측면

① 17개   ② 18개
③ 19개   ④ 20개

PART
01

PART
02

PART
03

PART
04

PART
05

부록

최종점검 모의고사

39

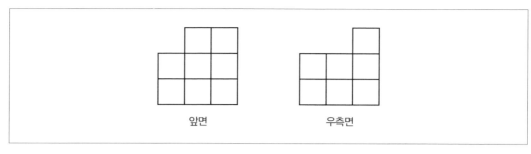

앞면   우측면

① 8개   ② 10개
③ 12개   ④ 14개

40

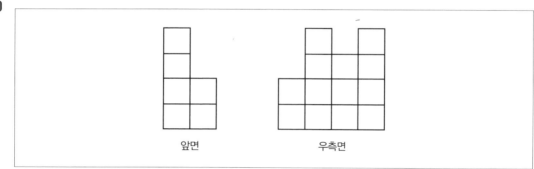

앞면   우측면

① 11개   ② 12개
③ 13개   ④ 14개

최종점검 모의고사 3회

수 리 능 력

[01~18] 다음 식을 계산한 값으로 적절한 것을 고르면?

01

$$1,050 + 316 - 990 - 907 + 2,438$$

① 1,707　　　　　　　　　　② 1,807

③ 1,907　　　　　　　　　　④ 2,007

02

$$4^3 - 2^4 + 5^2 + 3^4$$

① 151　　　　　　　　　　② 152

③ 153　　　　　　　　　　④ 154

03

$$847 - 523 + 103 - 127 + 320$$

① 640　　　　　　　　　　② 630

③ 620　　　　　　　　　　④ 650

04

$$20 \times 12 - 45 \div 5 + 18 - 89$$

① 160

② 150

③ 140

④ 130

05

$$\frac{1}{2} + \frac{1}{3} + \frac{1}{4} + \frac{1}{5} + \frac{1}{6}$$

① $\frac{29}{20}$

② $\frac{31}{20}$

③ $\frac{33}{20}$

④ $\frac{7}{4}$

06

$$0.126 - 0.421 + 0.018 + 0.58 - 0.089 + 0.622$$

① 0.636

② 0.736

③ 0.836

④ 0.936

07

$$140 \times 0.12 + 930 \times 0.21 - 138 \div 4$$

① 178.6

② 177.6

③ 176.6

④ 175.6

08

$$1{,}987 - 1{,}014 + 623 \times 2 - 10^3$$

① 1,419   ② 1,319
③ 1,219   ④ 1,119

09

$$1 - 0.027 - 0.819 + 2 \times 0.05$$

① 0.284   ② 0.274
③ 0.264   ④ 0.254

10

$$(0.128 + 0.128 + 0.128 + 0.128) \times 25$$

① 1.28   ② 5.12
③ 12.8   ④ 51.2

11

$$800 \times 4 + 1{,}250 \times 2 + 5{,}200 \times 2 + 1{,}000 \times 5$$

① 21,100   ② 22,100
③ 23,100   ④ 24,100

PART 01

PART 02

PART 03

PART 04

PART 05

부록

최종점검 모의고사

12

$$75 \times \frac{1}{3} \div 5 + 125 \div 5^2$$

① 25　　　　　　　　　　② 20

③ 15　　　　　　　　　　④ 10

13

$$27 \times 32 - 39 + 54 - 29 \times 14 - 48 \div 4$$

① 471　　　　　　　　　② 461

③ 481　　　　　　　　　④ 491

14

$$(264 + 670) \times 0.5^2 + 272 \div 0.5$$

① 666.5　　　　　　　　② 777.5

③ 888.5　　　　　　　　④ 999.5

15

$$710 - 450 + (366 + 114) \div 12 + 630$$

① 910　　　　　　　　　② 920

③ 930　　　　　　　　　④ 940

16

$$14.02+15.88-18.89-10.85+11.72$$

① 13.88　　　　　② 12.88

③ 11.88　　　　　④ 10.88

17

$$1 \div 5^3 \times 2^4 + 0.82$$

① 0.948　　　　　② 0.950

③ 0.952　　　　　④ 0.954

18

$$10+20+30+40+50\times2-60$$

① 150　　　　　② 140

③ 130　　　　　④ 120

PART 01

PART 02

PART 03

PART 04

PART 05

부록

최종점검 모의고사

[19~20] 다음 빈칸에 들어갈 수로 가장 적절한 것은?

19

$$0.01 < (\quad) < \frac{1}{26}$$

① 0.05   ② 0.02

③ 0.009   ④ 0.007

20

$$\frac{1}{3^4} < (\quad) < \frac{1}{2^4}$$

① 0.004   ② 0.001

③ 0.01   ④ 0.04

21 두 자연수의 비는 6:1이고, 3씩 더했을 때 비는 3:1이 된다. 원래 두 자연수 중 큰 수는 얼마인가?

① 10   ② 12

③ 14   ④ 16

22 1~9까지 자연수 중 3개를 임의로 택하여 만들 수 있는 세 자리의 자연수는 몇 가지인가?

① 432가지   ② 504가지

③ 576가지   ④ 648가지

23 A씨와 B씨가 함께 일하면 5일만에 끝나는 일을 A씨가 10일 먼저 일하고, 나머지 일을 B씨가 4일 걸려서 끝냈다고 한다. B씨가 혼자 일하면 며칠이 걸리는가?

① 4일
② 5일
③ 6일
④ 7일

24 농도가 8%인 설탕물 400g에서 물이 증발하였더니 설탕물의 농도가 10%가 되었다. 이때 증발한 물의 양은?

① 50g
② 60g
③ 70g
④ 80g

25 A씨가 만든 16개의 제품 중 4개는 고장이 났다. A씨가 만든 제품 중 3개를 선택할 때, 적어도 1개가 고장 난 제품일 확률은?

① $\dfrac{11}{28}$
② $\dfrac{13}{28}$
③ $\dfrac{15}{28}$
④ $\dfrac{17}{28}$

26 두 지점 A, B 사이를 전기자전거로 왕복하는데 A지점에서 B지점으로 갈 때는 시속 20km로, B지점에서 A지점으로 돌아올 때는 시속 30km로 달려 총 1시간 40분이 걸렸다. 이때, 두 지점 간 거리는 얼마인가?

① 30km
② 25km
③ 20km
④ 15km

PART 01

PART 02

PART 03

PART 04

PART 05

부록

최종점검 모의고사

27 A회사의 작년 전체 직원 수는 800명이다. 올해는 작년에 비해 남직원은 5% 증가하고, 여직원은 3% 감소하여 총 직원 수는 24명 증가했다고 할 때, 올해 남직원의 수는 몇 명인가?

① 620명

② 630명

③ 640명

④ 650명

28 A씨 혼자 일하면 24시간, B씨 혼자 일하면 12시간이 걸리는 일이 있다. 이 일을 A씨와 B씨가 6시간 동안 같이 일한 뒤, A씨가 혼자 일을 끝마치기 위해서는 몇 시간이 필요한가?

① 6시간

② 7시간

③ 8시간

④ 9시간

29 A씨와 B씨는 나란히 자격증 시험을 보러 갔다. A씨가 불합격할 확률은 $\dfrac{2}{5}$이고, B씨가 합격할 확률이 70%일 때, A씨와 B씨 모두 합격할 확률은?

① 39%

② 40%

③ 41%

④ 42%

30 A씨는 정가에서 20% 할인해서 팔아도 원가의 8% 이익을 남기려고 한다. 이때 A씨는 원가의 몇 %를 이익으로 붙여서 정가를 책정해야 하는가?

① 30%

② 35%

③ 40%

④ 45%

31 다음은 적성검사에 응시한 남녀 응시자와 합격자 수를 나타낸 것이다. 이에 대한 설명으로 옳지 않은 것은? (단, 소수 둘째 자리에서 반올림한다.)

<적성검사에 응시한 남녀 응시자와 합격자 수>

구분	응시자	합격자
남자	11,150명	1,920명
여자	4,290명	760명

① 전체 응시자 합격률은 17.4%이다.

② 총 합격자 중 남자 비중은 71.6%이다.

③ 총 응시자 중 여자 비중은 27.8%이다.

④ 응시자 대비 합격자 비중은 남자가 더 높다.

PART 01

PART 02

PART 03

PART 04

PART 05

부록

최종점검 모의고사

32 다음은 전국 도로별 터널에 대한 자료이다. 이에 대한 설명으로 옳지 않은 것은?

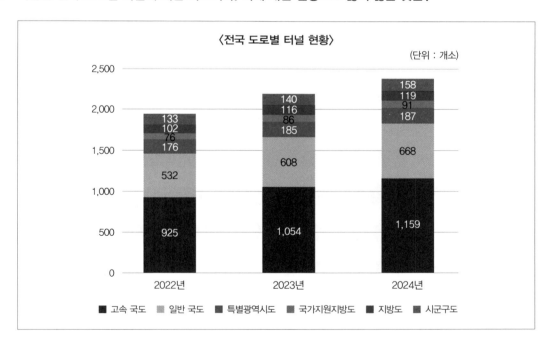

① 2022~2024년 전국 터널 수는 지속해서 증가했다.

② 2023년 대비 2024년 전국 터널 수 증가율은 10% 미만이다.

③ 2022년 전국 터널 수 중 고속 국도와 일반 국도에 있는 터널 수가 70% 이상이다.

④ 2022년 대비 2023년 지방도, 시군구도에 있는 터널 수는 10% 이상 증가했다.

33 다음은 S시 평생교육문화센터의 가을 학기 수강시간표이다. 〈보기〉를 바탕으로 납입할 재료비는 총 얼마인가?

〈S시 평생교육문화센터 가을 학기 수강시간표〉

강좌명	요일	시간	재료비
양말인형 만들기	월/수	10:00~12:00	30,000
프랑스 자수	화/목	10:00~12:00	75,000
가죽 공예	수/목	13:00~15:00	100,000
캘리그라피	월/금	13:00~15:00	40,000

〈보기〉
나는 S시 평생교육문화센터에서 강좌를 몇 개 듣고 있다. 화요일 빼고 모두 문화센터에 가고 있고, 목, 금만 오전 수업이 없다.

① 150,000원 ② 170,000원
③ 190,000원 ④ 210,000원

34 다음은 OECD 주요 국가 박물관 수의 자료이다. 1관당 인구수가 많은 순서로 옳은 것은?

〈OECD 주요 국가 인구수와 박물관 수〉

	인구수	박물관 수
독일	8,200	4,034
일본	13,000	3,492
캐나다	3,100	1,352
프랑스	6,000	1,300
미국	28,000	4,609

■ 인구수(만 명) ■ 박물관 수(관)

① 미국 > 프랑스 > 일본 > 캐나다 > 독일 ② 미국 > 프랑스 > 독일 > 캐나다 > 일본
③ 프랑스 > 미국 > 일본 > 독일 > 캐나다 ④ 프랑스 > 미국 > 캐나다 > 일본 > 독일

PART
01

PART
02

PART
03

PART
04

PART
05

부록

최종점검 모의고사

35 다음은 우리나라 자연재해로 인한 피해액 자료이다. 호우가 차지하는 피해액의 비중을 연도별로
올바르게 나타낸 것은? (단, 소수 둘째 자리에서 반올림한다.)

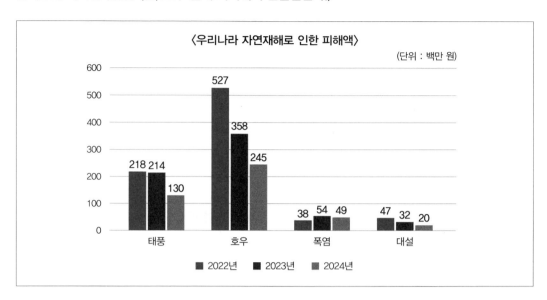

	2022년	2023년	2024년
①	63.5%	54.4%	55.2%
②	64.5%	53.4%	50.2%
③	65.5%	52.4%	45.2%
④	66.5%	51.4%	40.2%

36 다음은 연도별 P제품 수출입 실적이다. 이에 대한 설명으로 옳지 않은 것은?

〈연도별 P제품 수출입 실적〉

(단위 : 백만 달러)

구분	2020년	2021년	2022년	2023년	2024년
수출액	154.7	173.9	183.0	149.8	135.2
수입액	1,067.6	1,175.0	1,182.8	1,373.4	1,335.7

※ 무역수지＝수출액－수입액

① 무역수지 적자가 가장 큰 해는 2023년이다.

② 무역수지 적자폭은 지속적으로 확대되었다.

③ 2020년 대비 2024년 수입액의 증가율은 25% 이상이다.

④ 2024년 수출액의 전년 대비 감소율은 수입액의 전년 대비 감소율보다 크다.

37 다음은 A국 고용보험 피보험자 수에 관한 자료이다. 조사 시기별로 피보험자 수의 증감 추이가 동일한 조직 형태끼리 짝지어진 것은?

<A국 단체별 고용보험 피보험자 수>

(단위 : 명)

구분	2월	4월	6월	8월	10월	12월
개인사업체	156,793	158,708	161,239	164,153	166,528	168,643
회사법인	772,901	769,700	771,198	777,353	779,571	783,378
회사이외법인	50,375	51,175	51,028	53,988	54,322	54,560
비법인단체	629	664	701	710	667	664
지방자치단체	10,175	12,143	13,321	13,789	13,231	12,620

① 개인사업체, 회사이외법인

② 비법인단체, 지방자치단체

③ 회사이외법인, 지방자치단체

④ 회사법인, 비법인단체

38 다음은 주요 국가별 자동차 소비량에 대한 자료이다. 각 국가별 자동차 소비량 비중으로 옳지 않은 것은? (단, 소수점 둘째 자리에서 반올림한다.)

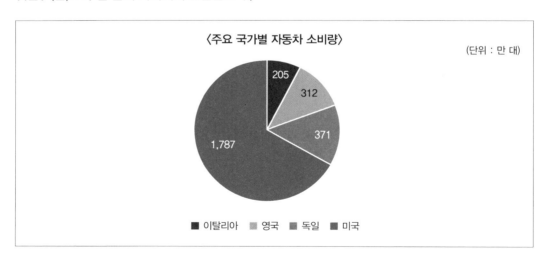

① 이탈리아 : 7.7%

② 영국 : 11.7%

③ 독일 : 13.9%

④ 미국 : 56.8%

PART
01

PART
02

PART
03

PART
04

PART
05

부록

최종점검 모의고사

[39~40] 다음 자료를 보고 물음에 답하시오.

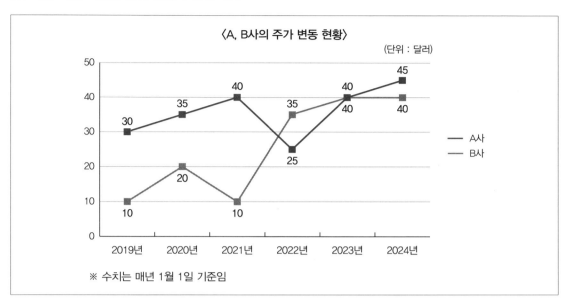

39 자료를 참고할 때, 다음 〈보기〉 중 옳은 것은?

〈보기〉
ㄱ. B사의 2020년 대비 2022년 주가 증가율은 75%이다.
ㄴ. 2019~2024년 두 회사 주가의 최저가 대비 최고가의 증가율은 200%p 이상 차이 난다.
ㄷ. 두 회사의 2019년 대비 2024년 주가 증가율은 6배 차이 난다.
ㄹ. 2021년 이후 두 회사의 주가 증감 추이는 동일하다.

① ㄱ, ㄴ, ㄷ   ② ㄱ, ㄴ, ㄹ
③ ㄱ, ㄷ, ㄹ   ④ ㄴ, ㄷ, ㄹ

40 2019~2024년 두 회사의 연평균 주가는 얼마인가? (단, 소수점 둘째 자리에서 반올림한다.)

① 33.8달러, 23.8달러   ② 34.8달러, 24.8달러
③ 35.8달러, 25.8달러   ④ 36.8달러, 26.8달러

[01~02] 다음 〈조건〉을 참고하여 ?에 들어갈 문자를 고르시오.

〈조건〉

$$\frac{\angle}{} = \frac{\perp\perp}{}$$

01

$$\frac{\cap}{} = \frac{\perp\perp\perp\perp\perp}{} \qquad \frac{\cap\perp\perp}{} = \frac{?}{}$$

① ∠⊥⊥⊥
② ∠∠⊥⊥
③ ∠∠∠⊥
④ ∠∠∠∠

02

$$\frac{ə}{} = \frac{?}{} \qquad \frac{ə\,ə}{} = \frac{\angle\angle\angle\angle\angle}{}$$

① ∩∩
② ⊥∩
③ ∠∩
④ ∩

[03~04] 다음 〈조건〉을 참고하여 ?에 들어갈 문자를 고르시오.

〈조건〉

$$\underline{れ} = \underline{むむ}$$

03

$$\underline{ろ} = \underline{れ} \qquad \underline{?} = \underline{むむむむむむ}$$

① むむむ   ② ろろろ

③ ろむむ   ④ れむむ

04

$$\underline{ら} = \underline{ろむむむ} \qquad \underline{ららろ} = \underline{?}$$

① むむむむむむ   ② ろろむむむむ

③ ろろろろむむ   ④ ろろろろろろ

PART 01

PART 02

PART 03

PART 04

PART 05

부록

최종점검 모의고사

[05~06] 다음 〈조건〉을 참고하여 ?에 들어갈 문자를 고르시오.

〈조건〉

05

① ❛ ❞ ❞

② ❞ ❞ ❞

③ ❛ ❛ ❛

④ ❛ ❛ ❞

06

① ❝ ❝

② ❝ ❜

③ ❛ ❜

④ ❝ ❛

[07~08] 다음 〈조건〉을 참고하여 ?에 들어갈 문자를 고르시오.

〈조건〉

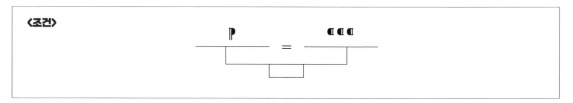

07

① ℙ◖

② ◗◗

③ ℙℙ

④ ℙ◗

08

① ¶¶

② ¶◗

③ ¶ℙ

④ ¶◖

PART 01
PART 02
PART 03
PART 04
PART 05
부록
최종점검 모의고사

[09~10] 다음 〈조건〉을 참고하여 ?에 들어갈 문자를 고르시오.

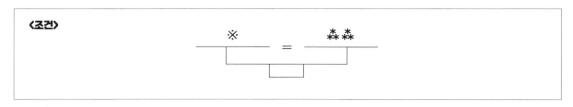

09

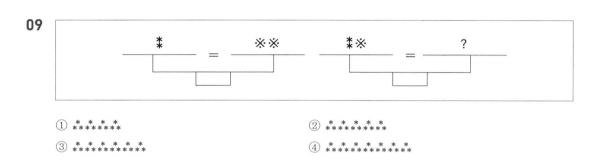

① * * * * *
   * * * * * * * *

② * * * * * *
   * * * * * * * * *

③ * * * * * * * * * *

④ * * * * * * * *
   * * * * * * * * * * *

10

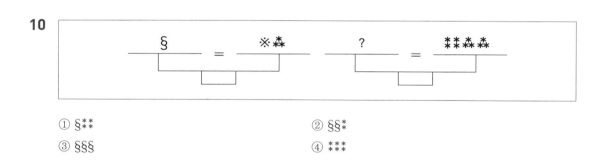

① §**

② §§*

③ §§§

④ ***

[11~12] 다음 〈조건〉을 참고하여 ?에 들어갈 문자를 고르시오.

11

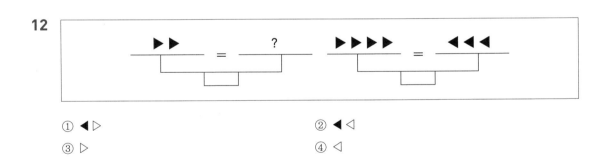

① ▷
② ▷ ◀
③ ◁ ◀
④ ◁ ▷

12

① ◀ ▷
② ◀ ◁
③ ▷
④ ◁

PART 01

PART 02

PART 03

PART 04

PART 05

부록

최종점검 모의고사

[13~14] 다음 〈조건〉을 참고하여 ?에 들어갈 문자를 고르시오.

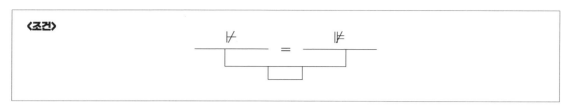

13

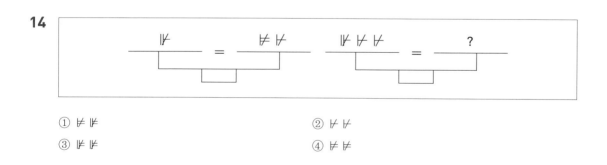

① ⊬ ⊬ ⊬
② ⊬ ⊬ ⊬ ⊬
③ ⊬ ⊬ ⊬ ⊬ ⊬
④ ⊬ ⊬ ⊬ ⊬ ⊬ ⊬

14

① ⊭ ⊮
② ⊬ ⊬
③ ⊮ ⊭
④ ⊭ ⊬

[15~16] 다음 〈조건〉을 참고하여 ?에 들어갈 문자를 고르시오.

〈조건〉

15

① ふ

② ふふ

③ ふふふ

④ ふふふふ

16

① ろろろ

② ろろふ

③ ろふふ

④ ふふふ

PART
01

PART
02

PART
03

PART
04

PART
05

부록

최종점검 모의고사

[17~18] 다음 〈조건〉을 참고하여 ?에 들어갈 문자를 고르시오.

〈조건〉

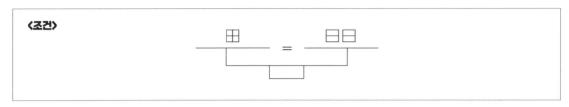

17

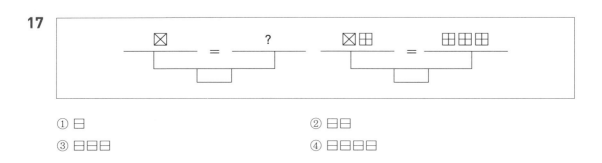

① ▭▭ ② ▭▭▭
③ ▭▭▭ ④ ▭▭▭▭

18

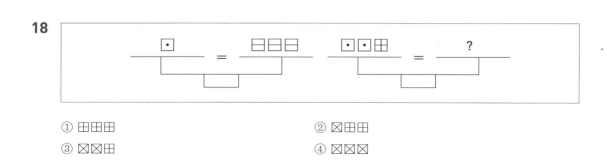

① ⊞⊞⊞ ② ⊠⊞⊞
③ ⊠⊠⊞ ④ ⊠⊠⊠

[19~20] 다음 〈조건〉을 참고하여 ?에 들어갈 문자를 고르시오.

〈조건〉

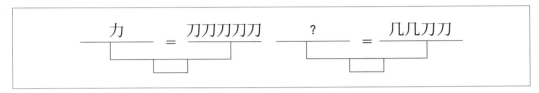

19

② 力力
③ 几几
① 力力
② 力几
③ 几几
④ 刀刀

20

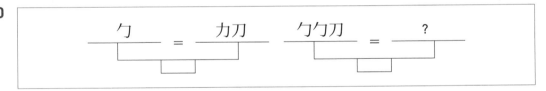

① 几几几
② 力几几
③ 力力几
④ 力力力

PART 01

PART 02

PART 03

PART 04

PART 05

부록

최종점검 모의고사

[21~24] 다음 〈조건〉을 읽고, 〈보기〉가 참인지 거짓인지 혹은 알 수 없는지 고르시오.

21

〈조건〉
- A 사원은 자전거가 없다.
- 자전거가 없는 사람은 걸어서 출퇴근한다.
- 걸어서 출퇴근하는 사람은 달리기를 잘한다.

〈보기〉
A 사원은 달리기를 잘하지 못한다.

① 참   ② 거짓
③ 알 수 없음

22

〈조건〉
- A는 E보다 어리다.
- B는 A와 D보다 어리다.
- D의 나이는 C와 1살 차이 난다.
- E의 나이는 C보다 많지 않다.

〈보기〉
D는 E보다 어리다.

① 참   ② 거짓
③ 알 수 없음

23

〈조건〉
- 딸기를 좋아하면 수박을 좋아하지 않는다.
- 복숭아를 좋아하면 수박을 좋아한다.
- 복숭아를 좋아하지 않으면 오이를 좋아한다.

〈보기〉
딸기를 좋아하면 오이를 좋아한다.

① 참   ② 거짓
③ 알 수 없음

24

〈조건〉
- 어떤 마케팅팀 사원은 사진 찍는 것을 좋아한다.
- 사진 찍는 것을 좋아하는 사원은 여행 동아리 소속이다.
- 여행 동아리 소속 사원은 모두 솔로이다.

〈보기〉
어떤 마케팅팀 사원은 솔로이다.

① 참   ② 거짓
③ 알 수 없음

PART 01
PART 02
PART 03
PART 04
PART 05
부록
최종점검 모의고사

25

> • 어린이는 산타클로스의 존재를 믿는다.
> • (   )
> • A는 산타클로스의 존재를 믿는다.

① A는 어린이다.
② A는 어린이가 아니다.
③ 어린이는 산타클로스의 존재를 믿지 않는다.
④ A는 산타클로스의 존재를 믿지 않는다.

26

> • 이번 신입생 중 중국에 가보지 않은 사람은 없다.
> • (   )
> • 어떤 중문과 학생은 중국에 가봤다.

① 어떤 신입생은 중문과 학생이 아니다.
② 어떤 중문과 학생도 신입생이 아니다.
③ 모든 신입생은 중문과 학생이다.
④ 어떤 신입생은 중문과 학생이다.

27

> • 어휘력이 풍부한 사람은 발표를 잘한다.
> • 책을 좋아하는 사람은 어휘력이 풍부하다.
> • (   )

① 어휘력이 풍부하지 않은 사람은 발표를 잘하지 못한다.
② 책을 좋아하지 않는 사람은 어휘력이 풍부하지 않다.
③ 책을 좋아하는 사람은 발표를 잘한다
④ 발표를 잘하는 사람은 어휘력이 풍부하다.

28

- 지혜로운 사람은 행복하다.
- 덕을 가진 사람은 지혜롭다.
- (   )

① 지혜롭지 않으면 행복하지 않다.　② 덕을 가진 사람은 행복하다.

③ 행복한 사람은 지혜롭다.　④ 지혜로운 사람은 덕을 가졌다.

[29~34] 다음 〈조건〉을 바탕으로 추론할 수 있는 것을 고르시오.

29

〈조건〉
- A~E 5명 중 가위바위보에서 진 사람이 노래방 비용을 지불한다.
- A는 보를 냈다.
- B는 C와는 같은 것을, D, E와는 다른 것을 냈다.
- D와 E는 서로 다른 것을 냈으며, 둘 다 가위는 내지 않았다.
- 단판으로 승부가 나지 않을 경우 C가 노래방 비용을 지불한다.
- 가위바위보에 진 사람이 두 명 이상일 경우 노래방 비용을 나눠서 지불한다.

① D는 항상 보자기를 낸다.　② E는 항상 바위를 낸다.

③ C가 노래방 비용을 지불한다.　④ 노래방 비용을 나눠서 지불한다.

30

〈조건〉
- A~H 8명을 키가 작은 사람부터 순서대로 나열한다.
- A보다 큰 사람은 B와 G뿐이다.
- D보다 작은 사람은 3명이 있다.
- E는 F보다 작지만 H보다 크다.
- G는 가장 큰 사람이 아니다.
- H는 C 바로 다음으로 크다.

① E는 H 바로 다음으로 크다.　② D는 H 바로 다음으로 크다.

③ F보다 큰 사람은 4명이 있다.　④ C는 가장 작은 사람이 아니다.

PART 01
PART 02
PART 03
PART 04
PART 05
부록
최종점검 모의고사

31

〈조건〉
- 추리소설을 좋아하는 사람은 아침 일찍 일어난다.
- 달리기가 빠른 사람은 아침에 늦게 일어난다.
- 추위를 많이 타는 사람은 달리기가 빠르다.

① 추리소설을 좋아하는 사람은 달리기가 빠르다.
② 추위를 많이 타는 사람은 추리소설을 좋아하지 않는다.
③ 추리소설을 좋아하는 사람은 추위를 많이 탄다.
④ 아침 일찍 일어나는 사람은 추리소설을 좋아하지 않는다.

32

〈조건〉
- 주중에 국어, 수학, 영어, 한국사, 탐구 중 하루에 한 과목씩 복습한다.
- 국어는 수요일에 복습한다.
- 영어보다 수학을 먼저 복습한다.
- 국어보다 한국사를 먼저 복습한다.
- 영어를 복습한 다음 날에는 탐구를 복습하지 않는다.

① 금요일에는 영어를 복습하지 않는다.
② 수학은 항상 탐구보다 먼저 복습한다.
③ 월요일에는 한국사를 복습하지 않는다.
④ 월요일에 수학을 복습하면, 목요일에 탐구를 복습한다.

33

<조건>
- 커피를 좋아하면 우유를 좋아하지 않는다.
- 케이크를 좋아하면 허브티를 좋아한다.
- 스무디를 좋아하지 않으면 케이크를 좋아한다.
- 쿠키를 좋아하면 허브티를 좋아하지 않는다.
- 커피를 좋아하지 않으면 스무디를 좋아하지 않는다.

① 커피를 좋아하지 않으면 케이크를 좋아하지 않는다.
② 케이크를 좋아하면 허브티를 좋아하지 않는다.
③ 허브티를 좋아하지 않으면 우유를 좋아한다.
④ 쿠키를 좋아하면 스무디를 좋아한다.

34

<조건>
- A는 가죽공예를 신청하였다.
- 초급꽃꽂이를 신청하지 않았다면 기초인문학을 신청하였다.
- 아크릴화를 신청하지 않았다면 가죽공예를 신청하지 않았다.
- 동양철학을 신청했다면 기초인문학을 신청하지 않았다.
- 아크릴화를 신청했다면 초급꽃꽂이를 신청하지 않았다.

① A는 기초인문학과 아크릴화도 신청하였다.
② A는 초급꽃꽂이와 기초인문학을 신청하지 않았다.
③ A는 아크릴화를 신청하지 않았다.
④ A는 동양철학을 신청하였다.

PART 01
PART 02
PART 03
PART 04
PART 05
부록
최종점검 모의고사

35 다음 A~E 5명의 진술 중 1명이 참이고 비품을 가져간 사람은 1명일 때, 추론할 수 있는 것을 고르시오.

> - A : C가 범인입니다.
> - B : 나는 절대로 비품을 가져가지 않았습니다.
> - C : D가 비품을 가져가는 것을 봤습니다.
> - D : C의 말은 거짓말입니다.
> - E : B는 비품을 가져간 사람이 아닙니다.

① A의 진술은 참이다.

② C의 진술은 참이다.

③ 비품을 가져간 사람은 B이다.

④ 비품을 가져간 사람은 D이다.

36 다음 A~F 6명의 진술 중 1명이 거짓이고 가장 먼저 퇴근한 사람은 C일 때, 추론할 수 있는 것을 고르시오.

> - A : 나는 E가 퇴근하기 직전에 갔어.
> - B : 나는 C보다는 늦게, D보다는 먼저 퇴근했어.
> - C : E가 가장 늦게 퇴근했어.
> - D : 나는 5번째로 퇴근했어.
> - E : C의 말은 사실이야.
> - F : 나는 D보다 늦게 퇴근했어.

① F는 D보다 먼저 퇴근했다.

② A는 F가 퇴근한 다음 퇴근했다.

③ D는 E가 퇴근하기 직전에 퇴근했다.

④ B와 E 사이에 퇴근한 사람은 2명이다.

PART
01

PART
02

PART
03

PART
04

PART
05

부록

최종점검 모의고사

[37~38] 일정한 규칙에 따라 수를 나열할 때, 빈칸에 들어갈 수로 적절한 것을 고르시오.

37

5 6 9 14 21 30 ( ) 54

① 37 ② 41
③ 47 ④ 51

38

1   2 4   3 9 27   4 16 64 ( )

① 32 ② 64
③ 128 ④ 256

[39~40] 일정한 규칙에 따라 문자를 나열할 때, 빈칸에 들어갈 문자로 적절한 것을 고르시오.

39

A B F ( ) U V

① T ② S
③ G ④ H

40

ㅑ ㅕ ㅓ ㅛ ( ) ㅣ

① ㅜ ② ㅠ
③ ㅗ ④ ㅡ

[01~03] 제시된 문자와 동일한 문자를 〈보기〉에서 찾아 고르시오. (단, 제일 왼쪽의 문자를 ①이라고 한다.)

〈보기〉

01

①   ②

③   ④

02

①   ②

③   ④

03

①   ②

③   ④

[04~07] 제시된 문자와 동일한 문자를 〈보기〉에서 찾아 고르시오. (단, 제일 왼쪽의 문자를 첫 번째라고 한다.)

〈보기〉
◨   ⊠   ⊡   ◩   ▣   ⎔

04

◩

① 첫 번째   ② 두 번째
③ 세 번째   ④ 네 번째

05

⊠

① 두 번째   ② 세 번째
③ 네 번째   ④ 다섯 번째

06

▣

① 세 번째   ② 네 번째
③ 다섯 번째   ④ 여섯 번째

07

⊡

① 두 번째   ② 세 번째
③ 네 번째   ④ 다섯 번째

PART 01
PART 02
PART 03
PART 04
PART 05
부록
최종점검 모의고사

08 제시된 문자와 다른 것을 고르시오.

웬앱않잊완웨없엇앤

① 웬앱않잇완웨없엇앤　　　　　② 웬앱않잊완웨없엇앤

③ 웬앱않잊완웨없엇앤　　　　　④ 웬앱않잊완웨없엇앤

[09~10] 다음 제시된 좌우 문자를 비교하여 같으면 ①을, 다르면 ②를 고르시오.

09

① 같다　　　　　　　　　　② 다르다

10

① 같다　　　　　　　　　　② 다르다

[11~14] 다음 중 제시된 도형과 같은 도형을 고르시오.

11

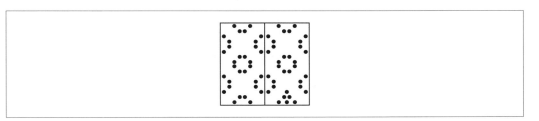

① 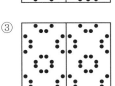　　　②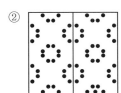

③ 　　　④

12

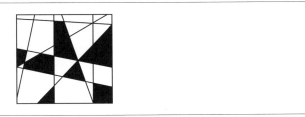

① 　　　②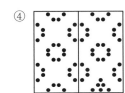

③ 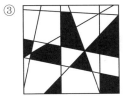　　　④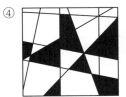

PART 01
PART 02
PART 03
PART 04
PART 05
부록

최종점검 모의고사

13

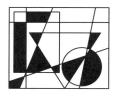

①    ②

③    ④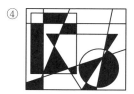

14

①    ②

③ 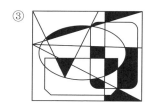   ④

[15~17] 다음 중 제시된 도형과 다른 도형을 고르시오. (단, 도형은 회전할 수 있다.)

15

①

②

③

④

16

①

②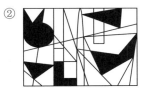

③

④

PART
01

PART
02

PART
03

PART
04

PART
05

부록

최종점검 모의고사

17

①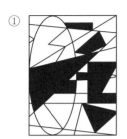

②

③

④

[18~20] 다음 중 나머지 도형과 다른 것을 고르시오.

18

①　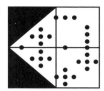

②

③

④

19

①

②

③

④

20

①　

②

③

④

PART 01
PART 02
PART 03
PART 04
PART 05
부록
최종점검 모의고사

[21~30] 다음 블록의 개수는 몇 개인지 고르시오. (단, 보이지 않는 곳의 블록은 있다고 가정한다.)

21

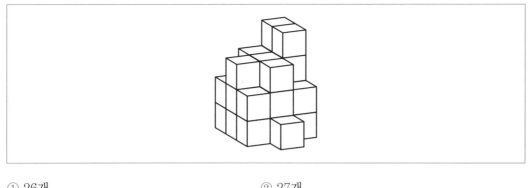

① 26개　　　　　　　　　　② 27개

③ 28개　　　　　　　　　　④ 29개

22

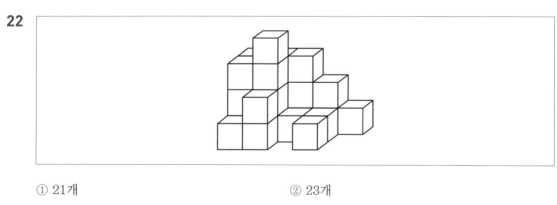

① 21개　　　　　　　　　　② 23개

③ 25개　　　　　　　　　　④ 27개

23

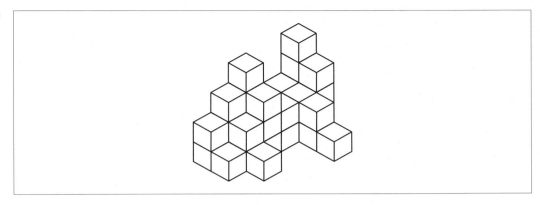

① 34개   ② 35개

③ 36개   ④ 37개

24

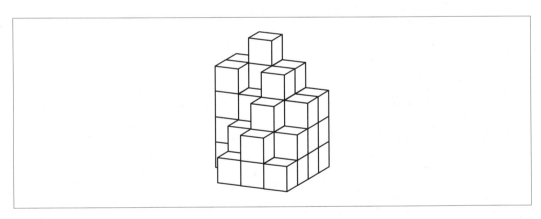

① 39개   ② 40개

③ 41개   ④ 42개

PART 01

PART 02

PART 03

PART 04

PART 05

부록

최종점검 모의고사

25

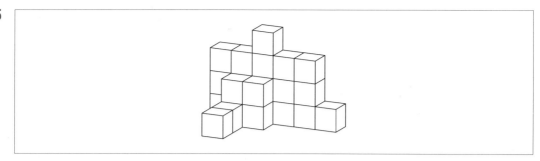

① 21개   ② 22개

③ 23개   ④ 24개

26

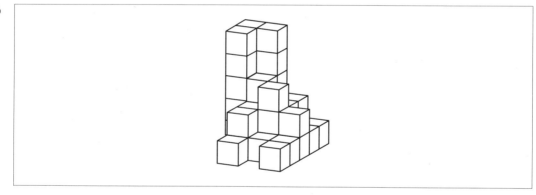

① 31개   ② 33개

③ 35개   ④ 37개

27

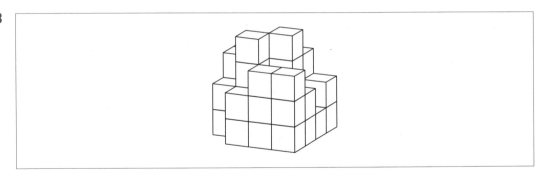

① 69개   ② 71개
③ 73개   ④ 75개

28

① 38개   ② 40개
③ 42개   ④ 44개

PART 01
PART 02
PART 03
PART 04
PART 05
부록

최종점검 모의고사

29

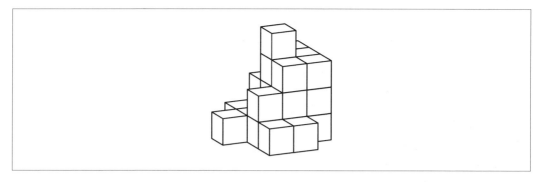

① 23개　　　　　　　　　　② 24개
③ 25개　　　　　　　　　　④ 26개

30

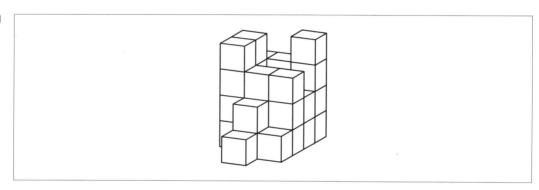

① 28개　　　　　　　　　　② 30개
③ 32개　　　　　　　　　　④ 34개

31

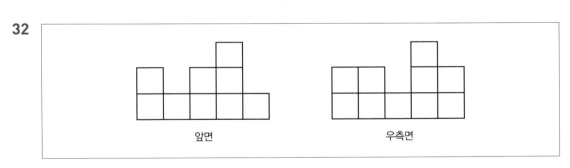

① 14개   ② 16개

③ 18개   ④ 20개

32

① 34개   ② 36개

③ 38개   ④ 40개

33

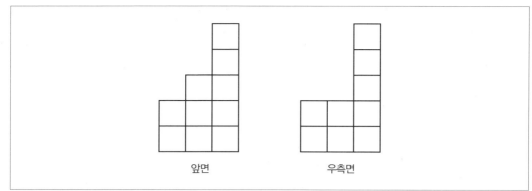

앞면   우측면

① 22개   ② 24개
③ 26개   ④ 28개

34

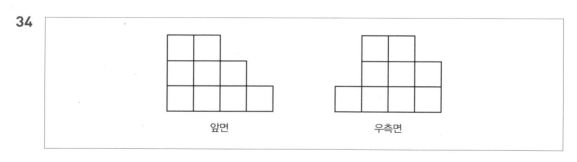

앞면   우측면

① 26개   ② 27개
③ 28개   ④ 29개

35

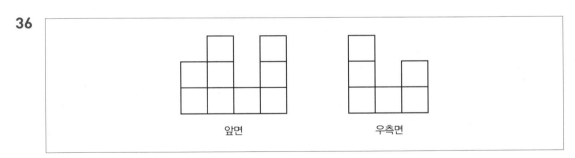

앞면   우측면

① 16개   ② 17개
③ 18개   ④ 19개

[36~40] 다음은 쌓아 놓은 블록을 앞과 오른쪽에서 본 모양이다. 입체도형으로 만들기 위해서 최소로 필요한 블록의 개수는?

36

앞면   우측면

① 8개   ② 9개
③ 10개   ④ 11개

PART 01
PART 02
PART 03
PART 04
PART 05
부록

최종점검 모의고사

37

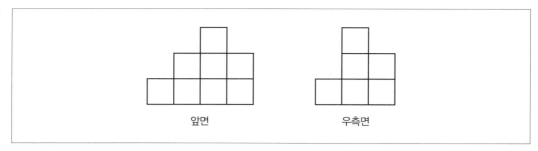

앞면   우측면

① 8개   ② 9개
③ 10개   ④ 11개

38

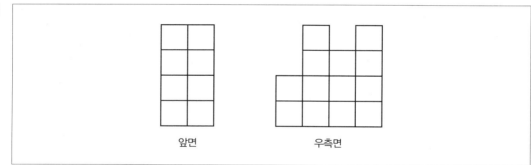

앞면   우측면

① 11개   ② 13개
③ 15개   ④ 17개

39

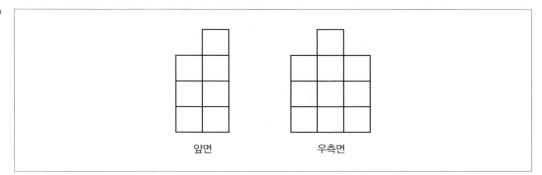

앞면　　　　　　　우측면

① 10개　　　　　　　② 11개
③ 12개　　　　　　　④ 13개

40

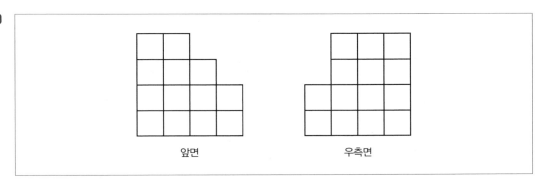

앞면　　　　　　　우측면

① 15개　　　　　　　② 16개
③ 17개　　　　　　　④ 18개

PART
01

PART
02

PART
03

PART
04

PART
05

부록

최종점검 모의고사

부록

입사 지원
가이드

CHAPTER 01 블라인드 채용 안내

블라인드 채용

1. 블라인드 채용 의의

① 채용에서 평등하게 기회가 보장되고, 공정한 과정을 통해 누구나 당당하게 실력으로 경쟁할 기회를 보장받아야 함
② 채용 과정(입사 지원서 · 면접) 등에서 편견이 개입되어 불합리한 차별을 야기할 수 있는 출신지, 가족관계, 학력, 외모 등 항목을 제거하고, 직무능력만을 평가하여 인재를 채용하는 방식
　ㄱ 서류전형 : 서류전형이 없거나(공무원) 블라인드 지원서(편견을 야기하는 항목 삭제)를 제출
　ㄴ 면접전형 : 블라인드 오디션, 블라인드 면접 등

(1) 블라인드 채용의 특징

① 편견을 유발하는 요인을 최대한 배제
② 직무능력을 중심으로 평가
③ 직무에 적합한 인재 채용 기대
④ 면접관의 주관이 배제된 공정한 형태

(2) 블라인드 채용의 평가 요소

기존의 채용 평가 요소	블라인드 채용 평가 요소
인적 속성이 개입됨 (출신 지역, 학교, 나이, 성별, 외모)	직무능력 중심평가

2. 입사 지원서 작성 시 주의사항

채용 과정에서 개인을 특정 · 유추할 수 있는 정보 기재 시 블라인드 기준 위배로 탈락할 수 있으니 주의하여 작성해야 함

(1) 입사 지원서에 기재하면 안 되는 사항

① 출신 지역
② 가족관계 및 결혼 여부

③ 재산

④ 취미 및 특기

⑤ 종교

⑥ 개인정보(성별, 사진, 신장, 체중)

⑦ 생년월일(나이)

⑧ 학교명, 추천인 등

PART
01

PART
02

PART
03

PART
04

PART
05

부록

입사 지원 가이드

> ※ 하지만 채용 직무를 수행할 때 필요하다고 인정되는 사항은 제외함
> • 특수경비직 채용 시 → 시력, 과거 질병 이력과 같은 건강 정보를 요구하는 경우
> • 연구직 채용 시 → 논문 및 학위와 같은 학력 정보를 요구하는 경우

(2) 입사 지원서에 기재 가능한 사항

① 기업명 포함 산업 분야

② 지원 부서 및 직무

③ 자신의 전공 및 어학, 자격 사항

3. 블라인드 면접 시 유의사항

① 면접관에게 출신 지역, 가족관계, 학교명 등 인적 사항 정보 제공 금지

② 면접관 또한 응시자의 인적 사항에 관한 질문 금지

③ 인적 사항 관련 정보를 제공하는 경우에는 채용 과정에서 불이익을 받을 수 있음

4. 블라인드 채용의 효과

(1) 구성원의 다양성과 창의성을 통한 기업경쟁력 강화

① 직무능력 중심으로 선발하기 때문에 구성원의 능력을 기대할 수 있음

② 구성원 간의 다양한 생각과 의견을 통해 기업의 창의성 또한 강화할 수 있음

(2) 직무에 적합한 인재 선발을 통한 기업과 구성원의 만족도 증가

① 직무에 적합한 인재가 선발되면 직무이해도가 높아지며 업무효율도 높아짐

② 능력 위주 선발을 통해 직무에 적합한 지원자를 모집할 수 있음

(3) 채용의 공정성을 통한 기업의 이미지 제고

① 사회적 편견을 최대한 배제하는 인재 선발 방법으로 기업에 대한 사회적 인식 제고

② 지원자들은 평등한 기회를 얻을 수 있고 공정한 선발 과정을 경험할 수 있음

1. 능력 중심 채용에 적합한 입사 지원서 작성

인적 사항	성명, 연락처, 지원 분야 등 작성 ※ '2. 입사 지원서 작성 시 주의사항'을 참고하여 작성
교육 사항	직무 관련 지식과 관련된 학교 교육 및 직업교육 작성
자격 사항	직무와 관련된 국가공인자격증 또는 민간자격증 작성
경력 및 경험 사항	조직에 소속되어 일정한 임금을 받거나(경력사원인 경우), 직무와 관련된 활동(예 인턴, 체험 활동 등) 내용 작성

(1) 인적 사항

① 기관의 특성에 따라 필기전형, 면접전형 혹은 입사 시 지원자를 구별하는 데 필요한 항목으로, 최소한의 정보만을 요구함

② 성명, 주소, 연락처, 지원 분야 등을 작성

(2) 교육 사항

① 지원 분야의 직무와 관련된 학교교육이나 직업교육 혹은 기타교육 등 직무에 대한 직무에 대한 지원자의 관심, 학습 여부 등을 평가하기 위한 항목

② 직무와 관련된 학교교육이나 직업교육, 기타교육 등을 작성

→ 기타교육 : 학교 이외의 기관에서 개인이 이수한 교육과정 중 지원 분야의 직무와 관련이 있다고 생각되는 교육 내용

(3) 자격 사항

① 채용공고에 제시한 자격 현황을 토대로 지원자가 직무수행능력을 갖추고 있는지 판단하기 위한 항목

② 직무와 관련하여 보유하고 있는 국가 공인 기술 · 전문 · 민간자격증을 작성

(4) 경력 및 경험 사항

① 자기소개서를 통해서 직무와 관련된 경력이나 경험 여부를 작성하도록 하여, 관련 능력을 갖추었는지 확인하기 위한 항목

② 조직에 소속되어 일정한 임금을 받거나(경력), 임금 없이 직무와 관련된 활동(경험)을 했던 내용을 작성

㉠ 경력 : 금전적 보수를 받고 일정 기간 일했던 경우를 의미함

㉡ 경험 : 금전적 보수를 받지 않고 수행한 활동을 의미함

※ 단, 기업에 따라 경력 및 경험 관련 증빙자료를 요구할 수 있음

PART
01

PART
02

PART
03

PART
04

PART
05

부록

입사 지원 가이드

TIP **지원서 작성 시 주의사항**

• 인적 사항 최소화하기 : 개인의 인적 사항, 학교명, 가족관계 등을 노출하지 않도록 유의

> **부적절한 입사 지원서 작성 예시**
> - 학교 이메일을 기입하는 것 → 학교명 노출에 해당
> - 거주지 주소에 학교 기숙사 주소를 기입하는 것 → 학교명 노출에 해당
> - 자기소개서에 부모님이 재직 중인 기업명, 직위, 직업을 기입하는 것 → 가족관계 노출에 해당
> - 자기소개서에 석·박사 과정에 관한 이야기를 언급하는 것 → 학력 노출에 해당
> - 특정 학교의 동아리 활동에 관한 내용을 적는 것 → 학교명 노출에 해당

2. 자기소개서 작성 방법

(1) 좋은 자기소개서를 쓰는 방법

① 직무를 확실하게 정한 후 작성하기 : 직무를 애매하게 작성한 자기소개서는 지원자의 신뢰성을 떨어트림

② 자기소개서 문항에 내포된 평가 역량 추측하기

> **예** • 팀 활동을 하면서 구성원들과 갈등이 발생했을 때, 이를 극복했던 경험에 대해 작성하시오.
>   → 응시자의 대인 관계능력 및 문제해결능력을 파악하기 위함
> • 자신의 장점과 단점에 대하여 작성하시오.
>   → 응시자의 자기반성능력 및 문제해결능력, 성장 가능성을 파악하기 위함
> • 기타 학창 시절 및 개인 경험에 관련된 질문
>   → 응시자의 가치관 및 기업의 인재상과 부합하는지 파악하기 위함

③ 직무에 필요할 것 같은 역량을 세 가지 생각해 보기

> **예** 기술 직무(정확성, 신속성, 분석능력), 인사 직무(커뮤니케이션능력, 정확성, 대인관계능력 등)

④ 세 가지 역량을 토대로 키워드 선정하기

> **예** 인사 직무(대인관계능력의 키워드 '협동심', 정확성의 키워드 '계산능력')

⑤ 키워드를 바탕으로 한 경험 생각하기

⑥ 구체적인 경험을 제시하기

(2) 자기소개서의 성격 장·단점

① 장·단점 질문 의도

　㉠ 자기 객관화를 할 수 있는 이성적인 인재인지 파악하기 위함

　㉡ 해당 기업이 추구하는 인재상과 부합하는 인재인지 파악하기 위함

② 작성 방법
  ㉠ 도식화를 통한 자기 객관화
    • 도식화를 통해 자신의 장·단점을 파악할 수 있음
    • 장·단점에 해당하는 구체적인 경험 제시하기
  ㉡ 단점을 솔직하게 인정하기
  ㉢ 구체적인 사례를 활용하여 작성하면 단점을 객관적으로 파악하고 극복하기 위해 노력할 수 있는 인재임을 어필할 수 있음

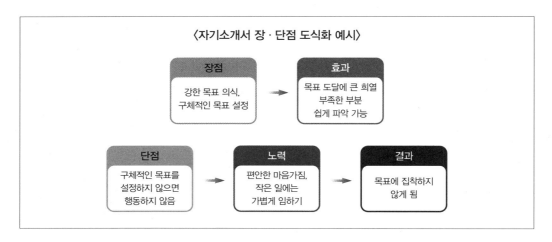

〈자기소개서 장·단점 도식화 예시〉

(3) 주의사항
  ① 급한 연락을 받을 수 있도록 연락 가능한 번호를 2개 이상 기재하기
  ② 거짓 정보는 채용 기회 박탈의 불이익이 주어질 수 있음

TIP 자기소개서 작성 체크 리스트

☐ 회사 이름 및 지원 분야를 확인하였다.
☐ 기업의 방향성 및 비전에 대해 파악하였다.
☐ 두괄식으로 작성하였다.
☐ 구체적인 사례를 활용하였다.
☐ 해당 직무의 핵심역량을 강조하였다.
☐ 인터넷 용어, 이모티콘 등을 사용하지 않았다.
  예 알바 → 아르바이트, 야자 → 야간 자율학습, 과목명(과탐, 사탐 → 과학 탐구, 사회 탐구, 생윤 → 생활과 윤리) 등
☐ 오탈자 및 맞춤법이 틀린 단어가 없는지 점검하였다.
☐ 거짓 정보나 허위사실 및 과장된 정보를 적지 않았다.

PART
01

PART
02

PART
03

PART
04

PART
05

부록

입사 지원 가이드

TOPIC 03 면접 시 유의사항

1. 인성 면접

(1) 인성 면접의 목적

① 지원자의 성격 및 역량을 파악하기 위함

② 지원자의 대답을 통해 상황 대처 능력을 파악하기 위함

> **TIP 면접 시 모르는 질문을 받았을 경우**
>
> • 질문에 대해 알고 있는지도 평가하지만, 질문에 대처하는 태도를 더욱 중요하게 평가함
> • 모르는 질문을 받더라도 당황하지 않고 자신감 있는 모습으로 대답하는 것이 중요함

(2) 면접 시 갖춰야 할 태도

① 질문을 들을 때에도 시선은 면접관을 향하기

　㉠ 적극적인 자세를 통해 회사에 대한 열정을 보여줄 수 있음

　㉡ 면접관과 눈을 마주치고 반응을 확인하면서 유연하게 대처할 수 있음

　㉢ 산만한 행동(예 머리를 계속 만지는 행동, 손톱을 뜯는 행동 등)은 주의력을 떨어트릴 수 있으니
　　조심해야 함

② 대답할 때에도 고개를 숙이거나 손가락을 만지는 소극적인 태도는 피하기

　㉠ 밝고 자신감 있는 태도를 유지하며 적극적인 태도를 보여주어야 함

　㉡ 목소리가 작고 발음이 부정확하면 부정적인 인상을 심어줄 수 있으므로 크고 정확한 목소리로
　　자신 있게 말해야 함

③ 자기소개서 내용을 기본으로 암기하고 관련지어 대답하기

　㉠ 자기소개서와 다른 내용은 지원자에 대한 신뢰감을 떨어트릴 수 있음

　㉡ 지원자의 일관되고 바른 자세를 보여주어야 함

2. 인성 면접 시 준비사항

(1) 준비사항

① 면접장 위치, 교통편, 소요 시간 확인하기

② 옷, 구두 혹은 신발 상태 점검하기

③ 이력서와 기타 제출 서류 챙기기

　예 학교장 추천이라면 추천서, 혹은 그 외의 필수 서류 챙기기

(2) 차림새 점검하기

① 깨끗한 교복 혹은 깔끔한 정장을 입기

② 교복을 입는다면 명찰, 리본(혹은 넥타이)을 단정하게 착용

③ 과한 화장은 부정적 인식을 줄 수 있음

④ 최소한의 악세사리 착용

⑤ 헤어 스타일은 단정하게 하기

T I P   면접 전 하면 좋은 행동

- 지원 회사에 대한 사전지식 알아가기
  - 회사의 홈페이지나 기사를 통해 회사가 원하는 신입사원의 인재상, 회사의 경영이념 · 핵심가치 등 파악하기
- 충분한 수면 취하기
  - 충분한 휴식을 통해 긴장감을 풀 수 있도록 해야 함
- 면접 전 인터넷 기사 읽기
  - 뉴스, 기사, 이슈(특히 경제면, 정치면, 문화면)가 질문에 있을 가능성이 있으므로 유의해서 읽어볼 필요가 있음

CHAPTER 02 삼성 그룹 알아두기

1. 삼성의 경영철학

(1) 인재와 기술을 바탕으로
① 인재육성과 기술우위 확보를 경영의 원칙으로 삼는다.
② 인재와 기술의 조화를 통하여 경영전반의 시너지 효과를 증대한다.

(2) 최고의 제품과 서비스를 창출하여
① 고객에게 최고의 만족을 줄 수 있는 제품과 서비스를 창출한다.
② 동종업계에서 세계 1군의 위치를 확보한다.

(3) 인류사회에 공헌한다.
① 인류의 공동이익과 풍요로운 삶을 위해 기여한다.
② 인류공동체 일원으로서의 사명을 다한다.

2. 삼성의 핵심가치

인재 제일	'기업은 사람이다.'라는 신념을 바탕으로 인재를 소중히 여기고 마음껏 능력을 발휘할 수 있는 기회의 장을 만들어 갑니다.
최고 지향	끊임없는 열정과 도전정신으로 모든 면에서 세계 최고가 되기 위해 최선을 다합니다.
변화 선도	변화하지 않으면 살아남을 수 없다는 위기의식을 가지고 신속하고 주도적으로 변화와 혁신을 실행합니다.
정도 경영	곧은 마음과 진실되고 바른 행동으로 명예와 품위를 지키며 모든 일에 있어서 항상 정도를 추구합니다.
상생 추구	우리는 사회의 일원으로서 더불어 살아간다는 마음을 가지고 지역사회, 국가, 인류의 공동 번영을 위해 노력합니다.

3. 삼성의 경영원칙

(1) 법과 윤리를 준수한다.

① 개인의 존엄성과 다양성을 존중한다.
  - ㉠ 모든 사람의 기본적인 인권을 존중한다.
  - ㉡ 강제노동, 임금착취 및 어린이 노동 등은 어떠한 경우에도 허용하지 않는다.
  - ㉢ 고객, 종업원 등 모든 이해관계자에 대해 국적, 인종, 성별, 종교 등에 따른 차별을 하지 않는다.

② 법과 상도의에 따라 공정하게 경쟁한다.
  - ㉠ 국가와 지역사회의 각종 법규를 지키고, 시장경쟁질서를 존중하며 정당한 방법으로 경쟁한다.
  - ㉡ 상도의에 벗어난 부정한 방법으로 부당한 이득을 취하지 않는다.
  - ㉢ 사업활동에 있어서 대가성 선물이나 뇌물, 향응을 주고 받지 않는다.

③ 정확한 회계기록을 통해 회계의 투명성을 유지한다.
  - ㉠ 모든 이해관계자들이 사업활동을 객관적으로 이해할 수 있도록 회사의 모든 거래를 정확하게 기록하고 관리한다.
  - ㉡ 각국의 회계관련 법규 및 국제적으로 통용되는 회계기준을 준수한다.
  - ㉢ 법이 정하는 바에 따라 회사의 재무적 변동 등 경영상의 주요사항 및 기업정보를 성실하게 공시한다.

④ 정치에 개입하지 않으며 중립을 유지한다.
  - ㉠ 개인의 참정권과 정치적 의사를 존중하되, 회사 내에서는 정치활동을 하지 않는다.
  - ㉡ 회사의 자금, 인력, 시설 등을 정치적 목적으로 사용하지 않는다.
  - ㉢ 불법적인 기부금 등 금품을 제공하지 않는다.

(2) 깨끗한 조직문화를 유지한다.

① 모든 업무 활동에서 공과 사를 엄격히 구분한다.
  - ㉠ 회사와 개인의 이해가 상충하는 경우, 회사의 합법적 이익을 우선으로 한다.
  - ㉡ 회사의 재산과 자신의 직위를 이용하여 사적인 이익을 도모하지 않으며, 회사 자산의 횡령, 유용 등 일체의 부정행위를 하지 않는다.
  - ㉢ 직무상 취득한 정보를 이용하여 주식의 매매 등 유가증권에 관한 거래를 하지 않는다.

② 회사와 타인의 지적 재산을 보호하고 존중한다.
  - ㉠ 내부의 지적 재산, 기밀 정보는 사전 허가나 승인없이 외부에 유출하지 않는다.
  - ㉡ 타인의 지적 재산을 존중하여 무단사용, 복제, 배포, 변경 등 일체의 침해 행위를 하지 않는다.

③ 건전한 조직 분위기를 조성한다.
  - ㉠ 성희롱이나 금전거래, 폭력 등 건전한 동료관계를 해치는 일체의 언행을 하지 않는다.
  - ㉡ 조직 내 위화감을 야기하는 파벌을 형성하거나 사조직을 결성하지 않는다.
  - ㉢ 상호 신뢰와 원활한 의사소통을 바탕으로 공존공영의 노사관계를 구축한다.

(3) 고객, 주주, 종업원을 존중한다.

① 고객만족을 경영활동의 우선적 가치로 삼는다.

　㉠ 고객의 요구와 기대에 부응하는 제품과 서비스를 적기에 제공한다.

　㉡ 진실한 마음과 친절한 태도로 고객을 대하며, 고객의 제안과 불만을 겸허하게 수용한다.

　㉢ 고객의 명예와 정보를 존중하고 보호한다.

② 주주가치 중심의 경영을 추구한다.

　㉠ 합리적인 투자와 경영효율 향상 등을 통해 주주에게 장기적 이익을 제공한다.

　㉡ 건실한 경영활동을 통하여 안정적인 수익을 창출하고 기업의 시장 가치를 제고한다.

　㉢ 주주의 권리와 정당한 요구 및 의사를 존중한다.

③ 종업원의 「삶의 질」 향상을 위해 노력한다.

　㉠ 모든 종업원에게 동등한 기회를 제공하고, 능력과 성과에 따라 공정하게 대우한다.

　㉡ 종업원들의 끊임없는 자기계발을 권장하며 업무 수행상 필요한 역량 향상을 적극 지원한다.

　㉢ 자율적이고 창의적으로 일할 수 있는 근무환경을 조성한다.

(4) 환경 · 안전 · 건강을 중시한다.

① 환경친화적 경영을 추구한다.

② 인류의 안전과 건강을 중시한다.

　㉠ 안전과 관련된 국제기준, 관계법령, 내부규정 등을 준수한다.

　㉡ 안전수칙을 준수하고 쾌적한 근무환경을 조성하여 안전사고를 예방한다.

　㉢ 인류의 건강과 안전에 해를 끼칠 수 있는 제품이나 서비스를 제공하지 않도록 노력한다.

(5) 글로벌 기업시민으로서 사회적 책임을 다한다.

① 기업시민으로서 지켜야 할 기본적 책무를 성실히 수행한다.

　㉠ 지역사회의 일원으로 책임과 의무를 다하여 회사에 대한 신뢰를 높이도록 노력한다.

　㉡ 안정적인 고용창출을 위해 노력하며, 조세납부의 책임을 성실하게 이행한다.

② 현지의 사회 · 문화적 특성을 존중하고 상생을 실천한다.

　㉠ 지역사회의 법, 문화와 가치관을 존중하고 지역주민의 삶의 질 향상에 기여한다.

　㉡ 학문과 예술, 문화, 체육 등 각 분야의 공익활동을 통해 건전한 사회발전을 도모한다.

　㉢ 자원봉사, 재난구호 등 사회봉사활동에 적극 참여한다.

③ 사업 파트너와 공존공영의 관계를 구축한다.

　㉠ 사업 파트너와 상호 신뢰의 기반 위에서 호혜적인 관계를 형성하고 사업파트너를 전략적 동반자로 인식한다.

　㉡ 합법적 지원을 통해 협력업체의 경쟁력을 강화하고 공동의 발전을 추구한다.

PART 01

PART 02

PART 03

PART 04

PART 05

부록

입사 지원 가이드

CHAPTER 03 인성검사

TOPIC 01 인성검사 시 유의사항

1. 인성검사의 의의

① 지원자가 기업의 인재상과 얼마나 유사한지 판단하고, 지원한 업무와의 적합성, 조직 생활에 적응할 수 있는지를 파악하기 위함

② 대다수 기업은 성격과 관련된 특성이 직무 성공과 관련이 높다는 통계를 고려하여, 인성검사의 비중 확대하는 추세

③ 업무를 수행하고 그에 따른 성과를 내기 위해서는 개인의 능력도 중요하지만, 바탕이 되는 개인의 기본적인 성향 또한 중요시되고 있음

2. 유의사항

(1) 모든 문항에 응답하기

① 시간 내 주어진 모든 문항에 답하지 못하면 부정적인 평가를 받을 수 있음

② 응답을 놓친 문항이 많을수록 신뢰도가 낮아지므로, 문항마다 직관적으로 지체 없이 답변하고 넘기는 것이 좋음

(2) 본인의 성향을 정확히 파악하기

① 지원자의 기질과 성격·성향을 묻는 검사 → 본인의 기질과 성격을 이해하며 응답해야 함

② 거짓되거나 과장된 응답은 과장 반응, 거짓 반응으로 측정될 가능성이 있음

③ 안정성을 위해 '보통이다' 중심으로 답변하는 것은 지원자의 성향을 드러내기 어려움

(3) 솔직하게 응답하기

① 기업은 원하는 인재상과 맞지 않는 지원자를 인성검사에서 탈락시킴

② 솔직하고 진실성 있게 응답하도록 해야 함

350 GSAT 삼성직무적성검사 5급 고졸채용

(4) 인성검사 측정 항목

측정 항목	내용
응답 신뢰도	• 응시자의 질문에 대한 응답이 일관성 있는지를 보며, 일관되지 않은 것으로 판단될 경우 신뢰도가 떨어져 측정 결과 자체를 무의미하게 여김 • 공기업에서는 적합/부적합 판단에서 부적합으로 판정됨 ※ 단, 일관성 있는 답변을 위해 거짓되거나 과장된 응답을 하였을 경우 과장 반응, 거짓 반응으로 측정될 수 있음에 주의해야 함
반생산성 직업활동	• 인성검사를 통해 기업의 생산활동을 저해하는 요소를 갖추고 있는지, 일반적이지 않은 응답을 하거나 특정인에게 지나치게 잘 보이려는 성향을 갖고 있는지를 측정함 • 무응답이 많을수록 부정적인 판정을 받을 가능성이 높음
직무성향 판단	• 인성검사 결과를 토대로 응시자의 성향을 파악함으로써 지원한 직무와 응시자의 성향이 적합한지를 측정 • 결과 자료는 향후 면접 시 참고자료로도 활용될 가능성이 높음

PART 01

PART 02

PART 03

PART 04

PART 05

부록

입사 지원 가이드

3. 삼성그룹 인성검사

(1) 개요
① 삼성그룹의 인재상과 부합하는 인재인지 검사하는 테스트
② 지원자의 개인 성향이나 인성에 관한 질문으로 구성되어 있음

(2) 인성검사 유형
① 유형 I : 한 문항에 5개의 보기가 있으며, 그중 자신의 성격에 가장 가까운 것을 선택
　예 보기는 대체로 '① 전혀 그렇지 않다, ② 그렇지 않다, ③ 보통이다, ④ 그렇다, ⑤ 매우 그렇다'의 응답 유형을 나타냄
② 유형 II : 각 문항에 대해 자신의 성격에 맞게 '예/아니요'를 선택

4. 삼성그룹의 인성 면접

(1) 인성 면접 예상 질문

• 1분 동안 자기소개를 해보시오.
• 직무가 적성에 맞지 않는다면 어떻게 할 것인가?
• 지원한 부서가 본인의 역량과 어울린다고 생각하는가?
• 지원한 부서가 아닌 다른 부서로 배치된다면 어떻게 할 것인가?
• 해당 부서에 지원하게 된 이유를 말해 보시오.
• 타인과의 의견 차이를 어떻게 조율할지에 대해 말해보시오.
• 팀워크를 키우는 방법이 있다면 무엇이라고 생각하는가?
• 자신의 주장을 고수하여 작업을 진행했다가 실패한다면 어떻게 대처할 것인가?
• 삼성이 당신을 채용해야 하는 이유는 무엇인가?

- 삼성에 관련하여 알고 있는 최신 이슈와 그에 대한 자기 생각을 말해 보시오.
- 동종업계의 다른 기업에도 지원하였는가?
- 입사를 위해 특별히 준비했던 점이 있다면 무엇인가?
- 삼성에 입사해서 하고 싶은 것과 이유에 대해 말해 보시오.
- 애플의 아이폰과 삼성의 갤럭시 핸드폰을 비교하여 설명해보시오.
- 지금 사용하는 휴대전화의 장단점을 말해보시오.
- 프로젝트를 진행한 경험이 있다면 맡은 역할을 말해보시오.
- 살면서 가장 열정적으로 행동했던 경험은 무엇인가?
- 살면서 가장 힘들었던 경험과 그에 대한 극복과정을 말해 보시오.
- 지원자가 생각하는 삼성이 추구해야 할 가치에 관해 설명하시오.
- 자신을 한 단어로 표현한다면 무엇이라고 생각하는지 이유와 함께 말해보시오.
- 상사와의 갈등이 생겼을 때 어떻게 행동할 것인가?
- 스트레스는 어떻게 해소하는가?
- 가장 존경하는 사람과 그 이유를 말해보시오.
- 마지막으로 하고 싶은 말은 무엇인가?

(2) 기술 면접 예상 질문

① 기술직군에 지원한 지원자에 한하여 진행

② 주로 실무와 관련된 기술 평가 → 회사와 해당 직무에 대한 이해를 바탕으로 하는 질문

   ⑩ 프로그래밍 코딩, 기술용어 · 이론 등

- 근무 시간이 유동적일 수 있는데 교대 근무도 가능한가?
- '설비 엔지니어직'이라는 직무에 대한 자신의 강점은 무엇이라고 생각하는가?
- 반도체 제조 설비 작업에 대해 알고 있는 점에 관해 설명해보시오.
- 알고 있는 삼성전기의 제품에 대해 구체적으로 설명해보시오.
- 삼성 제조 공정 제조직에서 하는 업무를 아는 대로 설명해보시오.
- 반도체의 8대 공정에 대해 말해보시오.

[1~100] 제시된 문항을 읽고 각 문항에 대해 '① 전혀 그렇지 않다, ② 그렇지 않다, ③ 보통이다, ④ 그렇다, ⑤ 매우 그렇다' 중 본인이 해당한다고 생각하는 것에 응답하시오.

번호	질문	응답
01	문제가 생기면 왜 그런 일이 일어났는지를 곰곰이 생각해 본다.	① ② ③ ④ ⑤
02	나는 문제를 해결하면 곧 새로운 과제에 도전한다.	① ② ③ ④ ⑤
03	나는 문제에 부딪치면 철저하게 파악하여 분석한다.	① ② ③ ④ ⑤
04	나는 예전으로 돌아가고 싶다는 생각을 자주 한다.	① ② ③ ④ ⑤
05	문제에 직면하면 나는 다양한 해결책을 모색해 보는 편이다.	① ② ③ ④ ⑤
06	일할 때 나의 판단보다는 다른 사람의 의견을 따르는 편이다.	① ② ③ ④ ⑤
07	나는 불가사의한 현상을 믿는다.	① ② ③ ④ ⑤
08	나는 사물이나 사건을 논리적으로 분석 · 검토하는 습관이 있다.	① ② ③ ④ ⑤
09	상대방의 주장이 '사실'인지 그 사람 개인의 '의견'인지 구분할 수 있다.	① ② ③ ④ ⑤
10	나는 문제해결을 위해 가장 먼저 해야 할 일에 대하여 곧 합리적인 결정을 한다.	① ② ③ ④ ⑤
11	나는 주변이 정돈되어 있지 않으면 불안하다.	① ② ③ ④ ⑤
12	나는 쉽지 않은 일을 스스로 해결해 나감으로써 보람을 느낀다.	① ② ③ ④ ⑤
13	나는 쉽게 상처받는 편이다.	① ② ③ ④ ⑤
14	나는 일할 때 타인의 충고를 경청하여 나의 단점을 개선하고 좋은 결과를 얻는다.	① ② ③ ④ ⑤
15	나는 스스로 새로운 계획을 세워 일을 추진한다.	① ② ③ ④ ⑤
16	나는 비유나 우화 속에 담긴 의미를 잘 파악한다.	① ② ③ ④ ⑤
17	나는 독특하고 새로운 아이디어를 잘 이끌어낸다.	① ② ③ ④ ⑤
18	나는 소설의 첫 부분만 봐도 다양한 결말을 상상할 수 있다.	① ② ③ ④ ⑤
19	나는 단편적인 정보를 가지고도 전체를 잘 파악한다.	① ② ③ ④ ⑤
20	나는 지시하고 명령하는 것을 좋아한다.	① ② ③ ④ ⑤
21	예전과 달리 대답하기 전에 침묵하는 시간이 길어지고 있다.	① ② ③ ④ ⑤
22	나는 여러 사람 앞에 서면 떨려서 할 말을 제대로 다 하지 못한다.	① ② ③ ④ ⑤
23	나는 나 자신의 감정에 지나치게 몰두하는 경향이 있다.	① ② ③ ④ ⑤
24	나는 일을 시작할 때마다 마음의 안정을 유지하기가 쉽지 않다.	① ② ③ ④ ⑤
25	나는 어떤 일을 할 때 어려워서 감당하지 못할 것 같은 느낌이 든다.	① ② ③ ④ ⑤
26	나는 내가 알고 있는 것을 남들에게 쉽게 설명한다.	① ② ③ ④ ⑤
27	나는 내 생각을 다른 사람들에게 설명하기가 쉽지 않다.	① ② ③ ④ ⑤
28	나는 사람들에게 조리 있게 말을 한다는 평을 듣는다.	① ② ③ ④ ⑤
29	나는 계획을 세우는 것이 즐겁다.	① ② ③ ④ ⑤
30	나는 사람들과 효율적이고 명료하게 대화한다.	① ② ③ ④ ⑤
31	나는 여러 사람들과 함께 있을 때 유쾌하고 의미 있는 화제를 이끌어 낸다.	① ② ③ ④ ⑤
32	나는 단체 생활에서 구성원들 간의 어려운 문제를 솔선하여 처리한다.	① ② ③ ④ ⑤

PART 01
PART 02
PART 03
PART 04
PART 05
부록
입사지원가이드

번호	질문	응답
33	나는 이웃의 문제를 적극적으로 도와서 해결해 준다.	① ② ③ ④ ⑤
34	나는 집단문제를 해결해야 할 때에는 구성원들의 의견을 듣고 최선의 방법을 찾는다.	① ② ③ ④ ⑤
35	나는 다른 사람을 설득하여 이해시키고 통솔하는 과정을 선호한다.	① ② ③ ④ ⑤
36	나는 질투심 혹은 독점욕이 강한 편이다.	① ② ③ ④ ⑤
37	주변 사람들의 신경이 날카로우면 나도 신경이 예민해진다.	① ② ③ ④ ⑤
38	나는 주변 사람들의 생활태도를 보면서 깊은 감명을 받는다.	① ② ③ ④ ⑤
39	나는 내 주위 사람들의 마음이 편하도록 분위기를 조성한다.	① ② ③ ④ ⑤
40	나는 특수한 것보다는 평범한 것이 좋다.	① ② ③ ④ ⑤
41	나는 아침잠이 없는 편이다.	① ② ③ ④ ⑤
42	나는 정보통신기기를 활용하여 친구나 후배, 친지와 소통한다.	① ② ③ ④ ⑤
43	나는 개인적인 일을 남에게 쉽게 말하지 않는다.	① ② ③ ④ ⑤
44	나는 수집된 정보를 비교·분석하여 필요한 정보를 찾아낸다.	① ② ③ ④ ⑤
45	나는 SNS를 활용하여 생활정보나 자료를 구입한다.	① ② ③ ④ ⑤
46	나는 다른 사람을 도와줌으로써 삶의 보람을 느낀다.	① ② ③ ④ ⑤
47	나는 일기예보를 반드시 챙겨본다.	① ② ③ ④ ⑤
48	공공사업을 추진할 때 나의 사적인 권리나 이익을 포기하기가 쉽지 않다.	① ② ③ ④ ⑤
49	나는 봉사활동을 하고 나면, 보람을 느끼고 흐뭇해진다.	① ② ③ ④ ⑤
50	나는 직감적으로 판단하는 편이다.	① ② ③ ④ ⑤
51	나는 비교적 계획적이고 규칙적으로 생활한다.	① ② ③ ④ ⑤
52	나는 상황에 맞게 계획을 세운다.	① ② ③ ④ ⑤
53	나는 장래를 예견하기 힘들더라도 계획성 있게 생활한다.	① ② ③ ④ ⑤
54	나는 삶의 과정에서 시기별 목표달성을 위해 준비해야 할 것을 생각한다.	① ② ③ ④ ⑤
55	나는 적성과 흥미, 장래성을 장기적으로 검토한 후에 진로를 결정한다.	① ② ③ ④ ⑤
56	내가 맡은 일은 싫더라도 끝까지 실행한다.	① ② ③ ④ ⑤
57	나는 행동할 때 항상 손익을 생각한다.	① ② ③ ④ ⑤
58	나는 문제 사태에 당면하면 가장 먼저 해야 할 일이 무엇인지 생각한다.	① ② ③ ④ ⑤
59	나는 계속 해 왔던 일을 하는 것을 지루하다고 생각한다.	① ② ③ ④ ⑤
60	나는 일을 마친 후에야 쉬어야 한다는 원칙을 생각한다.	① ② ③ ④ ⑤
61	나는 미래에 벌어질 일들에 대해 낙관적인 편이다.	① ② ③ ④ ⑤
62	나는 궁지에 몰리면 공격적으로 변하는 경우가 많다.	① ② ③ ④ ⑤
63	나는 바람직하지 않은 것은 빨리 잊어버린다.	① ② ③ ④ ⑤
64	나는 쓰지 않는 물건도 잘 버리지 못한다.	① ② ③ ④ ⑤
65	나는 소셜 네트워크 등을 통해 친구들과 정보나 자료를 교환한다.	① ② ③ ④ ⑤
66	나는 내 개인적인 일이 남에게 알려져도 크게 신경 쓰지 않는다.	① ② ③ ④ ⑤
67	나는 다른 사람의 부탁을 받으면 거절하지 못한다.	① ② ③ ④ ⑤
68	나는 시간이나 상황에 개의치 않고 일에 몰두하는 경우가 있다.	① ② ③ ④ ⑤
69	나는 몸이 아프거나 피로해도 해야 할 일을 미루지 않고 수행한다.	① ② ③ ④ ⑤
70	나는 직설적인 표현을 자주 사용한다.	① ② ③ ④ ⑤

번호	질문	응답
71	나는 단체의 권익을 위해서 개인적인 권익을 포기한다.	① ② ③ ④ ⑤
72	나는 발생하지 않은 일에 대해서도 부정적인 생각을 하는 경우가 많다.	① ② ③ ④ ⑤
73	나는 처음 본 문제라 하더라도 문제 해결을 시도한다.	① ② ③ ④ ⑤
74	내가 해결하지 못한 문제를 다른 사람이 해결하면 당황스럽다.	① ② ③ ④ ⑤
75	나는 상대방의 장점을 잘 깨닫는 편이다.	① ② ③ ④ ⑤
76	나는 이야기할 때 논리력이나 설득력이 높은 편이다.	① ② ③ ④ ⑤
77	나는 겸손한 사람이다.	① ② ③ ④ ⑤
78	나는 회의 중에 내가 발표한 내용이나 의견을 나중에 다시 검토해 본다.	① ② ③ ④ ⑤
79	나는 한번 결정을 내리면 번복하지 않는다.	① ② ③ ④ ⑤
80	나는 사건이나 현상에 대하여 의사결정을 하기 전에 깊이 생각한다.	① ② ③ ④ ⑤
81	나는 공격보다는 수비를 하는 편이다.	① ② ③ ④ ⑤
82	나는 어려운 일을 노력하여 해결함으로써 만족감을 느낀다.	① ② ③ ④ ⑤
83	나는 일반적으로 쉽게 할 수 있는 일에서도 능력의 한계를 느낀다.	① ② ③ ④ ⑤
84	나는 해결하기 어려운 문제라고 판단되면 포기하고 새 일거리를 찾는다.	① ② ③ ④ ⑤
85	일반적으로 다른 사람들의 의견을 참고하되, 나의 생각대로 일을 처리한다.	① ② ③ ④ ⑤
86	나는 궁지에 몰리면 공격적으로 변하는 경우가 많다.	① ② ③ ④ ⑤
87	나는 한 가지의 문제에 대해서 다양한 답을 할 수 있다.	① ② ③ ④ ⑤
88	나는 장면이나 상황에 따라서 미묘하고 복잡한 특성을 찾는다.	① ② ③ ④ ⑤
89	나는 문제의 상황에 따라서 그 원인에 대한 문제를 제기한다.	① ② ③ ④ ⑤
90	나는 평범한 현상에 대하여 유별난 생각을 한다.	① ② ③ ④ ⑤
91	나는 여러 사람이 지켜보면 긴장되고 불안하여 말을 다 할 수 없다.	① ② ③ ④ ⑤
92	나는 과거의 잘못을 떠올리고 그로 인해 괴로울 때가 있다.	① ② ③ ④ ⑤
93	나는 부모님께 대든 적이 있다.	① ② ③ ④ ⑤
94	사람들이 나에게 잘해 주는 데에는 다른 뜻이 담겨 있다.	① ② ③ ④ ⑤
95	내가 사람들에게 허점을 보이더라도 큰 문제가 되지 않는다.	① ② ③ ④ ⑤
96	나는 상황에 적절한 어법을 구사한다.	① ② ③ ④ ⑤
97	나는 대화할 때 상대방의 주장이나 의견을 경청하고 존중한다.	① ② ③ ④ ⑤
98	나는 다른 사람과 이야기할 주제를 협의하면서 대화를 이끌어간다.	① ② ③ ④ ⑤
99	나는 옷차림에 신경을 많이 쓰는 편이다.	① ② ③ ④ ⑤
100	나는 다른 사람에게 빈틈을 보이는 것을 싫어한다.	① ② ③ ④ ⑤

PART 01

PART 02

PART 03

PART 04

PART 05

부록

입사 지원 가이드

[1~130] 다음 문항을 읽고 '해당한다'라고 생각되면 '예', '해당하지 않는다'라고 생각되면 '아니오'에 응답하시오.

번호	질문	응답	
01	나는 스스로 세운 계획에 따라 생활함으로써 삶의 보람을 느낀다.	예	아니오
02	나는 친구와 시간 약속을 지키는 것이 어렵다.	예	아니오
03	나는 해결해야 할 문제를 분석하여 단계별 해결방안을 찾는다.	예	아니오
04	나는 무엇보다 업무에 우선순위를 두는 편이다.	예	아니오
05	나는 스트레스를 자주 받는다.	예	아니오
06	나는 즉흥적으로 여행을 떠나는 것을 좋아한다.	예	아니오
07	나는 친구와 시간 약속을 지키는 것이 어렵다.	예	아니오
08	나에게 중요한 일이라도 해결 가능성이 보이지 않을 때는 포기하고 다른 일을 시작한다.	예	아니오
09	나는 누군가 명확한 지침을 내리는 업무가 편하다.	예	아니오
10	나는 감정을 솔직하게 표현한다.	예	아니오
11	나는 과시하는 것을 좋아한다.	예	아니오
12	나는 주어진 일을 혼자 해결해야 한다고 생각하면 어렵게 느껴진다.	예	아니오
13	나는 과감한 성격이라는 평을 듣는다.	예	아니오
14	나는 지나간 일에 대해 후회하는 일이 잦다.	예	아니오
15	주위에 다른 사람이 있으면 일을 하는 데에 집중하기가 쉽지 않다.	예	아니오
16	일은 정성껏 주의를 기울여 진행한다.	예	아니오
17	나는 가족에게도 약한 모습을 보이지 않으려 한다.	예	아니오
18	나는 내 감정이나 생각을 숨기지 않고 표현한다.	예	아니오
19	나는 남의 실수에 관대한 편이다.	예	아니오
20	나는 다른 사람들에게 칭찬을 들으면 당황한다.	예	아니오
21	나는 해결해야 할 문제 사태를 객관적이고 명료하게 분석·판단하여 처리한다.	예	아니오
22	다른 사람이 나를 시기하는 것처럼 느낀다.	예	아니오
23	나는 과정보다는 결과가 중요하다고 생각한다.	예	아니오
24	나는 모임에서 어떻게 하면 사람들의 눈에 띌지 고민한다.	예	아니오
25	나는 어떤 낱말을 들으면 그에 관련된 다양한 의미를 연상한다.	예	아니오
26	나는 물건이나 생필품을 필요한 사람들에게 나누어주는 것을 좋아한다.	예	아니오
27	나는 일에 열중하다가 밤을 꼬박 새우기도 한다.	예	아니오
28	나는 자기주장이 거의 없다.	예	아니오
29	나는 양심의 가책을 쉽게 느낀다.	예	아니오
30	나는 세세한 것까지 신경을 쓰는 편이다.	예	아니오
31	나는 누군가를 옆에서 지원하는 것을 좋아한다.	예	아니오
32	스포츠를 하는 것보다 보는 것이 더 좋다.	예	아니오
33	나는 이타적인 생각을 함으로써 기꺼이 봉사하는 생활태도를 갖춘다.	예	아니오
34	나는 여러 사람의 무리에 섞여 있는 것을 좋아한다.	예	아니오
35	나는 나를 좋아하는 사람들과만 관계를 맺는다.	예	아니오
36	나는 상대방의 장점을 잘 깨닫는다.	예	아니오

번호	질문	응답	
37	당면한 문제에 대하여 나는 여러 방법들의 결과를 고려하고 대안을 검토한 후 결정한다.	예	아니오
38	나는 민감하다는 평을 종종 듣는다.	예	아니오
39	나는 타인이 나에게 조언을 구할 때 신중히 생각한 후에 조언을 한다.	예	아니오
40	나는 책임과 의무에서 벗어나고 싶다.	예	아니오
41	나는 상대가 나를 인정하는 것을 무엇보다 좋아한다.	예	아니오
42	나는 내 감정을 과장되게 표현한다.	예	아니오
43	나는 내게 명확하고 엄격한 원칙을 정해 행동한다.	예	아니오
44	나는 타인과의 정보교환 · 의사소통에 정보통신기기를 활용한다.	예	아니오
45	나는 다른 사람들의 말이나 표정을 매우 신경 쓴다.	예	아니오
46	사소한 일도 혼자서는 잘 결정하지 못한다.	예	아니오
47	나는 돈 관리에 철저하다.	예	아니오
48	나는 기다리는 일에 지루함을 느낀다.	예	아니오
49	물건을 보면 내부를 살펴보고 뜯어 연구해 보고 싶다.	예	아니오
50	학교에서는 형식적인 것만 배운다고 생각한다.	예	아니오
51	낯선 사람을 보면 부담스럽고 친해지는 것이 어렵다.	예	아니오
52	규칙에 얽매이는 것보다 융통성 있게 행동하는 것이 더 좋다.	예	아니오
53	여러 명이 의견을 나눌 때 내 의견을 먼저 말하는 편이다	예	아니오
54	잘 모르는 문제가 있으면 타인에게 물어서 금방 해결한다.	예	아니오
55	다른 사람들에게 거짓말을 한 적이 한 번도 없다.	예	아니오
56	주변 사람들로부터 빈틈이 없다는 말을 자주 듣는다.	예	아니오
57	혼자 있고 싶다고 생각하는 일이 많다.	예	아니오
58	타인을 돕기 위해서라면 규칙을 어길 수도 있다.	예	아니오
59	지나치게 생각이 많아서 기회를 놓치는 편이다.	예	아니오
60	남의 기분이나 감정 상태에 큰 관심이 없다.	예	아니오
61	물건을 살 때 디자인보다는 실용성을 중시한다.	예	아니오
62	생각보다 말이나 행동이 앞설 때가 많다.	예	아니오
63	타인의 부탁을 잘 거절하지 못한다.	예	아니오
64	상황에 따라 기분이 쉽게 변하는 편이다.	예	아니오
65	예사롭게 넘어갈 작은 일에도 예민하게 반응하는 편이다.	예	아니오
66	정보는 남과 공유하지 않는 것이 내게 이롭다.	예	아니오
67	문화생활에 시간과 자금을 많이 투자한다.	예	아니오
68	돈이 많다고 행복한 삶이 되지는 않는다고 생각한다.	예	아니오
69	휴식 시간에는 누구의 방해도 없이 혼자 있고 싶다.	예	아니오
70	하지 않아도 되는 고생을 만들어서 하는 편이다.	예	아니오
71	신문의 사회면 기사를 보는 것을 좋아하지 않는다.	예	아니오
72	개인의 능력보다는 사회적인 제도가 갖춰지는 것이 중요하다.	예	아니오
73	혼자 일하는 것보다는 하나의 팀으로 일하는 것을 선호한다.	예	아니오
74	어떤 일이 실패하면 나에게 모든 책임이 있는 것 같다.	예	아니오
75	타인에게 상처가 될 만한 말이나 행동은 한 적이 없다.	예	아니오

PART 01
PART 02
PART 03
PART 04
PART 05
부록
입사 지원 가이드

번호	질문	응답	
76	조직의 원활한 운영을 위해서는 개개인의 희생이 필요하다.	예	아니오
77	어떤 일이든 열심히 하려고 한다.	예	아니오
78	남들이 하지 않는 일에 도전하는 것을 좋아한다.	예	아니오
79	여러 사람 앞에서 사회를 보는 일을 잘한다.	예	아니오
80	범죄나 사회의 좋지 않은 일에 관심을 많이 둔다.	예	아니오
81	다른 사람들로부터 존경받는 사람이 되고 싶다.	예	아니오
82	사람들과 대화하는 것을 좋아한다.	예	아니오
83	과학이 발달할수록 사람은 행복해질 것이다.	예	아니오
84	주변 환경을 쉽게 받아들이고 적응하는 편이다.	예	아니오
85	남의 시선을 많이 의식하는 편이다.	예	아니오
86	추진하고자 하는 일은 반대가 있더라도 밀어붙인다.	예	아니오
87	내가 성공하기 위한 과정에서 다른 사람의 불이익은 필연적이다.	예	아니오
88	음악을 들으면서 공부나 일을 하면 집중이 잘 된다	예	아니오
89	음악은 슬픈 것보다 즐거운 것이 더 좋다.	예	아니오
90	마감 기한이 있어야 일이 잘 된다.	예	아니오
91	새로운 사람보다는 오래 알고 지낸 사람을 만나는 것이 좋다.	예	아니오
92	환경과 시기에 따라 목표와 방향은 변화할 수 있다.	예	아니오
93	사람을 만나는 것은 다소 번거로운 일이다.	예	아니오
94	무슨 일을 하든 도전적으로 한다.	예	아니오
95	나는 개성이 강한 사람이다.	예	아니오
96	상황을 충분히 살펴본 뒤에 결정을 내리는 편이다.	예	아니오
97	물건을 살 때 디자인보다는 실용성을 중시한다.	예	아니오
98	생각보다 말이나 행동이 앞설 때가 많다.	예	아니오
99	타인의 부탁을 잘 거절하지 못한다.	예	아니오
100	상황에 따라 기분이 쉽게 변하는 편이다.	예	아니오
101	기분이 안 좋아도 겉으로 드러내지 않는다.	예	아니오
102	과제가 생기면 그때그때 해결하는 편이다.	예	아니오
103	나는 줏대 없다는 말을 자주 듣는다.	예	아니오
104	내 주변은 항상 깔끔하게 정리한다.	예	아니오
105	남들이 놓치는 사소한 부분들도 신경을 쓴다.	예	아니오
106	목표는 높으면 높을수록 좋다.	예	아니오
107	그때그때 기분에 따라 행동할 때가 많다.	예	아니오
108	토론의 목적은 나의 논리로 상대를 이기는 것이다.	예	아니오
109	나와 반대의 생각을 가진 사람이라도 설득할 수 있다.	예	아니오
110	남이 나를 어떻게 생각하는지 항상 궁금하다.	예	아니오
111	나는 주변이 조용한 상태인 것이 좋다.	예	아니오
112	한 가지 일에 오래 집중하지 못하고 한눈을 파는 경우가 많다.	예	아니오
113	사회적인 이슈에 민감하게 반응하는 편이다.	예	아니오
114	새로운 사람을 만나는 것은 흥분되는 일이다.	예	아니오

번호	질문	응답	
115	직장에서의 일보다는 나의 사생활이 우선이다.	예	아니오
116	남을 이끄는 것보다는 따르며 보좌하는 것이 좋다.	예	아니오
117	한번 정해진 것은 불가피한 상황이 아니라면 바꿔선 안 된다.	예	아니오
118	한 분야에서 1인자가 되는 것이 인생의 목표이다.	예	아니오
119	목표를 달성하기 위해서는 싫어하는 사람과도 함께할 수 있다.	예	아니오
120	위기에 직면했을 때도 당황하지 않고 이성적으로 생각한다.	예	아니오
121	과거의 경험은 중요한 기준이 아니다.	예	아니오
122	책이나 영화를 볼 때 감정 이입을 잘하는 편이다.	예	아니오
123	개인의 능력보다는 배경이 성공에 더 중요하다.	예	아니오
124	다양한 모임에서 활동했던 경험이 있다	예	아니오
125	계획을 세우는 데 공을 많이 들이는 편이다.	예	아니오
126	불쾌한 일을 겪으면 꽤 오랫동안 기억한다.	예	아니오
127	아무리 화가 나도 욕설은 하고 싶지 않다.	예	아니오
128	일을 해 놓고도 불안함이 사라지지 않는 편이다.	예	아니오
129	다른 사람이 잘못했을 때는 그때그때 지적한다.	예	아니오
130	나는 다른 사람을 쉽게 믿는다.	예	아니오

1. UK작업태도검사

(1) 의의

① 일정한 조건 아래 단순한 작업을 시키고 그 작업량의 패턴에서 수검자의 인격을 측정함

② 실시가 간단하여 집단으로도 실시할 수 있고, 비언어적인 과제를 사용하고 있으므로 언어 이해력이 필요하지 않다는 장점이 있음

③ 숫자의 간단한 덧셈을 통해 수검자의 행동 능력, 성향·성격 특성 등을 측정할 수 있음

(2) 검사 방법

① 기업에서 시행하는 검사마다 다르지만 보통 전반 15분, 휴식 5분, 후반 15분의 형태로 실시함

② 두 개의 숫자를 더하여 나온 숫자의 10의 자리(앞자리)를 제외한 1의 자리(뒷자리)만 숫자와 숫자 사이 아래에 적음

    📌 8+8=16을 계산했을 때는 아래 그림처럼 숫자와 숫자 사이 아래에 1의 자리 숫자인 6을 적음

```
8 8 7 7 9 6 2 2 4 1 2 9 8 9 7 6 2 4 5 6 3
 6 5 4 6 5 8 4 6 5 3 1 7 7 6 3 8 6 9 1 9

6 1 3 5 9 6 7 2 4 1 5 3 4 8 2 7 6 1 3 4 5
 7 4 8 4 5 3 9 6 5 6 8 7 2 0 9 3 7 4 7 9
                         ...
```

③ 한 줄당 1분씩 연속해서 실시함

④ 검사가 끝나면 틀린 부분에 ×표시를 함

⑤ ×표시가 있는 부분만큼 기재한 숫자 중 2개씩을 끝부분에서 제외함

```
8 8 7 7 9 6 2 2 4 1 2 9 8 9 7 6 2 4 5 6 3
 6 5 × 6 5 8 4 6 5 3 1 7 7 6 3 8 6 9 1̶ 9̶

6 1 3 5 9 6 7 2 4 1 5 3 4 8 2 7 6 1 3 4 5
 7 4 × 4 5 3 9 × 5 6 8 × 2 0 9̶ 3̶ 7̶ 4̶ 7̶ 9̶
                         ...
```

⑥ 끝부분을 연결함

⑦ 위의 그림과 같이 생기는 작업곡선을 통해 검사 결과를 분석함

2. 검사 결과 해석

① 전체 계산량을 통해 수검자의 업무 수행 · 처리 능력 파악 가능
  ㉠ 오답 개수를 통해 계산 능력, 의지력, 업무 정확성 등을 검사함
  ㉡ 파악한 능력 특성과 행동, 성격 특성을 통해 수검자의 실무 태도를 추정할 수 있음
② 작업곡선의 기울기 경사를 통해 수검자의 성격 특성을 파악할 수 있음

• 기울기의 경사가 급한 경우

```
8877962241298976288779622412989762748458539 6
56720936135967241534827661359672415348276748
45853965672093613596724153482766148276613596
72415348276748456568539656720937209366135967
24153482767484565685396567209372093661359673
72415348272415348248276613596724153482767484
56568539656720937209366135967248276613596724
15348276748455685396567209372093661359672613
59672415348276613596724153482767484585396567
20936135967241534827661359672441534827674845
85396567209324153482767484585396567209346135
96724158276748456568672415353488276613592374
```

−검사를 지속할수록 계산의 정확성이 떨어짐, 이는 수검자의 집중력이 약하다는 것을 의미함
−수검자가 어려운 업무를 맡았을 경우 쉽게 포기할 가능성이 있다고 판단됨

• 기울기의 경사가 완만한 경우

```
8877962241298976288779622412989762748458539 6
56720936135967241534827661359672415348276748
45853965672093613596724153482766148276613596
72415348276748456568539656720937209366135967
24153482767484565685396567209372093661359673
72415348272415348248276613596724153482767484
56568539656720937209366135967248276613596724
15348276748455685396567209372093661359672613
59672415348276613596724153482767484585396567
20936135967241534827661359672441534827674845
85396567209324153482767484585396567209346135
96724158276748456568672415353488276613592374
```

−작업곡선의 완만한 기울기를 통해 수검자가 꼼꼼한 성격을 갖고 있음을 추측할 수 있음
−직무에 관해 실수 없이 정확하게 대처할 수 있는 능력을 갖추고 있다고 판단됨
−업무 진행에 있어서 자신만의 속도로 일을 꾸준하게 진행할 수 있는 끈기가 있다고 추측할 수 있음

PART 01
PART 02
PART 03
PART 04
PART 05
부록
입사 지원 가이드

01

```
9 7 3 9 4 7 3 8 4 7 3 0 8 7 4 2 8 0 7 9 4 3 8 5 2 6 4 8 6 9 0 3 2 4 6 8 9 1 9 8 8 6 3
0 8 6 2 8 5 0 8 6 9 7 5 2 9 5 8 1 7 9 3 8 0 4 2 8 6 0 5 3 1 7 0 6 9 5 3 6 4 8 6 9 0 3
2 4 6 8 9 1 9 8 8 6 3 0 8 6 2 8 5 0 8 6 9 7 5 2 9 5 8 1 7 9 3 5 0 4 2 8 6 0 9 5 8 1 7
9 4 2 8 6 0 5 3 1 7 0 6 9 5 3 2 4 8 6 9 0 3 2 4 6 8 9 1 9 8 8 6 3 8 0 4 2 8 5 3 1 7 0
6 9 5 3 6 8 5 0 8 6 9 7 3 9 4 7 5 6 2 8 5 0 8 6 9 7 5 8 6 9 7 5 2 9 5 8 1 7 9 3 8 0 4
2 8 6 0 5 3 1 7 0 6 9 5 3 6 4 8 6 9 0 3 2 4 6 8 9 1 9 2 4 6 8 9 1 2 8 8 6 3 0 8 6 2 8
5 0 8 6 9 7 5 2 9 5 8 1 7 9 3 8 0 4 2 8 6 0 9 5 8 1 7 8 5 3 1 7 0 6 9 5 3 6 8 6 0 3 6
3 5 3 9 0 8 6 9 4 7 2 6 3 8 5 0 8 6 9 7 5 8 6 9 7 5 2 9 7 0 6 2 9 0 8 0 5 3 1 7 0 6 9
5 3 6 4 8 6 9 0 3 2 4 6 8 9 1 9 8 8 6 3 8 0 4 2 8 5 3 1 7 0 6 9 5 3 6 8 5 0 8 6 9 7 5
2 9 5 8 1 7 9 3 8 0 4 2 8 6 0 9 5 8 1 7 9 4 2 8 6 0 5 3 1 3 1 6 9 7 5 2 8 6 9 7 5 6 5
8 1 7 9 3 5 0 8 6 9 7 3 8 9 7 5 2 9 5 0 4 2 8 6 8 6 0 9 5 8 1 7 6 8 9 1 9 8 8 6 3 9 0
3 2 4 6 8 6 9 7 5 2 9 5 4 8 6 9 1 8 1 6 2 4 8 7 9 3 8 0 4 2 8 6 0 9 5 8 1 7 2 8 6 9 4
8 8 1 7 7 5 1 2 4 0 5 2 8 6 0 5 3 1 7 0 6 9 5 3 6 4 3 1 8 6 9 1 7 0 3 2 4 6 9 5 8 3 2
6 1 2 4 6 4 8 9 6 0 4 2 4 2 2 5 6 8 4 0 5 1 5 7 9 3 0 8 0 5 3 1 7 8 6 9 8 3 5 3 1 6 5
6 3 8 7 2 8 6 0 8 3 3 9 0 8 1 7 9 3 5 7 6 8 7 9 4 2 4 8 6 0 5 3 1 3 1 8 9 4 7 2 2 1 5
4 7 8 9 6 3 2 4 8 7 5 3 6 8 4 4 8 7 4 0 5 2 2 7 5 8 3 7 9 4 5 1 8 0 6 7 5 2 2 4 7 8 6
4 7 3 5 1 7 5 7 1 5 8 6 3 4 2 5 3 6 9 5 0 8 7 4 1 5 3 6 8 4 1 2 5 0 3 3 4 8 7 8 5 6 4
```

02

```
6 2 8 5 0 8 6 9 7 5 2 9 2 9 5 8 0 4 8 8 6 3 9 0 3 0 4 2 8 6 0 5 3 1 7 0 6 9 5 3 6 4 8
6 9 0 3 2 4 6 8 9 1 9 8 8 6 3 0 8 6 2 8 5 0 8 6 9 7 5 2 9 5 8 1 7 9 3 5 0 4 2 8 6 0 9
5 8 1 7 9 4 2 8 6 0 5 9 1 3 1 6 9 7 5 2 0 3 2 4 6 8 9 1 9 8 8 4 6 4 8 9 6 0 4 7 0 6 9
5 3 6 8 5 0 5 0 8 6 9 3 5 0 8 7 5 2 9 6 2 8 5 0 8 6 9 7 1 9 8 8 6 3 0 8 9 5 8 1 7 9 3
8 6 9 7 3 8 9 3 5 3 1 7 0 6 9 5 3 6 4 8 6 9 0 3 2 4 6 8 9 1 9 2 4 6 8 9 1 7 0 6 9 5 3
8 6 2 6 9 7 5 2 9 5 8 1 7 9 3 8 0 4 2 9 5 4 8 6 9 1 8 1 6 7 4 5 3 1 7 6 8 4 3 8 5 3 0
8 6 9 7 0 3 3 8 0 4 2 8 6 0 5 3 8 0 8 1 7 8 5 3 1 7 6 8 6 0 3 6 5 3 6 4 8 6 8 9 7 5 2
9 6 2 3 8 1 7 0 6 8 6 1 7 5 2 9 5 8 1 7 9 3 8 0 4 2 8 6 0 9 5 8 1 7 9 4 2 8 6 0 5 3 8
6 9 7 5 6 5 8 2 0 3 6 5 3 8 6 1 7 6 8 9 1 9 2 4 6 8 6 9 7 5 2 9 5 4 8 6 9 1 8 1 6 2 4
8 7 9 3 5 3 6 8 5 4 3 1 5 2 7 1 8 6 9 1 7 0 3 2 4 6 5 3 1 7 6 8 2 1 2 2 4 2 2 5 6 8 4
0 5 1 5 7 9 5 2 5 7 4 7 3 6 9 0 7 4 3 6 3 6 3 1 5 8 9 0 5 3 2 3 6 7 5 8 6 2 7 9 5 3 6
8 3 1 2 6 9 3 7 2 0 6 4 8 2 8 4 9 1 3 5 3 6 2 8 9 7 7 8 5 0 2 5 6 7 8 3 3 5 7 8 9 3 9
0 5 8 0 5 2 8 5 3 6 7 8 6 2 5 3 4 8 1 5 3 8 7 5 4 8 4 6 2 1 8 5 2 9 6 3 7 4 6 1 8 3 2
4 7 8 7 1 5 8 4 4 5 6 3 2 1 2 4 8 6 6 7 5 8 2 1 0 8 5 4 3 3 4 7 6 2 1 5 0 8 5 4 2 0 8
3 2 2 1 1 8 0 6 3 3 1 4 8 7 2 6 3 4 8 8 9 4 5 1 3 5 4 7 5 8 2 2 4 7 8 8 4 5 4 8 1 0 4
```

1. 인성검사 결과와 면접의 관련성

① 인성면접 시 지원자의 인성검사 결과를 토대로 질문
② 인성검사를 통해 자신의 성격 · 성향을 제대로 파악하고 면접에 대비해야 함

2. 인성검사 결과로 면접 대비하기

인성검사는 수검자의 성향을 파악하기 위한 심리검사이므로 한 문항 속에 여러 가지 측정 요인이 존재함. 득점이 매우 높거나 매우 낮은 측정 요인에 대해서는 면접에서 물어볼 가능성이 크기 때문에 그에 대한 답변을 준비할 필요가 있음

(1) 외향성 · 내향성 문항

① 외향성 문항에 많은 득점이 나온 경우

- 사람들과 대화하는 것을 좋아한다.
- 나는 여러 사람과 함께 있을 때 유쾌하고 의미 있는 화제를 이끌어 낸다.

> ┃ 응답 전에 머릿속에서 내용을 정리하고 발언할 때는 간결하게 표현하되, 핵심을 명확하게 전달하도록 노력해야 함
> ┃ 팀원들과 활발하게 커뮤니케이션할 수 있으므로 조직 내에서 빠르게 적응할 수 있다는 것을 강조해야 함
> ┃ 의욕만 앞서는 것이 아닌 업무에 대한 신중함 또한 갖고 있음을 강조해야 함
> ┃ 팀원들의 사기를 증진할 수 있는 에너지를 가지고 있다는 것을 어필해야 함

② 내향성 문항에 많은 득점이 나온 경우

- 혼자 있고 싶다고 생각하는 일이 많다.
- 휴식 시간에는 누구의 방해도 없이 혼자 있고 싶다.

> ┃ 내향성 문항의 높은 득점은 마이너스 요인이 될 수 있음
> ┃ 충분한 휴식을 취하고 면접에 임하여 긴장감을 줄일 수 있도록 해야 함
> ┃ 굳은 표정과 냉소적인 어투로 대답하기보다는 차분한 표정과 함께 긍정적으로 응답할 수 있도록 해야 함
> ┃ 활동적인 취미를 꾸며내기보다는 실내에서 할 수 있는 자기계발 활동을 예시로 답변해야 함(예 영어 전화 회화, 컴퓨터 관련 자격증 획득, IT 도서 읽기 등)

PART 01
PART 02
PART 03
PART 04
PART 05
부록
입사 지원 가이드

(2) 적극적 · 소극적인 성격 문항

① 적극적인 성격 문항에 많은 득점이 나온 경우

- 나는 문제를 해결하면 곧 새로운 과제에 도전한다.
- 나는 다른 사람과 이야기할 주제를 협의하면서 대화를 이끌어간다.

| 두서없이 발언하지 않도록 머릿속에서 내용을 정리하고 이야기할 수 있도록 유의해야 함
| 면접관의 말을 끝까지 듣고 나서 응답할 수 있도록 함
| 조직 내에서 적극적이면서 타인과도 협력하는 자세로 임할 수 있음을 강조해야 함

② 소극적인 성격 문항에 많은 득점이 나온 경우

- 나는 주어진 일을 혼자 해결해야 한다고 생각하면 어렵게 느껴진다.
- 나는 자기주장이 거의 없다.

| 질문에 당황하지 않고 자신감 있게 답변하도록 노력해야 함
| 큰 목소리와 정확한 발음으로 문장을 끝까지 마칠 수 있도록 연습해야 함
| 말끝을 흐리지 않고 큰소리로 대답을 마치도록 노력해야 함

(3) 업무 지속성 및 계획성 문항

① 업무 지속성이 짧다는 문항에 많은 득점이 나온 경우

- 나는 줏대 없다는 말을 자주 듣는다.
- 한 가지 일에 오래 집중하지 못하고 한눈을 파는 경우가 많다.

| 한 가지 일을 꾸준히 지속하지 못하는 것은 부정적으로 받아들여질 수 있음
| 새로움을 추구하며 변화를 가져올 수 있는 인재임을 강조해야 함
| 짧은 지속성을 극복하려고 노력했던 구체적인 사례가 있다면 어필할 수 있도록 함

② 업무 계획성이 부족하다는 문항에 많은 득점이 나온 경우

- 나는 행동으로 실천하기까지 시간이 걸린다.
- 나는 친구와 시간 약속을 지키는 것이 어렵다.

| 일관성 있는 대답을 통해 면접관에게 신뢰감을 주어야 함
| 실제 상황에 맞춰서 의사를 결정하고 행동하는 유연함을 갖고 있음을 어필해야 함

(4) 목표 달성 의욕 관련 문항

① 의욕이 낮다는 문항에 많은 득점이 나온 경우

- 나는 일할 때 나의 판단보다는 다른 사람의 의견을 따르는 편이다.
- 사소한 일도 혼자서는 잘 결정하지 못한다.

> ｜ 수동적이라는 평가를 받을 수 있으므로 목표를 설정하고 노력했던 경험을 언급해야 함
> ｜ 주변 상황에 쉽게 흔들렸던 경험 등에 관해 물었을 때 목표를 위해 노력했던 자세를 언급해야 함
> ｜ 주어진 일만 하는 것이 아닌 능동적인 자세 또한 취할 수 있음을 어필해야 함

② 의욕이 높다는 문항에 많은 득점이 나온 경우

- 나는 해결해야 할 문제 사태를 객관적이고 명료하게 분석·판단하여 처리한다.
- 해결해야 할 문제를 분석하여 단계별 해결 방안을 찾는다.

> ｜ 답변에 일관성이 없다면 면접자에 대한 신뢰도가 떨어질 수 있음
> ｜ 정확한 목표를 설정하고 달성하기 위해 노력했던 경험을 언급해야 함
> ｜ 의욕만 앞서는 것이 아니라는 것을 성공 경험 및 노력과 함께 제시해야 함

(5) 자기주장이 강한 성격이거나 감정적인 성격 관련 문항

① 자기주장이 강한 성격 문항에 많은 득점이 나온 경우

- 다수가 반대하는 일이라도 옳다고 생각하면 진행한다.
- 나는 추진하고자 하는 일은 반대가 있더라도 밀어붙인다.

> ｜ 옳다고 생각하는 일에 옳음을 주장하는 것과 옳지 않은 일에 고집을 부리는 것은 다르다는 것을 강조해야 함
> ｜ 타인에게 생각을 강요하지 않는다는 점을 언급해야 함
> ｜ 타인과 어울리는 일에도 거부감이 없다는 것을 강조해야 함

② 감정적인 성격 문항에 많은 득점이 나온 경우

- 나는 궁지에 몰리면 공격적으로 변하는 경우가 많다.
- 나는 상황에 따라 기분이 쉽게 변하는 편이다.

> ｜ 타인과 관계를 맺는데 어려움을 느낄 수 있다는 인상을 줄 수 있으므로 긍정적인 면을 어필해야 함
> ｜ 타인의 감정에 쉽게 반응하므로 사전에 충돌 발생을 줄일 수 있다는 점을 어필해야 함
> ｜ 감정에 치우치지 않도록 조심해야 하고 감정조절을 하며 침착하게 임해야 함

(6) 회복 탄력성에 대한 처리 문항

① 회복 탄력성이 느리다는 문항에 많은 득점이 나온 경우

- 나는 지나간 일에 대해 후회하는 일이 잦다.
- 어떤 일이 실패하면 나에게 모든 책임이 있는 것 같다.

> | 발전을 위해 노력했던 경험을 언급하며 긍정적인 사고를 갖고 있다는 것을 강조해야 함
> | 업무에 대해 책임감을 느끼고 항상 진지하게 임한다는 것을 어필해야 함

(7) 비관적 · 낙천적인 성격 문항

① 비관적인 성격 문항에 많은 득점이 나온 경우

- 정보는 남과 공유하지 않는 것이 내게 이롭다.
- 세상에는 좋은 일보다는 나쁜 일이 더 많다.

> | 무리하게 밝은 태도를 유지하는 것보다 진지하고 차분한 태도로 임해야 함
> | 차분하게 답변을 마치고 면접관의 말에 경청하는 태도를 보여주어야 함

② 낙천적인 성격 문항에 많은 득점이 나온 경우

- 나는 주변 사람들의 생활 태도를 보면서 깊은 감명을 받는다.
- 나는 미래에 벌어질 일들에 대해 낙관적인 편이다.

> | 낙천적이지만 진지함 또한 갖추고 있음을 강조해야 함
> | 꾸준히 진행 중인 일이나 일에 관련해서 몰입하여 성과를 이룬 경험이 있다면 언급해야 함
> | 조직 생활에 밝은 분위기로 환기 · 전환할 수 있다는 점을 어필해야 함

TIP 함정 문항에 유의하기

함정 문항은 지원자의 거짓말 정도를 구분하기 위한 문제로, 허위 응답을 판독하기 위함임. 일관성이 떨어지는 결과를 야기시킬 뿐만 아니라 지원자의 신뢰도에도 영향을 끼치기 때문에 신중하게 응답해야 함

예 '태어나서 거짓말을 한 번도 해본 적이 없다.', '타인과 약속을 한 번도 지키지 않은 적이 없다.', '타인에게 상처가 될 만한 말이나 행동은 한 적이 없다.' 등의 문항

→ 일반적으로 거짓말을 한 적이 없거나, 잘못된 일을 한 번도 한 적이 없는 사람은 없으므로 '예'에 응답할 경우 허위 응답이라고 인식할 수 있음. 따라서, '한 번도, 언제나, 항상 등'이 있는 문항은 꼼꼼하게 읽어볼 필요가 있음

Global Samsung Aptitude Test

Global Samsung Aptitude Test

GSAT
삼성직무적성검사

5급 고졸채용

정답 및 해설

고졸채용 GSAT연구소 지음

예문에듀
EDU

GSAT
삼성직무적성검사

5급 고졸채용

정답 및 해설

고졸채용 GSAT연구소 지음

예문에듀
EDU

PART

01

최신 5개년
기출복원문제
정답 및 해설

수 리 능 력

01	02	03	04	05	06	07	08	09	10
①	②	①	③	②	②	④	④	②	②

11	12	13	14	15
③	①	①	④	①

01 答 ①

$7,474-3,756+9,402-5,510-1,640=3,718+9,402-5,510$
$-1,640=13,120-5,510-1,640=7,610-1,640=5,970$

02 答 ②

$1.5-0.032+0.087+1.99-3=1.468+0.087+1.99-3=$
$1.555+1.99-3=3.545-3=0.545$

03 答 ①

$9+36-40+2^2-8^2=45-40+(2-8)(2+8)=5-60=-55$

04 答 ③

십의 자리 숫자를 x라 하면
일의 자리 숫자가 5인 두 자리 자연수는 $10x+50$이고, 각 자리의 숫자합은 $x+50$이다.
$10x+5=(x+5)\times5$, $10x+5=5x+25$, $x=4$
따라서 구하는 두 자리 자연수는 45이다.

05 答 ②

100원짜리 동전을 x개, 500원짜리 동전을 y개, 1,000원짜리 지폐를 z장이라 하면
$x+y+z=15$·· ㉠
동전과 지폐를 다 합친 금액이 7,100원이므로,
$100x+500y+1,000z=7,100$, $x+5y+10z=71$ ······ ㉡
100원짜리 동전과 1,000원짜리 지폐 개수의 비가 3 : 2이므로
$x:z=3:2$, $3z=2x$ ································· ㉢
㉢을 ㉠과 ㉡에 대입하여 연립하면 $x=6$, $y=5$, $z=4$이다.
따라서 500원짜리 동전은 5개이다.

06 答 ②

원가를 x라 하면 정가는 원가+이익금인 $x(1+0.2)=1.2x$이고 판매가는 정가−할인액이므로 $1.2x\times(1-0.1)=1.08x$이다.
판매가에서 원가를 제외하면 2,000원의 이익을 본 것이므로
$1.08x-x=2,000$, $x=25,000$원
따라서 A상품의 원가는 25,000원이다.

07 答 ④

한 개의 동전을 세 번 던졌을 때 나올 수 있는 경우는 (앞, 앞, 앞), (앞, 앞, 뒤), (앞, 뒤, 뒤), (앞, 뒤, 앞), (뒤, 뒤, 뒤), (뒤, 앞, 뒤), (뒤, 뒤, 앞), (뒤, 앞, 앞) 총 8가지이다.

상금	450원	500원	550원	600원
확률	$\dfrac{1}{8}$	$\dfrac{3}{8}$	$\dfrac{3}{8}$	$\dfrac{1}{8}$

평균은 $450\times\dfrac{1}{8}+500\times\dfrac{3}{8}+550\times\dfrac{3}{8}+600\times\dfrac{1}{8}=525$원
따라서 상금의 평균은 525원이다.

08

점답 ④

기차의 길이를 x라 하면 다리를 통과할 때의 속력과 터널에서 기차가 보이지 않을 때의 속력은 같다.

다리를 통과할 때 속력은 $\dfrac{600+x}{50}$ 이고,

터널에서 기차가 보이지 않을 때 속력은 $\dfrac{1,100-x}{75}$ 이다.

$\dfrac{600+x}{50} = \dfrac{1,100-x}{75}$, $75(600+x)=50(1,100-x)$, $x=80$

따라서 기차의 길이는 80m이다.

09

점답 ②

농도 16%의 소금물을 x라고 하면 소금의 양은 $0.16x$이다.
농도 10%의 소금물 400g 속 소금의 양은 $400×0.1=40$이고
농도 12%의 소금물 $400+x$ 속 소금의 양은 $(400+x)×0.12$이다.
$0.16x+40=(400+x)×0.12$, $x=200$
따라서 농도 16%의 소금물의 양은 200g이다.

10

점답 ②

적어도 1명의 대리가 포함될 확률은 전체 확률에서 2명 모두 대리가 포함되지 않을 확률을 빼면 구할 수 있다.
먼저 전체 경우의 수는 10명 중 2명을 뽑는 것이므로 $_{10}C_2=45$ 가지이다.
2명 모두 대리가 포함되어 있지 않을 확률은 $_6C_2=15$가지이다.

따라서 2명 모두 대리가 포함되지 않을 확률은 $\dfrac{15}{45}=\dfrac{1}{3}$이므로

구하고자 하는 확률은 $1-\dfrac{1}{3}=\dfrac{2}{3}$이다.

11

점답 ③

생산한 제품의 총 개수를 x라고 하면 확률은 다음과 같다.
(ⅰ) 공장 A에서 제작한 제품 중 불량이 나올 확률 :
    $0.6x×0.03=0.018x$
(ⅱ) 공장 B에서 제작한 제품 중 불량이 나올 확률 :
    $0.1x×0.02=0.002x$
(ⅲ) 공장 C에서 제작한 제품 중 불량이 나올 확률 :
    $0.3x×0.04=0.012x$
구하고자 하는 확률은

$\dfrac{(ⅱ)}{(ⅰ)+(ⅱ)+(ⅲ)} = \dfrac{0.002x}{0.018x+0.002x+0.012x} = \dfrac{1}{16}$ 이다.

12

점답 ①

2021년과 2024년 강도를 저지른 소년 강력범죄자 수의 증감률이 같을 뿐 범죄자 수가 동일하다고 할 수 없다.
② 2023년 살인을 저지를 소년 강력범죄자 수가 100명이라고 하면 2024년에는 전년 대비 37% 감소하였으므로 $100×(1-0.37)=63$명이다.
③ 2020년 강도를 저지른 소년 강력범죄자 수는 전년보다 21% 증가했으며, 살인, 강간, 방화의 경우 전년보다 각각 5%, 15%, 37% 감소했다.
④ 강간을 저지른 소년 강력범죄자 수 증감률은 2021년을 제외하고 증감률이 마이너스를 보였으며, 2022~2024년 꾸준히 감소했다.

13

점답 ①

학교급별 만족도 증가 추이를 살펴보면 다음과 같다.
• 초등학교 : 4.17 → 3.98%
• 중학교 : 4.04 → 4.03%
• 고등학교 : 4.00 → 3.97%
2021년 대비 2024년 만족도 증감 추이는 모두 감소하였다.

14

점답 ④

영국 여성 국회의원 비율은 2022년(29.4%) → 2023년(30.0%) → 2024년(32.0%)으로 꾸준하게 증가했다.
① 2022년 대비 2024년 순위가 높아진 국가는 노르웨이, 영국 2개국이다.
② 3년간 대한민국의 여성의원 수는 300명 중 17%를 차지했으므로 $300×0.17=51$명을 유지했으나 순위는 낮아졌다.
③ 2023년 독일 총의원 수는 전년 대비 $630-230=400$명 증가했으나, 여성의원 수는 $(630×0.37)-(230×0.365)=233.1-83.95≒150$명 증가했다.

15

점답 ①

2024년 여성의원 비율이 가장 높은 국가는 43.6%인 스웨덴이다. 총의원 수가 349명이므로, 여성의원 수는 $349×0.436≒152$명이다. 두 번째로 높은 여성의원 비율을 보이는 국가는 41.4%로 노르웨이다. 총의원 수가 169명이므로, 여성의원 수는 $169×0.414≒70$명이다. 따라서 $152-70=82$명 차이 난다.

추리능력

01	02	03	04	05	06	07	08	09	10
④	②	③	①	②	③	①	①	④	②
11	**12**	**13**	**14**	**15**					
④	③	③	①	②					

01
답 ④

제시된 〈조건〉을 참고하였을 때 ねせ=せせむ=むむむむむ 이므로 ?에 들어갈 문자는 ④이다.

02
답 ②

제시된 〈조건〉을 참고하였을 때 めせ=ねね=せせむむ이므로 ?에 들어갈 문자는 ②이다.

03
답 ③

제시된 〈조건〉을 참고하였을 때 ⊮⊮⊮⊮⊮=⊮⊬⊬이므로 ?에 들어갈 문자는 ③이다.

04
답 ①

제시된 〈조건〉을 참고하였을 때 ⊮⊬⊬=⊮⊮=⊮⊮⊮⊮⊮⊮=⊬⊬⊬⊬⊬⊬이므로 ?에 들어갈 문자는 ①이다.

05
답 ②

제시된 〈조건〉을 참고하였을 때 ◇◆=□□◆=□◆◆◆이므로 ?에 들어갈 문자는 ②이다.

06
답 ③

제시된 〈조건〉을 참고하였을 때 □□□□=□□□◆◆=◇□□=■□=■◆◆이므로 ?에 들어갈 문자는 ③이다.

07
답 ①

제시된 〈조건〉을 정리하면 핵융합을 하는 어떤 항성에는 수소와 헬륨이 존재하고 수소 없이 핵융합을 하는 항성은 없으나, 수소 없이 헬륨만 존재하는 항성은 있다고 했으므로 〈보기〉는 참이다.

08
답 ①

조건 2의 대우인 '보트를 타면 비가 온다'를 포함하여 제시된 〈조건〉을 정리하면 '자전거를 타지 않음 → 보트를 탐 → 비가 옴 → 한강 물이 불어남'이 성립하므로 〈보기〉는 참이다.

09
답 ④

제시된 명제를 정리하면 '수영을 좋아함 → 등산을 좋아함', '어떤 운동부 학생 → 수영을 좋아함'이므로 '어떤 운동부 학생 → 수영을 좋아함 → 등산을 좋아함'임을 알 수 있다. 따라서 빈칸에 들어갈 명제로 '어떤 운동부 학생은 등산을 좋아한다'가 가장 적절하다.

10
답 ②

제시된 명제를 정리하면 '여행을 좋아함 → 국내여행을 좋아함', '직장인이 아닌 사람 → 국내여행을 좋아함'이므로 '직장인이 아닌 사람 → 여행을 좋아함 → 국내여행을 좋아함'임을 알 수 있다. 따라서 빈칸에 들어갈 명제로 '직장인이 아닌 사람은 여행을 좋아한다'가 가장 적절하다.

11
답 ④

조건 2의 대우인 '건강하면 늦잠을 자지 않는다'를 포함하여 제시된 〈조건〉을 정리하면 '비타민 ○ → 건강 ○ → 늦잠 × → 부지런 ○'와 대우인 '부지런 × → 늦잠 ○ → 건강 × → 비타민 ×'가 성립한다. 따라서 '늦잠을 자면 비타민을 먹지 않는다'를 추론할 수 있다.

12
답 ③

제시된 〈조건〉에 따라 경우의 수를 정리하면 다음과 같다.

구분	월요일	화요일	수요일	목요일	금요일	토요일	일요일
경우 1	양식	일식	양식	일식	중식	한식	중식
경우 2	양식	일식	양식	한식	중식	한식	일식
경우 3	양식	일식	양식	한식	중식	한식	중식

따라서 '목요일에 일식을 먹으면 일요일에 중식을 먹는다'를 추론할 수 있다.

13

A~E의 진술 중 A와 E 둘 중 하나는 반드시 거짓이 되며, C와 D는 둘 다 참이거나 거짓이다. 거짓을 말한 사람은 2명이고 A와 E 중 한 명은 반드시 거짓이므로 C와 D는 참이 된다. 따라서 A와 E를 기준으로 참·거짓 여부를 판단하면 다음과 같다.

- A가 참인 경우 : 지각한 사람은 E이고, E를 제외한 모든 진술이 참이 되므로 문제의 조건에 부합하지 않는다.
- E가 참인 경우 : C, D, E의 진술이 참이 되므로 A, B의 진술이 거짓이 되면서 지각한 사람은 C가 되며, 문제의 조건에 부합한다.

따라서 '지각을 한 사람은 C이다'를 추론할 수 있다.

14

답 ①

그룹 내에 나열된 수를 각각 A, B, C라고 할 경우 $(A+C) \div 2 = B$라는 것을 알 수 있다. 따라서 빈칸에 들어갈 숫자는 $(2+4) \div 2 = 3$이다.

15

답 ②

$\div 2$, $+1$이 반복되는 수열이다.

Z	W	N	G	H	(D)
26	13	14	7	8	4

지각능력

01	02	03	04	05	06	07	08	09	10
②	④	③	③	②	③	①	②	②	④

11	12	13	14	15
④	②	②	④	①

01

답 ②

'▫'는 두 번째에 제시되었으므로 답은 ②가 된다.

02

답 ④

'◰'는 네 번째에 제시되었으므로 답은 ④가 된다.

03

답 ③

'◩'는 세 번째에 제시되었으므로 답은 ③이 된다.

04

답 ③

'✋'는 일곱 번째에 제시되었으므로 답은 ③이 된다.

05

답 ②

'✌'는 두 번째에 제시되었으므로 답은 ②가 된다.

06

답 ③

'☞'는 네 번째에 제시되었으므로 답은 ③이 된다.

07

답 ①

'✎'는 첫 번째에 제시되었으므로 답은 ①이 된다.

08

답 ②

제시된 좌우 문자 중 '🕐🕑'의 위치가 다르므로 정답은 ②가 된다. 왼쪽 문자는 '🕐🕑🕒🕓🕐🕑🕒'의 순서이고, 오른쪽 문자는 '🕐🕑🕒🕓🕑🕐🕒'의 순서이다.

09
답 ②

문자를 내림차순으로 나열한다는 것은 알파벳은 Z부터 A까지, 한글은 ㅎ부터 ㄱ까지, 숫자는 큰 수부터 작은 수 순서로 나열하는 것이다. 제시된 문자들을 내림차순으로 나열하면 'U−O−K−I−E−B'의 순서가 된다. 따라서 세 번째로 오는 문자는 K가 된다.

10
답 ④

제시된 도형과 같은 것은 ④이다.

①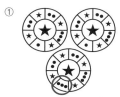

②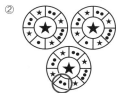

③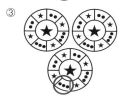

11
답 ④

나머지 도형과 다른 것은 ④이다.

④의 도형은 ①, ②, ③의 도형과 달리 오른쪽 상단에 색칠된 부분이 있다.

12
답 ②

1층 6개, 2층 5개, 3층 3개, 4층 1개로 블록의 총개수는 6+5+3+1=15개가 된다.

13
답 ②

1층 15개, 2층 13개, 3층 8개, 4층 4개로 블록의 총개수는 15+13+8+4=40개가 된다.

> 빈 부분에 블록을 채워보기
> 1층과 2층의 블록을 4층의 빈 부분으로 옮긴 후에 계산하면 간단히 해결할 수 있다.
> 아래와 같이 블록을 옮기면 1층 12개, 2층 12개, 3층 8개, 4층 8개가 되어 쉽게 계산할 수 있다.

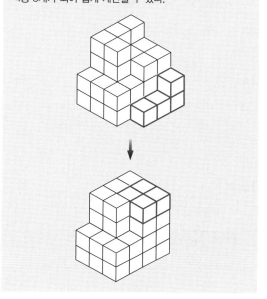

14
답 ④

블록의 최대 개수는 (앞면의 층별 블록 개수)×(측면의 층별 블록 개수)를 통해 구할 수 있다.
(앞면의 1층 블록 개수 3개×측면의 1층 블록 개수 4개)+(2층 블록 개수 1개×2층 블록 개수 2개)+(3층 블록 개수 1개×3층 블록 개수 1개)=12+2+1=15개
따라서 블록의 최대 개수는 15개가 된다.

15
답 ①

블록의 최소 개수는 (앞면의 블록 개수)+(측면의 블록 개수)−(중복되는 블록의 개수)로 구할 수 있다.
앞면의 블록 개수는 9개, 측면의 블록 개수는 10개, 중복되는 블록의 개수는 (1, 3, 5) (1, 3, 5, 1)로 9개다.
따라서 블록의 최소 개수는 19−9=10개가 된다.

2023년 기출복원문제

수리능력

01	02	03	04	05	06	07	08	09	10
④	②	③	②	②	①	④	③	①	④
11	12	13	14	15
①	②	③	③	④

01

답 ④

$89-33+65\times12-42=89-33+780-42=56+780-42=836-42=794$

02

답 ②

$0.4\times0.7+0.3-0.5=0.28+0.3-0.5=0.08$

03

답 ③

$\frac{1}{125}=0.0080$이므로 0.008과 0.01 사이의 숫자를 고르면 보기 중 0.00850이다.

04

답 ②

지난 해 사과의 생산량을 x, 포도의 생산량을 y라고 하면
$x+y=300$ ·················· ㉠
올해 사과의 생산량은 지난 해 대비 30% 감소, 포도의 생산량은 지난 해 대비 10% 증가하여 작년 대비 10천 개 감소하였다.
$-0.3x+0.1y=-10$ ·················· ㉡
㉠과 ㉡을 연립하면 $x=100$, $y=200$
따라서 올해 사과의 생산량은 $100\times(1-0.3)=70$천 개다.

05

답 ②

제품 1개의 원가를 x라고 하면
A씨가 책정한 정가는 $1.25x$이고, B씨가 책정한 원가는 $1.25x\times1.2=1.5x$이다.
B씨가 제품을 1,000개 판매하고 남은 이익이 400만 원이므로
$(1.5x\times1,000)-(1,000x)=4,000,000$, $500x=4,000,000$
$x=8,000$
따라서 제품 1개의 원가는 8,000원이다.

06

답 ①

A씨와 B씨가 x분 후 만난다고 하면
A씨가 걸은 거리는 $120x$, B씨가 걸은 거리는 $80x$이다.
두 사람이 서로 반대 방향으로 돌기 때문에 두 사람의 거리의 합은 호숫가 둘레와 동일하다.
$120x+80x=3,000$, $200x=3,000$, $x=15$
따라서 두 사람은 15분 후 만났다.

07

답 ④

A씨는 1분에 $\frac{4}{48}=\frac{1}{12}$개의 택배를 포장하고, B씨와 C씨는 1분에 $\frac{4}{16}=\frac{1}{4}$개의 택배를 포장한다.

B씨가 1분에 $\frac{1}{b}$개의 택배를 포장한다고 하면

$\left(\frac{1}{12}+\frac{1}{b}\right)\times120+\frac{1}{4}\times60=40$, $b=8$

따라서 B씨는 1개 택배를 포장하는 데 8분이 걸리므로 10개를 포장하는 데 80분이 걸린다.

08 답 ③

전체 경우의 수는 8개 지역 중에 4개의 지역을 선정하므로 $_8C_4$ $=70$가지이다.

가~라 중 3개 지역을 선정하는 경우의 수는 $_4C_3=4$가지이고, 나머지 남은 4개의 지역 중 1개를 고르는 경우의 수는 $_4C_1=4$ 가지이다.

따라서 구하고자 하는 확률은 $\dfrac{4\times4}{70}=\dfrac{8}{35}$가지이다.

09 답 ①

전체 평균이 76점이므로 전체 점수 합은 $76\times5=380$점이다.

1등과 4등의 평균이 88점이므로 1등과 4등의 점수 합은 88×2 $=176$점이고, 2등과 5등의 평균이 65점이므로 2등과 5등의 점수 합은 $65\times2=130$점이다. 따라서 전체 점수 합 380점에서 1, 2, 4, 5등의 점수 합을 빼주면 3등 점수가 나온다.

3등 점수는 $380-176-130=74$점이다.

10 답 ④

박람회에 직원 3명을 보내는 전체 경우의 수는 $_{11}C_3=165$가지 이고, 남자 1명과 여자 2명을 뽑는 경우의 수는 $_5C_1\times_6C_2=75$ 가지이다.

따라서 구하고자 하는 확률은 $\dfrac{75}{165}=\dfrac{5}{11}$이다.

11 답 ①

가구당 평균 지급액 $=\dfrac{지급액}{가구}$ 으로 구할 수 있다.

• 2021년 가구당 평균 지급액 : $\dfrac{7,745억\ 원}{846천\ 가구}=\dfrac{7,745}{846}\times10^5$ $≒915$천 원

• 2024년 가구당 평균 지급액 : $\dfrac{12,808억\ 원}{1,694천\ 가구}=\dfrac{12,808}{1,694}\times10^5$ $≒756$천 원

따라서 둘의 차이는 $915-756=159$천 원이다.

12 답 ②

19~29세는 책 중에 전자책을 읽는 비율이 $\dfrac{2.1}{11.4+2.1}≒16\%$ 이다.

① 연령대별로 1년 독서량을 살펴보면 19~29세는 $11.4+2.1$ $=13.5$권, 30~39세는 $11.6+0.9=12.5$권, 40~49세는 $9.8+$ $0.6=10.4$권, 50~59세는 $7.6+0.2=7.8$권, 60세 이상은 6.1권이다. 따라서 1년 독서량이 10권도 되지 않는 연령대는 과반수 미만이다.

③ 60세 이상 연간 독서량은 6.1권이고, 40~49세 연간 독서량은 10.4권으로 40~49세 독서량이 4.3권 더 많다.

④ 종이책 독서량이 가장 많은 연령대는 30~39세이고 전자책 독서량이 가장 많은 연령대는 19~29세이므로 동일하지 않다.

13 답 ③

2024년 전년 동월 대비 사용하는 앱의 사용 시간 증가율은 다음과 같다.

• A앱 : $\dfrac{101-51}{51}\times100≒98\%$

• B앱 : $\dfrac{60-51}{51}\times100≒17.6\%$

• C앱 : $\dfrac{39-28}{28}\times100≒39.3\%$

• D앱 : $\dfrac{10-15}{15}\times100≒-33.3\%$

따라서 순위는 A앱>C앱>B앱>D앱이다.

14 답 ③

2022년 아동 안전사고 사망자 중 익사에 해당하는 비율은 $\dfrac{28}{103+28+28+10+56}\times100≒12.4\%$이다.

① 2023년 아동 안전사고 사망자 수는 $87+19+28+5+1+$ $56=196$명이고, 2024년 아동 안전사고 사망자 수는 $75+24$ $+26+7+2+62=196$명으로 동일하다.

② 막대그래프에서 안전사고 사망 유형 중 교통사고가 차지하는 면적이 가장 넓다.

④ 2021년 아동 안전사고 사망자 수는 $80+36+31+5+2+$ $61=215$명이고, 2022년 아동 안전사고 사망자 수는 $103+$ $28+28+10+56=225$명이므로 10명 증가하였다.

15 답 ④

아동 안전사고 사망자 중 교통사고로 인한 사망자 비율은 다음과 같다.

• 2021년 : $\dfrac{80}{215}\times100≒37.2\%$

• 2022년 : $\dfrac{103}{225}\times100≒45.8\%$

• 2023년 : $\dfrac{87}{196}\times100≒44.4\%$

• 2024년 : $\dfrac{75}{196}\times100≒38.3\%$

따라서 비율이 큰 순서대로 나열하면 2022년>2023년>2024년>2021년이다.

추리능력

01	02	03	04	05	06	07	08	09	10
③	①	②	③	④	①	①	③	②	①
11	12	13	14	15					
②	④	③	①	②					

01
답 ③

제시된 〈조건〉을 참고하였을 때 見角角角＝見見角＝門見이므로 ?에 들어갈 문자는 ③이다.

02
답 ①

제시된 〈조건〉을 참고하였을 때 貝角＝門門＝見見角角＝角角角角角이므로 ?에 들어갈 문자는 ①이다.

03
답 ②

제시된 〈조건〉을 참고하였을 때 ⸚⸚⸚＝⸚⸚⸚⸚＝⸚⸚⸚⸚⸚이므로 ?에 들어갈 문자는 ②이다.

04
답 ③

제시된 〈조건〉을 참고하였을 때 ⸚⸚⸚⸚⸚⸚＝⸚⸚⸚⸚＝⸚⸚⸚⸚이므로 ?에 들어갈 문자는 ③이다.

05
답 ④

제시된 〈조건〉을 참고하였을 때 ふふふふ＝ふふええ＝そそ이므로 ?에 들어갈 문자는 ④이다.

06
답 ①

제시된 〈조건〉을 참고하였을 때 ろふふ＝そそふえ＝そそふふ이므로 ?에 들어갈 문자는 ①이다.

07
답 ①

제시된 〈조건〉에 따라 가능한 경우의 수를 정리하면 다음과 같다.

구분	경우 1	경우 2	경우 3
5층	A회사	A회사	A회사
4층	B회사	B회사	C회사
3층	E회사	E회사	E회사
2층	C회사	D회사	B회사
1층	D회사	C회사	D회사

따라서 어떠한 경우에도 E회사는 3층에 있으므로 〈조건〉은 참이다.

08
답 ③

제시된 〈조건〉을 정리하면 '자두 × → 감자 ○ → 파프리카 ○ → 수박 ○ → 양파 × → 포도 ×'와 대우인 '포도 ○ → 양파 ○ → 수박 × → 파프리카 × → 감자 × → 자두 ○'가 성립하므로 〈보기〉는 알 수 없다.

09
답 ②

제시된 명제를 정리하면 '달리기 빠르지 않음 → 국가대표팀 소속 ×', '축구를 잘하는 어떤 사람 → 국가대표팀 소속 ○'이므로 명제 1의 대우인 '국가대표팀 소속 ○ → 달리기가 빠름'을 고려하였을 때 '축구를 잘하는 어떤 사람 → 국가대표팀 소속 ○ → 달리기 빠름'임을 알 수 있다. 따라서 빈칸에 들어갈 명제로 '축구를 잘하는 어떤 사람은 달리기가 빠르다'가 가장 적절하다.

10
답 ①

제시된 명제를 정리하면 '반바지 ○ → 공무원 ○', '오늘 휴무 → 공무원 ○'이므로 '반바지 ○ → 오늘 휴무 → 공무원 ○'임을 알 수 있다. 따라서 빈칸에 들어갈 명제로 '반바지를 입은 모든 사람은 오늘 휴무이다'가 가장 적절하다.

11

답 ②

제시된 〈조건〉에 따라 A~E와 소속 부서를 출근한 순서대로 정리하면 다음과 같다.

1	2	3	4	5
A	B/E	C	D	B/E
기획부	디자인부	생산부	개발부	인사부

따라서 'B가 디자인부라면 E가 인사부이다'를 추론할 수 있다.

12

답 ④

제시된 〈조건〉에 따라 A~C가 입은 옷과 먹는 음식을 정리하면 다음과 같다.

구분	A	B	C
옷	카디건/후드티	카디건/후드티	스웨터
음식	치킨	햄버거	피자

따라서 'C는 스웨터를 입고 피자를 먹는다'를 추론할 수 있다.

13

답 ③

A~D 진술 중 B와 C는 참이며, D의 진술은 '나는 C와 같은 부서이지만'까지만 참이다. 따라서 A와 D를 기준으로 참·거짓 여부를 판단하면 다음과 같다.
- A가 참인 경우 : A는 D와 같은 부서이고 C와는 다른 부서이며 출장지도 다르다. C에 의해 C와 D는 같은 부서여야 하므로 모순이 발생한다.
- D가 참인 경우 : B는 C와 출장지가 같고 C와 D는 같은 부서이다. D는 C와 같은 부서이고 B와는 다른 부서이며 출장지가 다르다. 이 경우 모순이 발생하지 않는다.

따라서 'B는 D와 다른 부서이다'를 추론할 수 있다.

14

답 ①

×2, (−2)가 반복되는 수열이다.
따라서 빈칸에 들어갈 숫자는 −24+(−2)=−26이다.

15

답 ②

(−3), ×2가 반복되는 수열이다.

I	F	L	(I)	R	O
9	6	12	9	18	15

지각능력

01	02	03	04	05	06	07	08	09	10
③	②	③	④	②	④	③	③	②	③
11	12	13	14	15					
④	④	②	③	②					

01

답 ③

'☞'는 세 번째에 제시되었으므로 정답은 ③이 된다.

02

답 ②

'✉'는 두 번째에 제시되었으므로 정답은 ②가 된다.

03

답 ③

'📣'는 여섯 번째에 제시되었으므로 정답은 ③이 된다.

04

답 ④

'👌'는 다섯 번째에 제시되었으므로 정답은 ④가 된다.

05

답 ②

'📜'는 두 번째에 제시되었으므로 정답은 ②이다.

06

답 ④

'💻'는 여섯 번째에 제시되었으므로 정답은 ④이다.

07

답 ③

'📷'는 네 번째에 제시되었으므로 정답은 ③이다.

08

답 ③

문자를 내림차순으로 나열한다는 것은 알파벳은 Z부터 A까지, 한글은 ㅎ부터 ㄱ까지, 숫자는 큰 수부터 작은 수 순서로 나열하는 것이다.
제시된 문자들을 내림차순으로 나열하면 '후−추−우−부−무−구'의 순서가 된다. 따라서 네 번째에 오는 문자는 '부'이다.

09 답 ②

제시된 좌우 문자의 철자가 다르므로 답은 ②가 된다.
왼쪽에 제시된 문자 'LibertySympathetic'와 달리 오른쪽에
제시된 문자 'LibetySympathetic'에는 r이 빠져있다.

10 답 ③

제시된 도형과 다른 것은 ③이다.

③의 도형은 ①, ②, ④의 도형과 달리 도형 내부에 사각형이 위
치하고 있다.
① 제시된 도형을 시계 방향으로 90도 회전시킨 모양이다.
② 제시된 도형을 180도 회전시킨 모양이다.

11 답 ④

제시된 도형과 같은 그림은 제시된 도형을 시계 방향으로 90도
회전시킨 모양인 ④이다.

12 답 ④

보이지 않는 곳에도 블록이 있다고 가정했을 때 1층 8개, 2층
6개, 3층 2개로 블록의 총개수는 8+6+2=16개가 된다.

• 1층 :

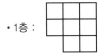

• 2층 :

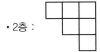

• 3층 :

13 답 ②

1층 11개, 2층 7개, 3층 3개, 4층 2개, 5층 1개로 블록의 총개
수는 11+7+3+2+1=24개가 된다.

빈 부분에 블록을 채워보기
1층의 블록을 3, 4층의 빈 부분으로 옮긴 후에 계산하면
간단히 해결할 수 있다.
아래와 같이 블록을 옮기면 1층 6개, 2층 6개, 3층 4개,
4층 4개, 5층 4개가 되어 쉽게 계산할 수 있다.

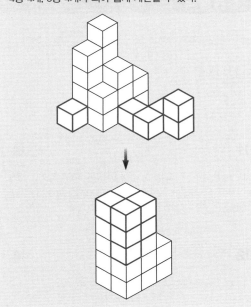

14 답 ③

블록의 최대 개수는 (앞면의 층별 블록 개수)×(측면의 층별 블
록 개수)를 통해 구할 수 있다.
(앞면의 1층 블록 개수 3개×측면의 1층 블록 개수 3개)+(2층
블록 개수 2개×2층 블록 개수 2개)+(3층 블록 개수 1개×3층
블록 개수 1개)=9+4+1=14개
따라서 블록의 최대 개수는 14개가 된다.

15 답 ②

블록의 최소 개수는 (앞면의 블록 개수)+(측면의 블록 개수)-
(중복되는 블록의 개수)로 구할 수 있다.
앞면의 블록 개수 11개, 측면의 블록 개수 9개, 중복되는 블록
의 개수는 (4, 3, 1, 3) (3, 4, 2)로 7개다.
따라서 블록의 최소 개수는 20-7=13개가 된다.

수리능력

01	02	03	04	05	06	07	08	09	10
③	①	④	②	②	④	③	②	④	③
11	12	13	14	15					
①	③	①	④	①					

01　　　　　　　　　　답 ③

$1,019+6,541-2,004-3,042+9,963+329=7,560-2,004$
$-3,042+9,963+329=5,556-3,042+9,963+329=$
$2,514+9,963+329=12,477+329=12,806$

02　　　　　　　　　　답 ①

$15^2-5^2+3^2=(15-5)(15+5)+9=200+9=209$

03　　　　　　　　　　답 ④

A팀 팀원들 인원수를 x라고 하면
$3x-5=2x+10$, $x=15$
따라서 A팀 팀원들은 15명이고, 사탕의 개수는 $15\times3-5=40$
개이다.

04　　　　　　　　　　답 ②

작년 남자 응시자 수를 x, 작년 여자 응시자 수를 y라고 하면
　$x+y=800$ …………………………………… ㉠
　$0.04x+0.02y=26$ ……………………… ㉡
㉠과 ㉡을 연립하면 $x=500$, $y=300$이다.
따라서 올해 남자 응시자 수는 $500\times(1+0.04)=520$명이다.

05　　　　　　　　　　답 ②

A씨가 올라간 거리를 x라고 하면
올라갈 때 시간은 $\dfrac{x}{4}$이고, 내려올 때 시간은 $\dfrac{x}{6}$이다.
올라갈 때보다 내려올 때 50분 적게 걸렸으므로
$\dfrac{x}{4}=\dfrac{x}{6}+\dfrac{50}{60}$, $3x=2x+10$, $x=10$
따라서 A씨가 올라간 거리는 10km이다.

06　　　　　　　　　　답 ④

A씨가 하루에 하는 일의 양은 $\dfrac{1}{8}$, B씨가 하루에 하는 일의 양은
$\dfrac{1}{12}$, C씨가 하루에 하는 일의 양은 $\dfrac{1}{16}$이다.
A씨와 C씨가 같이 일한 일수를 x라고 하면
$\dfrac{1}{12}\times3+\left(\dfrac{1}{8}+\dfrac{1}{16}\right)\times x=1$, $4+3x=16$, $x=4$
따라서 이 일을 끝내는 데 걸리는 총 일수는 $3+4=7$일이다.

07　　　　　　　　　　답 ③

상품 A의 정가는 원가의 50% 이익을 붙여서 판매하므로
$200,000\times(1+0.5)=300,000$원이다. 하지만 판매가 저조하여
정가의 25%를 할인하면 $300,000\times(1-0.25)=225,000$원이
다. 225,000원에서 원가를 제외하면 25,000원의 이익이 남는
다. 따라서 $50,000,000\div25,000=2,000$개 이상 팔아야 초기
설비비용을 만회할 수 있다.

08　　　　　　　　　　답 ②

추가한 농도 10% 설탕물의 양을 x, 물의 양을 y라고 하면
　$200+x+y=400$, $x+y=200$ ……………………… ㉠
이때 설탕의 양(추가한 물에는 설탕이 없음)을 구해보면
$200\times0.06+x\times0.1=400\times0.05$, $12+0.1x=20$, $x=80$
x의 값을 ㉠에 대입하면 $y=120$이다.
따라서 추가한 물의 양은 120g이다.

09

답 ④

적어도 1명은 A팀일 확률은 전체 확률에서 발표자 2명 모두 B팀에서 뽑는 확률을 제외하면 된다.

전체 경우의 수는 9명 중 2명을 뽑는 경우이므로 $_9C_2=36$가지이고, 발표자 2명 모두 B팀에서 뽑는 경우의 수는 $_4C_2=6$가지이므로 $\dfrac{6}{36}=\dfrac{1}{6}$이다.

따라서 적어도 1명은 A팀일 확률은 $1-\dfrac{1}{6}=\dfrac{5}{6}$이다.

10

답 ③

두 번째 검사에서 오류 판정을 받을 확률을 x라 하면
첫 번째와 두 번째 검사에서 모두 오류 판정을 받을 확률은 10%이므로 $0.4\times x=0.1$, $x=0.25$

구분	첫 번째	두 번째
오류 ○	0.4	0.25
오류 ×	0.6	0.75

2가지 오류 검사에서 오류 판정을 한 번만 받을 확률은 다음과 같다.

(i) 첫 번째 오류 ○, 두 번째 오류 ×인 확률 : $0.4\times0.75=0.3$
(ii) 첫 번째 오류 ×, 두 번째 오류 ○인 확률 : $0.6\times0.25=0.15$
(i), (ii) 서로 영향을 주지 않는 독립사건이므로 구하고자 하는 확률은 $0.3+0.15=0.45$이다.

11

답 ①

20~40대 이용자들의 구성비를 구하면 $100-(12.4+6.8)=80.8$%이다.
전체 이용자 수는 250,000명이므로 20~40대 이용자 수는 $250,000\times0.808=202,000$명이다.

12

답 ③

조사기간 중 버스의 평균 교통량은 하루에 $(1,683+1,687+1,594+1,575)\div4=1,634.75$대이므로 1,650대 미만이다.
① 2021년의 국도 평균 교통량은 43,689대/일로 가장 적지만, 화물차 평균 교통량은 13,142대/일로 가장 많다.
② 2024년 승용차의 평균 교통량은 전년 대비 $\dfrac{35,312-32,593}{32,593}\times100≒8.3$% 증가하였다.
④ 2022년 국도 평균 교통량 중 화물차의 비중은 $\dfrac{11,909}{45,236}\times100≒26.3$%이다.

13

답 ①

전체 수출액 중 가장 높은 비중을 차지하는 국가는 유럽이다.
전체 수출액은 $996+8,165+9,742+846=19,749$천 달러이므로 $\dfrac{9,742}{19,749}\times100≒49.3$%이다.
전체 수입액 중 가장 높은 비중을 차지하는 국가는 일본이다.
전체 수입액은 $913+6,002+543+753=8,211$천 달러이므로 $\dfrac{6,002}{8,211}\times100≒73.1$%이다.
따라서 두 비율의 차는 $73.1-49.3=23.8$%p이다.

14

답 ④

2023년 남성공무원 수는 $278,303-82,178=196,125$명이다.
① 2019년 이후 여성공무원 수는 70,568 → 75,608 → 78,855 → 80,666 → 82,178 → 83,282명으로 꾸준히 증가하고 있다.
② 2020년에 남성공무원이 차지하는 비율은 $\dfrac{(272,584-75,608)}{272,584}\times100≒72.3$%이다.
③ 2019년과 비교했을 때 2024년 여성공무원의 수는 $\dfrac{83,282-70,568}{70,568}\times100≒18$% 증가했다.

15

답 ①

2024년 여성공무원의 비율은 $\dfrac{83,282}{279,636}\times100≒29.8$%이고,
2021년 여성공무원의 비율은 $\dfrac{78,855}{275,484}\times100≒28.6$%이다.
따라서 2024년 여성공무원의 비율은 2021년과 비교했을 때 $29.8-28.6=1.2$%p이다.

01	02	03	04	05	06	07	08	09	10
①	②	③	②	④	①	②	③	③	①

11	12	13	14	15
④	③	①	④	②

01
답 ①

제시된 〈조건〉을 참고하였을 때 ⊹⊹ ⫶ ⹀⫶ ⫶⊹⹀⫶⹀⫶⊹⊹⊹⹀⹀⊹⹀⹀⊹⹀⊹이므로 ?에 들어갈 문자는 ①이다.

02
답 ②

제시된 〈조건〉을 참고하였을 때 ⊹⹀⹀⫶⫶⊹⹀⫶⊹⫶⊹⊹⫶⹀⫶⊹이므로 ?에 들어갈 문자는 ②이다.

03
답 ③

제시된 〈조건〉을 참고하였을 때 ⊿⊅⹀⫶⹀⫶⫶⹀⹀⫶⫶⹀⊅⊅⊅이므로 ?에 들어갈 문자는 ③이다.

04
답 ②

제시된 〈조건〉을 참고하였을 때 ⊅⹀⊿⹀⫶⹀⊿⊿⹀⫶⊅⹀⊿⹀⫶⊿⊿⹀⫶⊿⹀⊿⊅이므로 ?에 들어갈 문자는 ②이다.

05
답 ④

제시된 〈조건〉을 참고하였을 때 ⋯⫶ ⫶ ⫶⫶ ⋱⫶⫶ ⋱⋱⫶⋱⋱⫶⋱⫶이므로 ?에 들어갈 문자는 ④이다.

06
답 ①

제시된 〈조건〉을 참고하였을 때 ⋰⫶⋰⋱⫶⋯⫶⫶⫶⫶⋱⫶⋱⋰⫶⋱⫶⫶이므로 ?에 들어갈 문자는 ①이다.

07
답 ②

조건 1의 대우인 '계곡을 좋아하면 등산을 좋아한다'를 포함하여 제시된 〈조건〉을 정리하면 '계곡을 좋아함 → 등산을 좋아함 → 캠핑을 좋아함 → 산을 좋아함'과 대우인 '산을 좋아하지 않음 → 캠핑을 좋아하지 않음 → 등산을 좋아하지 않음 → 계곡을 좋아하지 않음'이 성립하므로 〈보기〉는 거짓이다.

08
답 ③

조건 1의 대우인 '진달래를 좋아하지 않으면 개나리를 좋아한다'와 조건 2대 대우인 '장미를 좋아하지 않으면 진달래를 좋아하지 않는다'를 포함하여 제시된 〈조건〉을 정리하면 '국화 ○ → 장미 × → 진달래 × → 개나리 ○ → 수국 ×'와 대우인 '수국 ○ → 개나리 × → 진달래 ○ → 장미 ○ → 국화 ×'가 성립하므로 〈보기〉는 알 수 없다.

09
답 ③

제시된 명제를 정리하면 '자전거 속도가 빠르지 않음 → 가격이 비싸지 않음', '전기 모터가 달린 자전거 → 자전거 속도가 빠름'이므로 명제 1의 대우인 '가격이 비쌈 → 자전거 속도가 빠름'을 고려하였을 때 '전기 모터가 달린 자전거 → 가격이 비쌈 → 자전거 속도가 빠름'임을 알 수 있다. 따라서 빈칸에 들어갈 명제로 '전기 모터가 달린 자전거는 가격이 비싸다'가 가장 적절하다.

10
답 ①

제시된 명제를 정리하면 '고기 먹음 → 야채 먹음', '과일 먹지 않음 → 고기 먹지 않음'이므로 명제 2의 대우인 '고기 먹음 → 과일 먹음'을 고려하였을 때 '고기 먹음 → 야채 먹음 → 과일 먹음'임을 알 수 있다. 따라서 빈칸에 들어갈 명제로 '야채를 먹는 사람은 과일을 먹는다'가 가장 적절하다.

11
답 ④

조건 2의 대우인 '검정색을 좋아하지 않으면 흰색을 좋아하지 않는다'와 조건 3의 대우인 '흰색을 좋아하지 않으면 파란색을 좋아한다', 조건 5의 대우인 '파란색을 좋아하면 노란색을 좋아한다'를 포함하여 제시된 〈조건〉을 정리하면 '빨간색 ○ → 검정색 × → 흰색 × → 파란색 ○ → 노란색 ○ → 초록색 ×'이 성립한다. 따라서 '빨간색을 좋아하면 파란색을 좋아한다'를 추론할 수 있다.

12
답 ③

제시된 〈조건〉에 따라 대출 기간이 짧은 은행부터 순서대로 나열하면 다음과 같다.

1	2	3	4
D은행	B은행	A은행	C은행

따라서 'D은행의 대출 기간이 가장 짧다'를 추론할 수 있다.

13
답 ①

각각 합격한 경우를 가정하고 그에 맞게 나머지 진술의 참·거짓 여부를 정리하면 다음과 같다.

구분	갑의 진술	을의 진술	병의 진술	정의 진술	무의 진술
갑이 합격	×	○	×	×	○
을이 합격	○	×	×	○	○
병이 합격	○	○	×	×	○
정이 합격	×	○	○	×	○
무가 합격	○	○	○	×	×

따라서 '최종 합격한 사람은 갑이다'를 추론할 수 있다.

14
답 ④

나열된 수를 각각 A, B, C라고 할 경우 A+B=C라는 것을 알 수 있다.
따라서 빈칸에 들어갈 숫자는 2+8=10이다.

15
답 ②

×2, (−2)가 반복되는 수열이다.

다	바	라	아	(바)	타
3	6	4	8	6	12

지각능력

01	02	03	04	05	06	07	08	09	10
③	②	③	④	②	③	④	③	②	②

11	12	13	14	15
①	②	③	④	①

01
답 ③

'Esc'는 네 번째에 제시되었으므로 정답은 ③이 된다.

02
답 ②

'Back Space'는 세 번째에 제시되었으므로 정답은 ②가 된다.

03
답 ③

'Scroll Lock'는 여섯 번째에 제시되었으므로 정답은 ③이 된다.

04
답 ④

'Sys Req'는 일곱 번째에 제시되었으므로 정답은 ④가 된다.

05
답 ②

'에'는 두 번째에 제시되었으므로 정답은 ②가 된다.

06
답 ③

'01'는 세 번째에 제시되었으므로 정답은 ③이 된다.

07
답 ④

'매'는 다섯 번째에 제시되었으므로 정답은 ④가 된다.

08
답 ③

아래 표를 참고하여 'Aladdin'의 코드를 찾을 수 있다. 따라서 'Aladdin'의 코드는 '깨9깨33빠11'가 된다.

〈해외 영화 제목 코드 부여 규칙〉

A	B	C	D	E	F	G	H	I	J	K	L	M
ㄲ	1	2	3	ㄸ	4	5	6	ㅃ	7	8	9	10

N	O	P	Q	R	S	T	U	V	W	X	Y	Z
11	ㅆ	12	13	14	ㄱ	ㄴ	ㅉ	ㄷ	ㄹ	ㅁ	ㅂ	ㅅ

09   답 ②

영화 코드가 '내6때&9뻐쎄11&8빠115'인 영화의 제목은 'The Lion King'이다.

10   답 ②

제시된 도형과 같은 것은 ②이다.

①

③

④

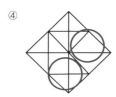

11   답 ①

제시된 도형과 같은 그림은 제시된 도형을 시계 방향으로 90도 회전시킨 모양인 ①이다.

②

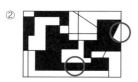

③

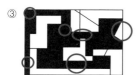

④

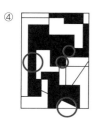

12   답 ②

1층 7개, 2층 6개, 3층 2개로 블록의 총개수는 7+6+2=15개가 된다.

13   답 ③

1층 10개(1+2+3+4), 2층 9개(2+3+4), 3층 7개(3+4), 4층 4개로 블록의 총개수는 10+9+7+4=30개이다.

쌓아 놓은 블록의 가로와 세로 블록이 하나씩 증가하고 있으므로 1개, 4개, 9개, 16개를 더하여 블록의 총개수를 구할 수도 있다.

14   답 ④

블록의 최대 개수는 (앞면의 층별 블록 개수)×(측면의 층별 블록 개수)를 통해 구할 수 있다.

(앞면의 1층 블록 개수 3개×측면의 1층 블록 개수 3개)+(2층 블록 개수 3개×2층 블록 개수 3개)+(3층 블록 개수 2개×3층 블록 개수 2개)+(4층 블록 개수 1개×4층 블록 개수 2개)
=9+9+4+2=24개

따라서 블록의 최대 개수는 24개가 된다.

15   답 ①

블록의 최소 개수는 (앞면의 블록 개수)+(측면의 블록 개수)−(중복되는 블록의 개수)로 구할 수 있다.

앞면의 블록 개수 9개, 측면의 블록 개수 8개, 중복되는 블록의 개수는 (1, 4, 3, 1) (3, 4, 1)로 8개다.

따라서 블록의 최소 개수는 17−8=9개가 된다.

2021년 기출복원문제

수리능력

01	02	03	04	05	06	07	08	09	10
②	④	④	③	④	①	④	②	①	③

11	12	13	14	15
②	②	④	②	②

01
답 ②

$\dfrac{1}{48} \times 0.6 \div 0.02 - 0.1 = \dfrac{1}{80} \div 0.02 - 0.1 = 0.625 - 0.1 = 0.525$

02
답 ④

$1.212 - 0.055 + 1.074 + 1.318 - 0.457 - 1.354 = 1.157 + 1.074 + 1.318 - 0.457 - 1.354 = 2.231 + 1.318 - 0.457 - 1.354 = 3.549 - 0.457 - 1.354 = 3.092 - 1.354 = 1.738$

03
답 ④

$18 + 40 - 160 - 180 + 390 = 58 - 160 - 180 + 390 = -102 - 180 + 390 = -282 + 390 = 108$

04
답 ③

지난달 키보드의 개수를 x라고 하면, 마우스의 개수는 $500-x$이다.
이번 달은 900개를 생산했으므로
$\dfrac{1}{3}x + 3(500-x) = 900$, $x = 225$
따라서 지난달 생산된 키보드의 개수는 225개이므로 이번 달 생산한 키보드의 개수는 $\dfrac{1}{3} \times 225 = 75$개이다.

05
답 ④

A씨가 공유 자전거를 탄 시간을 x라고 하면, 처음 집에서 회사까지 걸어간 시간은 $(30-x)$이다.
총 거리는 4,000m이므로
$50(30-x) + 150x = 4,000$, $100x = 2,500$, $x = 25$
따라서 A씨가 공유 자전거를 탄 시간은 25분이다.

06
답 ①

설탕물 600g에 녹아있는 설탕의 양을 x라 하면
농도 8% 설탕물 300g에 녹아있는 설탕의 양은 $300 \times 0.08 = 24$g이다.
섞은 후 설탕물의 양은 $600 + 300 = 900$g이고, 설탕의 양은 $(x+24)$g이다.
이때 농도가 10%이므로 $\dfrac{x+24}{900} \times 100 = 10$, $x + 24 = 90$,
$x = 66$이다.
따라서 처음 600g의 설탕물에 녹아있던 설탕은 66g이다.

07
답 ④

호스 B로만 수영장의 물을 채우는데 x시간이 걸린다고 하면
호스 A가 1시간 동안 채운 물의 양은 $\dfrac{1}{10}$, 호스 B가 1시간 동안 채운 물의 양은 $\dfrac{1}{x}$이다.
호스 A, B로 물을 같이 채우면 6시간 걸리므로
$6\left(\dfrac{1}{10} + \dfrac{1}{x}\right) = 1$, $3x + 30 = 5x$, $x = 15$
따라서 호스 B로만 물을 채운다면 15시간이 걸린다.

08
답 ②

원가가 5천 원인 컵 100개는 총 $5,000 \times 100 = 500,000$원이다. 이 중 10개는 7,000원에 판매하고, 나머지 절반은 4,000원에 판매하였으므로 이윤을 남기기 위해서는 나머지 판매금액이 총 $500,000 - (7,000 \times 10) - (4,000 \times 45) = 500,000 - 70,000 - 180,000 = 250,000$원 이상이어야 한다. 따라서 나머지 45개를 $\dfrac{250,000}{45} = 5,556$원에 팔면 원가와 같으므로 5,556원 이상으로 팔아야 이윤을 남길 수 있다. 최소한의 이윤을 남겨야 하므로 보기 중 5,600원에 파는 것이 가장 적절하다.

09
답 ①

산을 올라갈 때 A씨의 속력을 x, 내려갈 때 A씨의 속력을 $x+2$라 하면

$\dfrac{12}{x} + \dfrac{12}{x+2} = 5$, $12(x+2) + 12x = 5x(x+2)$, $5x^2 - 14x - 24 = 0$, $(5x+6)(x-4) = 0$, $x = 4 (\because x \geq 0)$

따라서 A씨의 올라갈 때 속력은 4km/h이고 걸린 시간은 $\dfrac{12}{4} = 3$시간이다.

10
답 ③

두 수의 곱이 홀수가 되려면 (홀수)×(홀수)이어야 하므로 1에서 9까지 적힌 카드 중 홀수는 5개이다. 전체 경우의 수는 $_9C_2 = \dfrac{9 \times 8}{2 \times 1} = 36$가지이고, 뽑은 두 장 모두 홀수인 경우의 수는 $_5C_2 = \dfrac{5 \times 4}{2 \times 1} = 10$가지이다.

따라서 구하고자 하는 확률은 $\dfrac{10}{36} = \dfrac{5}{18}$이다.

11
답 ②

2021년 대비 2024년 10대 인구수는 $\dfrac{9,266 - 10,434}{10,434} = -11.2\%$로 10% 이상 감소했다.

① 2021~2024년 동안 우리나라 총 인구수는 5,000~5,200만 명 사이이다.

③ 2022~2024년 동안 전년 대비 10대 인구수의 감소폭은 다음과 같다.
- 2022년 : $10,434 - 9,878 = 556$명 감소
- 2023년 : $9,878 - 9,572 = 306$명 감소
- 2024년 : $9,572 - 9,266 = 306$명 감소

2022~2024년 동안 전년 대비 10대 인구수 감소폭은 줄어들거나 같았다.

④ 총 인구수가 가장 많은 해는 2024년, 10대 인구수가 가장 많은 해는 2021년으로 동일하지 않다.

12
답 ②

전체 논벼 생산량이 2,073톤이므로 지역별 논벼 생산량은 다음과 같다.
- 서울, 경기도 : $2,073 \times 0.11 = 228.03$톤
- 강원도 : $2,073 \times 0.04 = 82.92$톤
- 충청도 : $2,073 \times 0.23 = 476.79$톤
- 전라도 : $2,073 \times 0.38 = 787.74$톤
- 경상도 : $2,073 \times 0.23 = 476.79$톤
- 제주도 : $2,073 \times 0.01 = 20.73$톤

13
답 ④

도시별 도로 1km당 자동차 대수는 다음과 같다.
- A시 : 전체 자동차 대수는 $1,080 \times 205 = 221,400$대이고, 1km당 자동차 대수는 $221,400 \div 198 = 1,118$대이다.
- B시 : 전체 자동차 대수는 $750 \times 130 = 97,500$대이고, 1km당 자동차 대수는 $97,500 \div 148 = 659$대이다.
- C시 : 전체 자동차 대수는 $400 \times 350 = 140,000$대이고, 1km당 자동차 대수는 $140,000 \div 103 = 1,360$대이다.

따라서 도로 1km당 자동차 대수가 가장 많은 도시는 C시이고 가장 적은 도시는 B시이다.

14
답 ②

2022년 연앙인구는 $\dfrac{227,100,000}{6.5} = 34,938,462$명이고, 2023년 연앙인구는 $\dfrac{210,500,000}{5.8} = 36,293,103$명이다. 따라서 2023년은 전년 대비 총 혼인 건수는 227.1천 건 → 210.5천 건으로 감소하였지만 연앙인구는 약 3,500만 명 → 약 3,600만 명으로 증가하였다.

① 2020~2024년 평균 혼인 건수는 $(209.8 + 229.1 + 227.1 + 210.5 + 191.0) \div 5 = 213.5$천 건이다.

③ 혼인 건수가 가장 높은 연도는 2021년이고, 조혼인율이 가장 높은 연도는 2021년이므로 동일하다.

④ 2020년 연앙인구는 $\dfrac{209,800,000}{6.2} = 33,838,710$명이고, 2024년 연앙인구는 $\dfrac{191,000,000}{4.2} = 45,476,190$명이다.

따라서 2020년 대비 2024년 연앙인구는
$\dfrac{45,476,190 - 33,838,710}{33,838,710} \times 100 = 34.4\%$ 증가하였다.

15

답 ②

- 가희 : 2022년부터 2024년까지 피부 제품 매출액은 증가-감소이고, 메이크업, 헤어, 바디 제품 매출액은 감소-증가의 추이를 보이고 있다. 따라서 피부 제품 매출액의 증감추이와 반대되는 추이를 보이는 항목이 존재한다.
- 다희 : 3년간 각 항목의 매출액 순위는 '메이크업>피부>헤어>기타>바디'로 한 번도 변동 없이 동일하다.
- 나희 : 항목별 최고 매출액과 최저 매출액의 차이는 다음과 같다.
  - 피부 : $5,717-5,452=265$천만 원
  - 메이크업 : $24,186-21,437=2,749$천만 원
  - 헤어 : $3,306-3,085=221$천만 원
  - 바디 : $1,299-1,095=204$천만 원
  - 기타 : $2,461-2,097=364$천만 원

  피부, 헤어, 바디 항목의 매출액은 30억 원 이상의 변동폭을 보이지 못했다.
- 라희 : 2022년과 비교했을 때 2024년에 매출액이 상승하지 않은 항목은 헤어 1개뿐이다.

추리능력

01	02	03	04	05	06	07	08	09	10
④	②	②	①	③	④	②	③	②	③

11	12	13	14	15					
①	④	③	④	①					

01

답 ④

제시된 〈조건〉을 참고하였을 때 ☆★＝★★♡＝♡♡♡♡♡이므로 ?에 들어갈 문자는 ④이다.

02

답 ②

제시된 〈조건〉을 참고하였을 때 ☆☆☆＝☆★★♡♡＝❤★★이므로 ?에 들어갈 문자는 ②이다.

03

답 ②

제시된 〈조건〉을 참고하였을 때 ヘフフフフ＝フフフフフ＝ウウ이므로 ?에 들어갈 문자는 ②이다.

04

답 ①

제시된 〈조건〉을 참고하였을 때 ウヘ＝フフフフフ＝コフ이므로 ?에 들어갈 문자는 ①이다.

05

답 ③

제시된 〈조건〉을 참고하였을 때 田田田田＝⊠田이므로 ?에 들어갈 문자는 ③이다.

06

답 ④

제시된 〈조건〉을 참고하였을 때 田田⊠＝田田田田田＝田田田田田田田＝田▢▣이므로 ?에 들어갈 문자는 ④이다.

07

답 ②

조건 2의 대우인 '드라마를 볼 시간이 있으면 저녁을 먹을 시간이 있다'와 조건 4의 대우인 '시간을 단축할 수 있으면 과제를 빨리 끝낼 수 있다'를 포함하여 제시된 〈조건〉을 정리하면 '계획 ○ → 시간 단축 ○ → 과제를 빨리 끝냄 ○ → 드라마 ○ → 저녁 ○'와 대우인 '저녁 × → 드라마 × → 과제를 빨리 끝냄 × → 시간 단축 × → 계획 ×'가 성립하므로 〈보기〉는 거짓이다.

08　　　🅐 ③

조건 1의 대우인 '대전으로 출장을 간다면 부산으로 출장을 가지 않는다'와 조건 2의 대우인 '인천으로 출장을 가지 않는다면 대전으로 출장을 가지 않는다'를 포함하여 제시된 〈조건〉을 고려하였을 때, 인천으로 출장을 간 사람이 부산으로 출장을 가는지 가지 않는지는 알 수 없다.

09　　　🅐 ②

제시된 명제를 정리하면 '발이 큼 → 손이 큼', '손이 큼 → 키가 크지 않음'이므로 '발이 큼 → 손이 큼 → 키가 크지 않음'임을 알 수 있다. 따라서 빈칸에 들어갈 명제로 '발이 크면 키가 크지 않다'가 가장 적절하다.

10　　　🅐 ③

제시된 명제를 정리하면 '섬에 사는 사람 → 수영 ○', '뱃멀미 심한 사람 → 섬에 살지 않음'이므로 명제 1의 대우인 '수영을 못하는 사람은 섬에 살지 않는다'를 고려하였을 때 '뱃멀미 심한 사람 → 수영 × → 섬에 살지 않음'임을 알 수 있다. 따라서 빈칸에 들어갈 명제로 '뱃멀미가 심한 사람은 수영을 못한다'가 가장 적절하다.

11　　　🅐 ①

조건 3에 의해 B가 야구를 하는 경우와 농구를 하는 경우를 고려해야 한다. 이를 포함하여 제시된 〈조건〉에 따라 경우의 수를 정리하면 다음과 같다.

구분	A	B	C	D
경우 1	농구	야구	축구	배구
경우 2	배구	농구	야구	축구

따라서 'B가 야구를 하면 A는 농구를 한다'를 추론할 수 있다.

12　　　🅐 ④

조건 3에 의해 소현과 수아보다 키가 작은 태인은 최대 3번째 순서이다. 조건 2에 의해 태인이 수현보다 키가 클 경우 수현은 7번째가 되어야 하므로 불가능하므로, 수현이 태인보다 키가 크다. 이를 포함하여 제시된 〈조건〉에 따라 키가 큰 사람부터 순서대로 정리하면 다음과 같다.

1	2	3	4	5	6
나영	수현	소현/수빈	소현/수빈	수아	태인

따라서 '태인의 키는 6번째로 작다'를 추론할 수 있다.

13　　　🅐 ③

A의 첫 번째 진술(나는 목수가 아니다)을 기준으로 참·거짓 여부를 판단하면 다음과 같다.

- A의 첫 번째 진술이 참인 경우 : A의 두 번째 진술은 거짓이 되므로 A는 목수가 아니고 C는 농부이다. B의 첫 번째 진술은 거짓, 두 번째 진술은 참이 되므로 A는 어부이다. C의 첫 번째 진술은 거짓, 두 번째 진술은 참이므로 D는 목수이다. D의 첫 번째 진술은 거짓, 두 번째 진술은 참이므로 B는 상인이다. E의 첫 번째 진술은 거짓, 두 번째 진술은 참이다. 이를 표로 정리하면 다음과 같다.

구분	목수	농부	상인	어부	광부
A	×	×	×	○	×
B	×	×	○	×	×
C	×	○	×	×	×
D	○	×	×	×	×
E	×	×	×	×	○

- A의 첫 번째 진술이 거짓인 경우 : A의 두 번째 진술이 참이 되므로 A는 목수이고 C는 농부가 아니다. B의 첫 번째 진술은 참, 두 번째 진술은 거짓이 되므로 C는 상인이다. C의 첫 번째 진술은 거짓, 두 번째 진술은 참이 되므로 D는 목수이다. 그런데 이 경우 A와 D가 모두 목수가 되므로 A~E의 직업이 서로 다르다는 문제의 조건에 부합하지 않는다.

따라서 'B는 광부가 아니다'를 추론할 수 있다.

14　　　🅐 ④

앞의 항에 3, 4, 5, 6, 7, …을 더하는 수열이다.
따라서 빈칸에 들어갈 숫자는 10+5=15이다.

15　　　🅐 ①

(−5), ×2가 반복되는 수열이다.

ㅈ	ㄹ	ㅇ	ㄷ	(ㅂ)	ㄱ
9	4	8	3	6	1

01	02	03	04	05	06	07	08	09	10
②	③	④	①	④	④	③	②	①	④
11	12	13	14	15					
③	②	④	③	①					

01 　　　　　　　　　　　　　　　답 ②

'✍'는 두 번째에 제시되었으므로 정답은 ②가 된다.

02 　　　　　　　　　　　　　　　답 ③

'✍'는 다섯 번째에 제시되었으므로 정답은 ③이 된다.

03 　　　　　　　　　　　　　　　답 ④

'✍'는 여섯 번째에 제시되었으므로 정답은 ④가 된다.

04 　　　　　　　　　　　　　　　답 ①

'✍'는 여덟 번째에 제시되었으므로 정답은 ①이 된다.

05 　　　　　　　　　　　　　　　답 ④

'◇'는 일곱 번째에 제시되었으므로 정답은 ④가 된다.

06 　　　　　　　　　　　　　　　답 ④

'✦'는 다섯 번째에 제시되었으므로 정답은 ④가 된다.

07 　　　　　　　　　　　　　　　답 ③

'●'는 여섯 번째에 제시되었으므로 정답은 ③이 된다.

08 　　　　　　　　　　　　　　　답 ②

제시된 좌우 문자 중 'れ'가 다르므로 정답은 ②가 된다.
왼쪽에 제시된 문자 'きっと幸せ&になれる'과 달리 오른쪽에
제시된 문자 'きっと幸せ&になわる'에는 れ가 아닌 わ가 삽
입되어 있다.

09 　　　　　　　　　　　　　　　답 ①

좌우 문자는 같으므로 정답은 ①이다.

10 　　　　　　　　　　　　　　　답 ④

제시된 도형과 같은 그림은 제시된 도형을 시계 방향으로 90도
회전시킨 모양인 ④이다.

11 　　　　　　　　　　　　　　　답 ③

제시된 도형과 다른 것은 ③이다.
③의 도형은 ①, ②, ④의 도형과 달리 도형의 하단 중앙부에
한 칸 더 색칠된 부분이 있다.

12 　　　　　　　　　　　　　　　답 ②

1층 10개, 2층 개수 6개, 3층 2개로 블록의 총개수는 10+6+
2=18개가 된다.

13 　　　　　　　　　　　　　　　답 ④

1층 9개, 2층 6개, 3층 4개로 블록의 총개수는 9+6+4=19개
가 된다.

빈 부분에 블록을 채워보기
1층의 블록을 2, 3층의 빈 부분으로 옮긴 후에 계산하면
간단히 해결할 수 있다.
아래와 같이 블록을 옮기면 1층 6개, 2층 6개, 3층 6개,
나머지 1개가 되어 쉽게 계산할 수 있다.

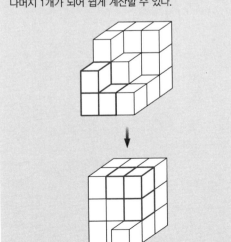

14   답 ③

블록의 최대 개수는 (앞면의 층별 블록 개수)×(측면의 층별 블록 개수)를 통해 구할 수 있다.
(앞면의 1층 블록 개수 4개×측면의 1층 블록 개수 3개)+(2층 블록 개수 4개×2층 블록 개수 3개)+(3층 블록 개수 2개×3층 블록 개수 2개)=12+12+4=28개
따라서 블록의 최대 개수는 28개가 된다.

15   답 ①

블록의 최소 개수는 (앞면의 블록 개수)+(측면의 블록 개수)-(중복되는 블록의 개수)로 구할 수 있다. 앞면의 블록 개수는 6개, 측면의 블록 개수는 8개, 중복되는 블록의 개수는 (3, 3) (3, 2, 3)으로 6개다.
따라서 블록의 최소 개수는 14-6=8개가 된다.

2020년 기출복원문제

수리능력

01	02	03	04	05	06	07	08	09	10
②	④	③	③	①	①	③	④	②	①

11	12	13	14	15
④	④	①	②	②

01
정답 ②

$14 \times 20 - 18 \div 3 = 280 - 6 = 274$

02
정답 ④

$0.38 \times 1.2 + 0.61 + 0.39 \div 0.1 = 0.456 + 0.61 + 3.9 = 4.966$

03
정답 ③

막내의 나이를 x, 서로 나이가 같은 3명의 멤버 중 한 명의 나이를 y라고 하면
$y = 170 \div 5 = 34$
$41 + 3y + x = 170$, $41 + 3 \times 34 + x = 170$, $x = 27$
따라서 막내의 나이는 27살이다.

04
정답 ③

연속하는 세 자연수를 $x-1$, x, $x+1$이라고 하면
세 자연수의 합은 $(x-1) + x + (x+1) = 27$, $3x = 27$, $x = 9$
따라서 연속하는 세 자연수 중 가장 큰 자연수는 $9 + 1 = 10$이다.

05
정답 ①

두 공장 A, B 사이의 거리를 x라 하면
$\dfrac{x}{60} - \dfrac{x}{80} = \dfrac{20}{60}$, $x = 80$
따라서 두 공장 사이의 거리는 80km이다.

06
정답 ①

농도 12%의 소금물 500g에 들어있는 소금의 양은 $0.12 \times 500 = 60g$이고, 농도 x%의 소금물 300g에 들어있는 소금의 양은 $0.0x \times 300 = 3xg$이다.
섞은 후 농도 9%의 소금물은 총 $500 + 300 = 800g$이고, 이 중 소금의 양은 $0.09 \times (500 + 300) = 72g$이다.
$60 + 3x = 72$, $x = 4$
따라서 섞은 소금물의 농도는 4%이다.

07
정답 ③

상품의 정가를 x라고 하면, 정가의 20% 할인된 가격은 $x \times (1-0.2) = 0.8x$이고 원가의 12% 이익이 된 가격은 $6,000 \times (1+0.12) = 6,720$원이다.
둘이 동일하므로 $0.8x = 6,720$, $x = 8,400$
따라서 상품의 정가는 8,400원이다.

08
정답 ④

A씨, B씨, C씨 한 사람당 1분에 할 수 있는 일의 양을 각각 x, y, z라 하자.
셋이 함께 하여 60분이 걸리므로
$60(x+y+z) = 1$, $x+y+z = \dfrac{1}{60}$
A씨, B씨 둘이 함께 하면 120분이 걸리므로
$120(x+y) = 1$, $x+y = \dfrac{1}{120}$
A씨, C씨 둘이 함께 하면 90분이 걸리므로
$90(x+z) = 1$, $x+z = \dfrac{1}{90}$
세 식을 연립하면 $x = \dfrac{1}{360}$, $y = \dfrac{1}{180}$, $z = \dfrac{1}{120}$이다. B씨와 C씨 둘이서 함께 한다면 1분에 할 수 있는 일의 양은 $\dfrac{1}{180} + \dfrac{1}{120} = \dfrac{1}{72}$이다.
따라서 전체 일을 B씨와 C씨 둘이서 함께 한다면 72분 = 1.2시간이 걸린다.

09

답 ②

사원 A씨, B씨, C씨를 제외한 4명의 신입사원 중 2명을 선택하므로 $_4C_2=6$가지이다. 즉 A씨, B씨, C씨를 포함한 5명이 원탁 테이블에 앉는 경우의 수는 $(5-1)!=24$가지이다. 따라서 구하고자 하는 경우의 수는 $6\times24=144$가지이다.

10

답 ①

(ⅰ) 모두 흰 공을 꺼낼 확률

$$\frac{4}{9}\times\frac{3}{8}=\frac{1}{6}$$

(ⅱ) 모두 검은 공을 꺼낼 확률

$$\frac{5}{9}\times\frac{4}{8}=\frac{5}{18}$$

따라서 구하고자 하는 확률은 $\frac{1}{6}+\frac{5}{18}=\frac{4}{9}$이다.

11

답 ④

3~4월 동안 경유의 하락폭은 200원 이상 떨어졌으므로 조사기간 중 가장 크다.
① 휘발유의 증감 추이는 감소-증가-증가-감소-증가-증가-감소이고, 경유의 증감 추이는 감소-증가-감소-감소-증가-증가-증가로 동일하지 않다.
② 조사기간 중 휘발유의 판매가가 가장 높았던 시기는 7월, 경유의 판매가가 가장 높았던 시기는 8월로 같지 않다.
③ 7월 휘발유의 판매가는 약 1,690원/ℓ이고, 2월 경유의 판매가는 약 1,350원/ℓ이므로 $\frac{1,690}{1,350}\fallingdotseq1.3$배 이상 높다.

12

답 ④

2024년은 배달업체의 매출액은 2022년에 비해 $\frac{339,292}{122,980}\fallingdotseq2.8$배 만큼 줄어들었다.
① 2021년의 배달업체 매출액은 203,689만 원으로 2022년의 배달업체 매출액 339,292만 원보다 낮다.
② 2022년에는 배달업체 매출액이 30억 원을 넘었지만, 2021년에는 넘지 못했다.
③ 조사기간 중 2023년의 배달업체 매출액이 아닌 2024년의 배달업체 매출액이 가장 낮다.

13

답 ①

• 2021년 판매량 : $\frac{19,882,868}{3,362}=5,914$대

• 2023년 전기자동차 1대당 평균가격 : $\frac{122,980,480}{31,696}=$ 3,880만 원

• 2024년 매출액 : $46,966\times3,952=185,609,632$만 원
따라서 숫자들의 합은
$5,914+3,880+185,609,632=185,619,426$이다.

14

답 ②

2024년 기타기관의 연구원 1인당 연구비는 $\frac{123,902}{2,662}\fallingdotseq47$백만 원이다.
① 정부 연구원 수는 2020~2023년 동안 매년 증가하다가 2024년 감소하였다.
③ 2024년 지방자치단체의 연구비는 260,702백만 원이고, 2020년은 128,834백만 원이므로 $\frac{260,702-128,834}{128,834}\times100\fallingdotseq102\%$ 증가했다.
④ 2021년 기관별 연구비의 총합은 $767,363+6,838,837+129,260+114,302=7,849,762$백만 원이고, 이 중 국·공립의 연구비가 차지하는 비중은 $\frac{767,363}{7,849,762}\times100\fallingdotseq9.8\%$이다.

15

답 ②

2024년 기관별 연구원 1인당 연구비를 정리하면 다음과 같다.

• 국·공립 : $\frac{813,858}{12,237}\fallingdotseq66$백만 원

• 정부 : $\frac{7,549,499}{32,008}\fallingdotseq235$백만 원

• 지방자치단체 : $\frac{260,702}{2,354}\fallingdotseq110$백만 원

따라서 기관별 연구원 1인당 연구비가 많은 순서는 정부>지방자치단체>국·공립이다.

추리능력

01	02	03	04	05	06	07	08	09	10
③	①	③	②	④	③	①	③	④	④

11	12	13	14	15
②	④	①	②	③

01
답 ③

제시된 〈조건〉을 참고하였을 때 力几＝几几刀刀＝几刀刀刀刀刀이므로 ?에 들어갈 문자는 ③이다.

02
답 ①

제시된 〈조건〉을 참고하였을 때 勹勹刀＝力力几＝力力刀刀刀이므로 ?에 들어갈 문자는 ①이다.

03
답 ③

제시된 〈조건〉을 참고하였을 때 ▶◀ꓭ ꓭ ꓭ ＝ꓤ▶ꓭ ꓭ ꓭ ꓭ ＝▶ꓤ▶ꓤ ꓭ 이므로 ?에 들어갈 문자는 ③이다.

04
답 ②

제시된 〈조건〉을 참고하였을 때 ▶◀▶◀▶◀▶ꓤ ＝ꓤ▶ꓤ▶ꓤ▶ꓤ ꓭ ꓭ ꓭ ＝ꓩ ꓩ ▶ꓤ ꓭ 이므로 ?에 들어갈 문자는 ②이다.

05
답 ④

제시된 〈조건〉을 참고하였을 때 ひひち＝ちちちちちちち＝ししし ち이므로 ?에 들어갈 문자는 ④이다.

06
답 ③

제시된 〈조건〉을 참고하였을 때 リリ＝ひしち＝ちちちちちち이므로 ?에 들어갈 문자는 ③이다.

07
답 ①

조건 3의 대우인 '영화관에 자주 가면 책을 많이 읽지 않는다'를 포함하여 제시된 〈조건〉을 정리하면 '만화 좋아함 → 영화관 자주 감 → 책을 많이 읽지 않음 → 문해력이 좋지 않음'과 대우인 '문해력이 좋음 → 책을 많이 읽음 → 영화관을 자주 가지 않음 → 만화 좋아하지 않음'이 성립하므로 〈보기〉는 참이다.

08
답 ③

제시된 〈조건〉을 그림으로 정리하면 다음과 같으므로 〈보기〉는 알 수 없다.

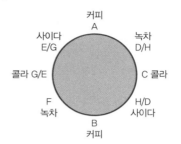

09
답 ④

제시된 명제를 정리하면 '모든 정치가 → 박사학위 수료 ×', '어떤 사업가 → 정치가 ×'이므로 명제 1의 대우인 '박사학위 수료 ○ → 정치가 ×'을 고려하였을 때 '어떤 사업가 → 박사학위 수료 ○ → 정치가 ×'임을 알 수 있다. 따라서 빈칸에 들어갈 명제로 '어떤 사업가는 박사학위를 수료하였다'가 가장 적절하다.

10
답 ④

제시된 명제를 정리하면 '모든 수입산 해산물 → 가격이 저렴함', '어떤 오징어 → 가격이 저렴하지 않음'이므로 명제 1의 대우인 '가격이 저렴하지 않음 → 수입산 해산물이 아님'을 고려하였을 때 '어떤 오징어 → 가격이 저렴하지 않음 → 수입산 해산물이 아님'임을 알 수 있다. 따라서 빈칸에 들어갈 명제로 '어떤 오징어는 수입산 해산물이 아니다'가 가장 적절하다.

11
답 ②

조건 1의 대우인 'TV를 많이 보지 않는 사람은 공원을 매일 산책한다'와 조건 2의 대우인 '강아지를 키우는 사람은 자전거를 자주 타지 않는다'를 포함하여 제시된 〈조건〉을 정리하면 '라디오 ○ → TV × → 산책 ○ → 강아지 ○ → 자전거 ×'와 대우인 '자전거 ○ → 강아지 × → 산책 × → TV ○ → 라디오 ×'가 성립한다. 따라서 '공원을 매일 산책하지 않는 사람은 라디오를 듣지 않는다'를 추론할 수 있다.

12

답 ④

제시된 〈조건〉에 따라 먼저 퇴근한 사람부터 순서대로 나열하면 다음과 같다.

1	2	3	4	5	6
C	B	D	F	A	E

따라서 'F는 A가 퇴근하기 직전에 퇴근했다'를 추론할 수 있다.

13

답 ①

각각 범인인 경우를 가정하고 그에 맞게 나머지 진술의 참·거짓 여부를 정리하면 다음과 같다.

진술 \ 범인	A	B	C	D	E
A	거짓	거짓	참	거짓	거짓
B	참	거짓	참	참	참
C	거짓	거짓	거짓	참	거짓
D	참	참	참	거짓	참
E	참	거짓	참	참	참

따라서 'A의 진술은 참이다'를 추론할 수 있다.

14

답 ②

앞의 항에 2^0, 2^1, 2^2, 2^3, 2^4, …을 더하는 수열이다.
따라서 빈칸에 들어갈 숫자는 $68+2^6=132$이다.

15

답 ③

×2, (−1)이 반복되는 수열이다.

II	IV	III	(VI)	V	X
2	4	3	6	5	10

지각능력

01	02	03	04	05	06	07	08	09	10
③	②	①	④	①	③	④	②	③	④

11	12	13	14	15					
②	③	②	④	②					

01

답 ③

'✿'는 네 번째에 제시되었으므로 정답은 ③이 된다.

02

답 ②

'✿'는 여섯 번째에 제시되었으므로 정답은 ②가 된다.

03

답 ①

'✳'는 두 번째에 제시되었으므로 정답은 ①이 된다.

04

답 ④

'❀'는 다섯 번째에 제시되었으므로 정답은 ④가 된다.

05

답 ①

'⇧'는 첫 번째에 제시되었으므로 정답은 ①이 된다.

06

답 ③

'⇧'는 네 번째에 제시되었으므로 정답은 ③이 된다.

07

답 ④

'⇧'는 여섯 번째에 제시되었으므로 정답은 ④가 된다.

08

답 ②

'⇧'는 다섯 번째에 제시되었으므로 정답은 ②가 된다.

09

답 ③

문자를 오름차순으로 나열한다는 것은 알파벳은 A부터 Z까지, 한글은 ㄱ부터 ㅎ까지, 숫자는 작은 수부터 큰 수 순서로 나열하는 것이다.
제시된 문자들을 오름차순으로 나열하면 'D-H-J-L-O-S'의 순서가 된다. 따라서 네 번째로 오는 문자는 L이다.

10

답 ④

제시된 도형과 같은 것은 ④이다.

①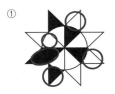

②

③

11

답 ②

제시된 도형과 다른 것은 ②이다.
②의 도형은 ①, ③, ④의 도형과 달리 왼쪽 하단에 색칠되지 않은 부분이 있다.

12

답 ③

1층 8개, 2층 6개, 3층 4개로 블록의 총개수는 8+6+4=18개가 된다.

빈 부분에 블록을 채워보기
1층의 블록을 3층의 빈 부분으로 옮긴 후에 계산하면 간단히 해결할 수 있다.
아래와 같이 블록을 옮기면 1층 6개, 2층 6개, 3층 6개가 되어 쉽게 계산할 수 있다.

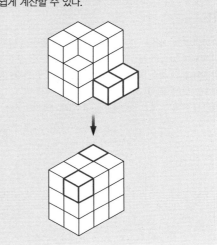

13

답 ②

1층 8개, 2층 6개, 3층 5개, 4층 4개로 블록의 총개수는 8+6+5+4=23개가 된다.

· 1층 :

· 2층 :

· 3층 :

· 4층 :

14

답 ④

블록의 최대 개수는 (앞면의 층별 블록 개수)×(측면의 층별 블록 개수)를 통해 구할 수 있다.

(앞면의 1층 블록 개수 4개×측면의 1층 블록 개수 3개)+(2층 블록 개수 3개×2층 블록 개수 2개)+(3층 블록 개수 2개×3층 블록 개수 1개)=12+6+2=20개

따라서 블록의 최대 개수는 20개가 된다.

15

답 ②

블록의 최소 개수는 (앞면의 블록 개수)+(측면의 블록 개수)−(중복되는 블록의 개수)로 구할 수 있다.

앞면의 블록 개수 6개, 측면의 블록 개수 8개, 중복되는 블록의 개수는 (3, 1, 2) (1, 3, 1, 1, 2)로 6개다.

따라서 블록의 최소 개수는 14−6=8개가 된다.

Global Samsung Aptitude Test

PART

02

출제예상문제
정답 및 해설

GSAT 삼성직무적성검사 5급 고졸채용

수리능력 출제예상문제

01	02	03	04	05	06	07	08	09	10
①	②	①	②	①	④	③	③	②	④
11	12	13	14	15	16	17	18	19	20
④	①	①	③	②	③	①	②	③	③
21	22	23	24	25	26	27	28	29	30
④	②	①	③	②	④	①	④	④	②
31	32	33	34	35	36	37	38	39	40
③	①	④	①	②	②	④	④	④	③

01　目 ①

$$\frac{7}{12}-\frac{3}{4}+\frac{5}{8}\times\frac{1}{3}=\frac{7}{12}-\frac{3}{4}+\frac{5}{24}=\frac{14-18+5}{24}=\frac{1}{24}$$

02　目 ②

$0.54\div0.8\times0.2+0.135=0.675\times0.2+0.135=0.135+0.135$
$=0.27$

03　目 ①

$11^2-7^2+28=(11+7)(11-7)+28=72+28=100$

04　目 ②

$3,743+1,350-3,061-1,007+928=5,093-3,061-1,007$
$+928=2,032-1,007+928=1,025+928=1,953$

05　目 ①

$162\times0.1+86-3\times2^2=16.2+86-12=90.2$

06　目 ④

$128-90+65+48-32-45=38+65+48-32=103+48-32$
$-45=151-32-45=119-45=74$

07　目 ③

$7,244-2,024+8,877-660-1,898=5,220+8,877-660-$
$1,898=14,097-660-1,898=13,437-1,898=11,539$

08　目 ③

$$\left(\frac{1}{3}+\frac{5}{4}\right)\div8\times\frac{6}{5}+\frac{1}{8}=\frac{19}{12}\times\frac{1}{8}\times\frac{6}{5}+\frac{1}{8}=\frac{19}{80}+\frac{1}{8}=\frac{29}{80}$$

09　目 ②

$120\times\frac{1}{4}-80\div\frac{2}{3}+10^2=30-120+100=10$

10　目 ④

$5^2-3^4+8^2-9^2=5^2-9^2+8^2-9^2=(5-9)(5+9)+(8-9)(8+9)$
$=-73$

11　目 ④

신입사원의 나이를 x라고 하면, 팀장님의 나이를 y라고 하자.
$y-x=25$ ……………………………………………… ㉠
$y+2=2(x+2)-1$ …………………………………… ㉡
㉠, ㉡을 연립해 보면
$y=x+25$, $y=2x+1$이므로 $x+25=2x+1$, $x=24$, $y=49$
따라서 현재 팀장님과 신입사원이 나이의 합은 $24+49=73$
이다.

12　目 ①

28명의 평균 나이가 36세면, 전체 나이의 합은 $28\times36=1,008$
세이다. 다음 달 28명의 전체 나이의 합은 $1,008-55+27=$
980세이므로 평균 나이는 $\frac{980}{28}=35$세이다.

13
답 ①

빵의 개수를 x, 과자의 개수를 y라 하면 총 20개를 구매하므로

$x+y=20$ ·· ㉠

빵과 과자는 개당 2,000원, 1,800원이고 총 38,000원 이상 40,000원 이하로 사야 하므로

$38,000 \le 2,000x+1,800y \le 40,000$ ············· ㉡

㉠과 ㉡을 연립하면

$380 \le 20x+18(20-x) \le 400$, $10 \le x \le 20$

과자를 최대한 많이 사려면 빵을 최소한으로 사야 하므로

$x=10$, $y=10$이다.

14
답 ③

작년 전체 학생 수를 x라고 하면 3학년 학생 수는 $0.25x$이다.

올해 2% 증가한 전체 학생 수는 $(1+0.02)x$, 4% 감소한 3학년 학생 수는 $0.25x \times (1-0.04)$이므로, 올해 3학년 학생의 비율은

$\dfrac{0.25x \times 0.96}{1.02x} \times 100 \doteqdot 23.5\%$이다.

15
답 ②

먼저 공원의 면적은 $20 \times 18 = 360\text{m}^2$이다.

산책로를 제외한 공원의 면적은 168m^2이므로 산책로의 면적은 $360-168=192\text{m}^2$이다.

산책로의 가로, 세로 폭을 x라고 하면

$2\{(20 \times x)+(18 \times x)\}-4x^2=192$, $x^2-19x+48=0$

$(x-3)(x-16)=0$, $x=16$ 또는 $x=3$

$x=16$일 경우 산책로를 제외한 공원의 면적이 168m^2가 성립하지 않으므로 $x=3$이다.

따라서 산책로의 폭은 3m이다.

16
답 ③

물가 상승 전 부품 a, b의 원자재 비용은 총 20,000원이고,

물가 상승 후의 원자재 비용은 $(8,000 \times 1.2)+(12,000 \times 1.1)=9,600+13,200=22,800$원이다.

물가 상승 전 부품 a, b를 구입하는 예산은 $20,000 \times 100 = 2,000,000$원이고,

물가 상승 후 부품 a, b를 구입할 수 있는 개수는 $\dfrac{2,000,000}{22,800}$

$\doteqdot 87.7$개를 구매할 수 있다.

따라서 88개부터는 예산이 부족하므로 최대 87개까지 구매할 수 있다.

17
답 ①

열차의 이동 거리는 $200+20=220$m이고, 속력은 $\dfrac{220}{11}=20$m/s이다. 길이가 340m인 터널을 통과할 때 이동 거리는 $340+20=360$m이고, 속력이 20m/s이므로 시간은 $\dfrac{360}{20}=18$초이다.

18
답 ②

배의 속력을 x, 강물의 속력을 y라 하면

올라갈 때의 속력은 $(x-y)$, 내려올 때의 속력은 $(x+y)$이다.

올라갈 때와 내려올 때의 거리는 5km로 동일하므로

$(x-y) \times \dfrac{30}{60}=5$, $x-y=10$ ··············· ㉠

$(x+y) \times \dfrac{20}{60}=5$, $x+y=15$ ··············· ㉡

㉠, ㉡을 연립하면 $x=12.5$km/h, $y=2.5$km/h이다.

따라서 강물의 속력은 2.5km/h이다.

19
답 ③

A씨의 속력을 x, B씨의 속력을 y라 하면($y>x$)

둘이 같은 방향으로 갈 경우 32분 후에 만나므로

$32y-32x=1,600$ ································· ㉠

둘이 반대 방향으로 갈 경우 20분 후에 만나므로

$20x+20y=1,600$ ································· ㉡

㉠, ㉡을 연립하면 $x=15$m/분, $y=65$m/분이다.

따라서 A씨의 속력은 15m/분이다.

20
답 ③

사원 B씨가 회사를 나선 지 t분 후에 사원 A씨를 만났다면 사원 A씨가 간 거리는 $120 \times (15+t)$이고, 사원 B가 간 거리는 $210 \times t$이다. 만나려면 서로 간 거리가 같아야 하므로 $120 \times (15+t)=210 \times t$, $t=20$

따라서 사원 B씨는 사원 A씨를 따라 나선 지 20분 후에 사원 A씨를 만난다.

21
답 ④

농도 6%의 소금물의 양을 x, 농도 10%의 소금물의 양을 y라 하면

두 소금물의 합한 양이 400g이므로

$x+y=400$ ·············· ㉠

두 소금물을 합친 소금의 양은

$0.06x+0.1y=0.09\times400$, $3x+5y=1,800$ ········· ㉡

㉠, ㉡을 연립하면 $x=100$, $y=300$이다.

따라서 농도 6%의 소금물은 100g이 필요하다.

22
답 ②

농도 15%의 소금물의 양을 x라 하면, 소금의 양은 $0.15x$이고, 20% 증발시킨 후 소금물의 양은 $(1-0.2)x=0.8x$이다.

농도 35%의 소금물 200g에 들어 있는 소금의 양은 $200\times0.35=70$이다.

농도 25% 소금물의 양은 $200+0.8x$이고, 소금의 양은 $70+0.15x$이다.

농도 25% 소금물의 소금 양은 동일하므로 $0.25\times(200+0.8x)=70+0.15x$, $x=400$이다.

따라서 증발 전 15% 소금물의 양은 400g이다.

23
답 ①

개당 원가가 4,500원인 팔찌 100개를 원가 그대로 판매했다면 총 $4,500\times100=450,000$원이다.

20개는 6,000원에 판매하였으므로 $20\times6,000=120,000$원, 나머지의 절반인 40개는 3,500원에 판매하였으므로 $40\times3,500=140,000$원이다.

나머지 40개를 x원에 판매할 때 최소한의 이윤을 남기려면

$120,000+140,000+40x>450,000$

$260,000+40x>450,000$, $40x>190,000$, $x>4,750$

따라서 4,750원에 팔면 원가와 같으므로 4,750원을 초과해서 팔아야 이윤을 남길 수 있다. 보기 중 이윤을 최소한으로 남기려면 개당 4,760원에 파는 것이 가장 적절하다.

24
답 ③

20명이 입장하는 경우 $20\times5,000$원$\times(1-0.3)=70,000$원의 요금이 발생한다.

20명 미만의 입장하는 인원수를 x라 하면,

$5,000x>70,000$, $x>14$

따라서 15명부터 입장 시 개인별로 입장하는 것보다 20명의 단체 요금을 내고 입장하는 것이 유리하다.

25
답 ②

A씨가 하루에 하는 일의 양은 $\dfrac{1}{6}$, B씨가 하루에 하는 일의 양은 $\dfrac{1}{8}$이다.

A씨가 3일 동안 한 일의 양은 $\dfrac{1}{6}\times3=\dfrac{1}{2}$이다.

남은 양을 B씨가 x일 동안 해서 끝마쳤다고 하면,

$\dfrac{1}{2}+\dfrac{1}{8}\times x=1$, $x=4$

따라서 B씨가 4일 동안 일을 해야 끝마칠 수 있다.

26
답 ④

A호스가 1시간 동안 채울 수 있는 물의 양은 $\dfrac{1}{9}$, B호스가 1시간 동안 채울 수 있는 물의 양은 $\dfrac{1}{11}$이다.

A, B 두 호스로 동시에 물을 채우는 시간을 x라 하면,

$\left(\dfrac{1}{9}\times3\right)+\left(\dfrac{1}{9}+\dfrac{1}{11}\right)\times x=1$, $x=3.3$

따라서 A, B 두 호스를 동시에 3.3시간 사용하면 물을 가득 채울 수 있다.

27
답 ①

A씨가 제품 5개를 혼자 만드는 데 1시간이 걸리므로, 1개당 12분이 걸린다. A씨와 B씨가 함께 제품 5개를 만들 때 40분이 걸리므로 1개를 만드는 데 8분이 걸린다.

B씨가 제품 1개를 만드는 데 걸리는 시간을 x분이라 하면

$\dfrac{1}{12}+\dfrac{1}{x}=\dfrac{1}{8}$, $x=24$

따라서 B씨가 제품 1개를 만드는 데 걸리는 시간은 24분이므로, 제품 30개를 만드는 데 걸리는 시간은 $30\times24=720$분$=12$시간이다.

28
답 ④

A씨가 하루에 하는 일의 양을 a, B씨가 하루에 하는 일의 양을 b, C씨가 하루에 하는 일의 양을 c라고 하면

셋이 함께 하면 9일이 걸리므로

$9(a+b+c)=1$, $a+b+c=\dfrac{1}{9}$

A씨와 B씨가 함께 하면 12일이 걸리므로

$12(a+b)=1$, $a+b=\dfrac{1}{12}$

B씨와 C씨가 함께 하면 18일이 걸리므로

$18(b+c)=1, \ b+c=\dfrac{1}{18}$

세 식을 연립하면 $a=\dfrac{1}{18}, \ b=\dfrac{1}{36}, \ c=\dfrac{1}{36}$ 이다.

A씨와 C씨가 함께 x일 동안 일을 하여 끝낸다면

$\left(\dfrac{1}{18}+\dfrac{1}{36}\right)\times x=1, \ x=12$

따라서 A씨와 C씨 두 사람이 함께 하면 12일이 걸린다.

29 　　　　　　　　　　　　 답 ④

같은 부서에 속한 직원들을 한 쌍으로 보면, 4쌍을 원탁에 배열하는 경우의 수는 $(4-1)!=3!=6$가지이다. 이때 같은 부서의 직원 3명이 서로 자리를 교환해서 앉는 경우는 $3!\times4=24$가지이다.

따라서 전체 경우의 수는 $6\times24=144$가지이다.

30 　　　　　　　　　　　　 답 ②

전체 경우의 수는 남자 직원과 여자 직원 총 7명 중 2명을 뽑는 경우이므로 $_7C_2=\dfrac{7\times6}{2\times1}=21$가지이다.

여사건의 확률을 이용하면, 회의 발표자 중 적어도 1명이 남자일 확률은 전체 확률에서 회의 발표자 2명 모두 여자일 확률을 제외한 나머지이다.

회의 발표자 2명 모두 여자일 확률은 $\dfrac{_3C_2}{21}=\dfrac{1}{7}$ 이다.

따라서 구하고자 하는 확률은 $1-\dfrac{1}{7}=\dfrac{6}{7}$ 이다.

31 　　　　　　　　　　　　 답 ③

8장의 카드 중 3장의 카드를 선택하는 경우의 수는 $_8C_3=\dfrac{8\times7\times6}{3\times2\times1}=56$가지이다. 3장의 카드에 적힌 세 수의 합이 짝수이려면 (짝수+짝수+짝수), (홀수+홀수+짝수)이어야 한다.

(i) 짝수+짝수+짝수인 경우 : 2, 4, 6, 8 총 4장의 짝수가 적힌 카드 중 3장을 뽑는 경우이므로 $_4C_3=4$가지

(ii) 홀수+홀수+짝수인 경우 : 홀수가 적힌 4장의 카드에서 2장을 선택하고, 짝수가 적힌 4장의 카드에서 1장을 선택하므로 $_4C_2\times_4C_1=6\times4=24$가지

(i), (ii)을 통해 세 수의 합이 짝수일 확률은 $\dfrac{4+24}{56}=\dfrac{1}{2}$ 이다.

32 　　　　　　　　　　　　 답 ①

제품의 총 개수를 x라고 하면

불량인 제품을 생산할 확률은 $(0.4x\times0.1)+(0.6x\times0.12)=0.112x$이다.

불량인 제품이 A공장에서 생산된 제품일 확률은 $0.4x\times0.1=0.04x$이다.

따라서 생산된 제품 중 선택한 제품이 불량이고 A공장에서 생산되었을 확률은 $\dfrac{0.04x}{0.112x}=\dfrac{5}{14}$ 이다.

33 　　　　　　　　　　　　 답 ④

주머니 A에서 임의로 1개의 공을 꺼내 주머니 B로 넣고, 주머니 B에서 하나의 공을 꺼냈을 때 검은 공인 경우를 살펴보자.

(i) 주머니 A에서 흰 공을 꺼내 주머니 B로 넣고, 주머니 B에서 검은 공을 뽑을 확률

먼저 주머니 A에서 흰 공을 꺼낼 확률은 $\dfrac{3}{7}$ 이고, 이때 주머니 B에는 흰 공 3개, 검은 공 2개가 된다. 주머니 B에서 검은 공을 뽑을 확률은 $\dfrac{2}{5}$ 이므로 $\dfrac{3}{7}\times\dfrac{2}{5}=\dfrac{6}{35}$ 이다.

(ii) 주머니 A에서 검은 공을 꺼내 주머니 B로 넣고, 주머니 B에서 검은 공을 뽑을 확률

먼저 주머니 A에서 검은 공을 꺼낼 확률은 $\dfrac{4}{7}$ 이고, 이때 주머니 B에는 흰 공 2개, 검은 공 3개가 된다. 주머니 B에서 검은 공을 뽑을 확률은 $\dfrac{3}{5}$ 이므로 $\dfrac{4}{7}\times\dfrac{3}{5}=\dfrac{12}{35}$ 이다.

주머니 B에서 뽑은 검은 공이 주머니 A에 들어 있던 검은 공일

확률은 $\dfrac{\text{ii}}{(\text{ i }+\text{ii})}$ 이므로 $\dfrac{\dfrac{12}{35}}{\dfrac{6}{35}+\dfrac{12}{35}}=\dfrac{2}{3}$ 이다.

34 　　　　　　　　　　　　 답 ①

주어진 표에서 100엔=873원이므로 1원=$\dfrac{100}{873}$엔이다.

1,000위안을 원화로 계산해 보면 $1,000\times188.39=188,390$원이므로

$188,390\times\dfrac{100}{873}\fallingdotseq21,579.6$엔이다.

35

답 ②

2000년 대비 2010년 전체 인구증가율은 $\dfrac{4,950-4,700}{4,700}\times100$

$\fallingdotseq5.3\%$이고,

2010년 대비 2024년 수도권 인구증가율은 $\dfrac{2,650-2,430}{2,430}\times100\fallingdotseq9.1\%$이다.

따라서 둘의 차이는 $9.1-5.3=3.8\%p$이다.

36

답 ②

2022년의 평균 통근시간 분포를 비중이 큰 순으로 나열하면 30~60분>60~90분>30분 미만>90분 이상이고, 2024년의 평균 통근시간 분포를 비중이 큰 순으로 나열하면 30~60분>30분 미만>60~90분>90분 이상이다.

① 2024년 평균 30~60분 통근자의 비중이 38%로 가장 크다.

③ 2023년 평균 통근시간이 90분 이상인 비중은 4.1%로 전체 조사기간 동안 가장 낮은 비중을 기록했다.

④ 조사기간 동안 평균 통근시간 30분 미만 증감 추이는 감소, 증가이고 평균 통근시간 60~90분의 증감 추이는 증가, 감소이므로 둘은 정반대로 나타난다.

37

답 ④

세계 주요국의 평균 월 소득은 다음과 같다.

• A국 : $\dfrac{210,000}{0.028}=7,500,000$원

• B국 : $\dfrac{125,000}{0.01}=12,500,000$원

• C국 : $\dfrac{154,000}{0.022}=7,000,000$원

• D국 : $\dfrac{79,000}{0.005}=15,800,000$원

• E국 : $\dfrac{83,000}{0.008}=10,375,000$원

B국과 D국의 문화지출비 차는 46,000원이고, 소득 차는 3,300,000원이므로 그 비는 약 1 : 70이다.

① A국 평균 월 소득은 7,500,000원이고, B국의 평균 월 소득은 12,500,000원이므로 A국 평균 소득은 B국보다 500만 원 적다.

② 세계 주요국의 평균 대비 월 문화지출비 비율이 가장 높은 국가는 A국 2.8%이고, 가장 낮은 국가는 D국 0.5%이므로 2.8-0.5=2.3%p 차이 난다.

③ C국의 평균 월 소득은 7,000,000원이고, E국의 평균 월 소득은 10,375,000원이므로 C국은 D국보다 $\dfrac{10,375,000}{7,000,000}\fallingdotseq1.5$배 더 낮다.

38

답 ④

국가별 평균 월 소득 중 D국의 소득이 1,580만 원으로 가장 높으며, C국의 소득이 700만 원으로 가장 낮다.

39

답 ④

미세먼지에 대한 연평균 기준치는 $15\mu g/m^3$으로, 2019년의 경우 모든 주요 도시의 미세먼지(PM2.5) 농도가 기준치보다 높았고, 2024년에는 부산을 제외한 주요 도시의 미세먼지(PM2.5) 농도 또한 기준치보다 높았다.

① 2024년 서울의 미세먼지(PM2.5) 농도는 $18\mu g/m^3$으로 전년 $20\mu g/m^3$보다 소폭 하락했다.

② 2021년 국내 주요 도시 중 가장 높은 미세먼지(PM2.5) 농도를 기록한 도시는 서울이고, 2022년도 서울로 둘은 동일하다.

③ 2024년 울산의 미세먼지(PM2.5) 농도는 $16\mu g/m^3$이고 미국($7.7\mu g/m^3$)과 캐나다($7.1\mu g/m^3$)보다 2배 이상 높은 수준이다.

40

답 ③

ㄴ. 전년 대비 2024년 세계 전기차 배터리 시장점유율 변화는 다음과 같다.
  • A사 : 23.7-21.4=2.3%p
  • B사 : 20.2-15.9=4.3%p
  • C사 : 12.4-9.4=3%p
  • D사 : 8-10.4=-2.4%p
  • E사 : 5-4.3=0.7%p
  가장 큰 폭으로 증가한 전기차 배터리 업체는 B사이다.

ㄷ. 2023년과 2024년 세계 전기차 배터리 시장점유율이 가장 높은 업체는 A사이고, 2023년 21.4%, 2024년 23.7%로 모두 20% 이상이다.

ㅁ. 2024년 세계 전기차 배터리 시장점유율 순위는 중국 업체가 1, 2위, 한국 업체는 3, 5위를 기록했다. 따라서 국내 업체보다 중국 업체의 순위가 더 높다.

ㄱ. 2023년 세계 전기차 배터리 시장점유율 순위는 A-B-D-C-E이고, 2024년은 A-B-C-D-E로 동일하지 않다.

ㄹ. 전년 대비 2024년 세계 전기차 배터리 시장점유율이 감소한 업체는 D사 1곳이다.

추리능력 출제예상문제

01	02	03	04	05	06	07	08	09	10
①	④	③	①	②	②	③	④	①	④
11	**12**	**13**	**14**	**15**	**16**	**17**	**18**	**19**	**20**
①	②	①	①	①	③	①	②	①	②
21	**22**	**23**	**24**	**25**	**26**	**27**	**28**	**29**	**30**
①	④	④	④	③	③	②	②	③	②
31	**32**	**33**	**34**	**35**	**36**	**37**	**38**	**39**	**40**
④	①	③	②	④	④	②	②	②	④

01　답 ①

제시된 〈조건〉을 참고하였을 때 ▷ = ◀◀◀ = ◁◁이므로 ?에 들어갈 문자는 ①이다.

02　답 ④

제시된 〈조건〉을 참고하였을 때 ▷ = ◀◀◀ = ◁◁ = ▶▶▶ 이므로 ?에 들어갈 문자는 ④이다.

03　답 ③

제시된 〈조건〉을 참고하였을 때 ■ = □□ = ◆◆이므로 ?에 들어갈 문자는 ③이다.

04　답 ①

제시된 〈조건〉을 참고하였을 때 ■■ = ◆◆◆◆ = □□□□ = ◇◇이므로 ?에 들어갈 문자는 ①이다.

05　답 ②

제시된 〈조건〉을 참고하였을 때 ━ = ::::::: = ::=::이므로 ?에 들어갈 문자는 ②이다.

06　답 ②

제시된 〈조건〉을 참고하였을 때 ==:= = :::::: = = ==:= ::: :::이므로 ?에 들어갈 문자는 ②이다.

07　답 ③

제시된 〈조건〉을 참고하였을 때 ♩♫ = ♪♪♪♪♪ = ♩♪♪ ♪이므로 ?에 들어갈 문자는 ③이다.

08　답 ④

제시된 〈조건〉을 참고하였을 때 ♫♫♫♫ = ♪♪♪♪ = ♫♪ 이므로 ?에 들어갈 문자는 ④이다.

09　답 ①

제시된 〈조건〉을 참고하였을 때 ◑◐◑ = ● = ◑이므로 ?에 들어갈 문자는 ①이다.

10　답 ④

제시된 〈조건〉을 참고하였을 때 ●● = ●●◑◐◐● = ◑◐ ◑◐이므로 ?에 들어갈 문자는 ④이다.

11　답 ①

조건 1의 대우인 '멕시코에 가 본 사람은 튀니지에 가 본 적이 없다'를 포함하여 제시된 〈조건〉을 정리하면 '멕시코에 가 본 적이 있음 → 튀니지 가 본 적이 없음 → 칠레에 가 본 적이 없음'이 성립하므로 〈보기〉는 참이다.

12　답 ②

제시된 〈조건〉을 정리하면 '업무 우수자 ○ → 해외 출장을 감 → 비행기를 탐'과 대우인 '비행기를 타지 않음 → 해외 출장을 가지 않음 → 업무 우수자 ×'가 성립하므로 〈보기〉는 거짓이다.

13

답 ①

제시된 〈조건〉을 정리하면 'OA Master 수강생 → 신입사원 ○ → 기획팀'이 성립하므로 〈보기〉는 참이다.

14

답 ①

제시된 〈조건〉을 정리하면 '책을 좋아함 → 어휘력이 풍부함 → 발표를 잘함'과 대우인 '발표를 잘하지 못함 → 어휘력이 풍부하지 않음 → 책을 좋아하지 않음'이 성립하므로 〈보기〉는 참이다.

15

답 ①

조건 5에 의해 네 사람과 다른 경품을 받은 E는 조건 2를 고려하였을 때 받는 사람이 1명인 1등 경품을 받았음을 알 수 있으므로 제시된 문장은 참이다.

16

답 ③

조건 5에 의해 E가 1등 경품을 받았으므로 A는 2등 혹은 3등 경품을 받게 된다. 조건 3과 조건 4를 고려하였을 때 A는 B, C와 다른 경품을 받았을 뿐 그 경품이 2등 경품인지 3등 경품인지는 알 수 없다.

17

답 ①

E가 1등 경품을 받았고, A는 B, C와 다른 경품을 받았다. 1등 경품을 제외한 각 등수별 경품 수령자가 2명임을 고려하였을 때 B와 C가 같은 경품을 받고, A와 D가 같은 경품을 받게 되므로 제시된 문장은 참이다.

18

답 ②

조건 2와 조건 4에 의해 국어는 수요일에, 한국사는 월요일 또는 화요일에 복습한다. 이를 포함하여 제시된 〈조건〉에 따라 각 요일별로 복습할 과목을 정리하면 다음과 같다.

• 경우 1 : 한국사를 월요일에 복습할 경우

월	화	수	목	금
한국사	수학/탐구	국어	수학/탐구	영어

• 경우 2 : 한국사를 화요일에 복습할 경우

월	화	수	목	금
수학/탐구	한국사	국어	수학/탐구	영어

따라서 어떠한 경우에도 영어는 금요일에 복습하게 되므로 제시된 문장은 거짓이다.

19

답 ①

탐구를 화요일에 복습한다면 18번 해설 중 경우 1에 해당한다. 따라서 한국사를 복습할 수 있는 요일은 월요일만 남기 때문에 제시된 문장은 참이다.

20

답 ②

18번 해설에 따르면 경우 1에서는 화요일과 목요일, 경우 2에서는 월요일과 목요일에 수학과 탐구를 복습할 수 있다. 목요일에도 수학을 복습할 수 있으므로 제시된 문장은 거짓이다.

21

답 ①

제시된 〈조건〉을 정리하면 '어떤 마케팅팀 사원 → 사진 찍는 것을 좋아함 → 여행 동아리 소속 → 솔로 ○'이 성립한다. 따라서 '어떤 마케팅팀 사원은 솔로이다'를 추론할 수 있다.

22

답 ④

제시된 〈조건〉을 정리하면 '과일주스를 좋아하지 않음 → 케이크를 좋아함 → 커피를 좋아함 → 우유를 좋아함 → 홍차를 좋아하지 않음'이 성립한다. 따라서 '과일주스를 좋아하지 않는 사람은 홍차를 좋아하지 않는다'를 추론할 수 있다.

23

답 ④

조건 5에 의해 재현의 전체 평균이 가장 높다는 것을 알 수 있으므로 총점 또한 재현이 가장 높다.
①, ②, ③ 과목별 등수는 알 수 있으나 점수는 알 수 없으므로 점수를 기준으로 비교할 수 없다.

24

답 ④

제시된 〈조건〉에 따라 A~F가 들어온 등수를 순서대로 정리하면 다음과 같다.

1등	2등	3등	4등	5등	6등
A	F	B	E	D	C

따라서 'D는 E 다음으로 결승지점을 통과하였다'를 추론할 수 있다.

25
정답 ③

조건 2의 대우인 '셔츠를 입고 있지 않은 사람은 재킷을 입고 있지 않다.'와 조건 3의 대우인 '재킷을 입고 있지 않은 사람은 구두를 신고 있다', 조건 5의 대우인 '구두를 신고 있는 사람은 안경을 쓰고 있다'를 포함하여 제시된 〈조건〉을 정리하면 '모자 ○ → 셔츠 × → 재킷 × → 구두 ○ → 안경 ○ → 니트 ×'가 성립한다. 따라서 '모자를 쓰고 있는 사람은 구두를 신고 있다'를 추론할 수 있다.

26
정답 ③

조건 2와 3에 의하면 시은이 좋아하는 음식은 햄버거이다. 조건 4의 대우인 '시은이 좋아하는 음식은 수정이 싫어하는 음식이다'가 성립하므로 '수정은 햄버거를 싫어한다'를 추론할 수 있다.

27
정답 ②

조건 2의 대우인 '수박을 좋아하지 않으면 복숭아를 좋아하지 않는다'를 포함하여 제시된 〈조건〉을 정리하면 '딸기 좋아함 → 수박 좋아하지 않음 → 복숭아 좋아하지 않음 → 오이 좋아함'이 성립한다. 따라서 '딸기를 좋아하면 오이를 좋아한다'를 추론할 수 있다.

28
정답 ②

조건 1과 2에 의해 D가 해외 봉사에 참여하므로 조건 4의 대우를 고려하였을 때 C는 해외 봉사에 참여하지 않는다. 그리고 조건 3의 대우에 의해 B가 해외 봉사에 참여한다. 이를 포함하여 제시된 〈조건〉에 따라 해외 봉사 참여자를 정리하면 다음과 같다.

구분	A	B	C	D	E
참여 여부	○	○	×	○	○

따라서 'C는 해외 봉사에 참여하지 않는다'를 추론할 수 있다.

29
정답 ③

조건 3의 대우인 '마케팅론을 신청했다면 경영분석도 신청하였다'와 조건 4의 대우인 '노사관계론을 신청했다면 재무관리는 신청하지 않았다'를 포함하여 제시된 〈조건〉을 정리하면 '마케팅론 ○ → 경영분석 ○ → 세무회계 × → 노사관계론 ○ → 재무관리 ×'가 성립한다. 따라서 'A는 노사관계론과 경영분석도 신청하였다'를 추론할 수 있다.

30
정답 ②

제시된 〈조건〉에 따라 A~E의 등교 방법을 정리하면 다음과 같다.

구분	A	B	C	D	E
도보	×	○	×	×	×
버스	×	×	×	×	○
승용차	×	×	×	○	×
자전거	×	×	○	×	×
지하철	○	×	×	×	×

따라서 'C는 자전거로 등교한다'를 추론할 수 있다.

31
정답 ④

×2, ×3이 반복되는 수열이다.
따라서 빈칸에 들어갈 숫자는 72×2=144이다.

32
정답 ①

+3, ×3이 반복되는 수열이다. 따라서 빈칸에 들어갈 숫자는 39×3=117이다.

33
정답 ③

앞의 항에 5^1, 5^2, 5^3, 5^4, 5^5, …을 빼는 수열이다. 따라서 빈칸에 들어갈 숫자는 $-165-5^4=-790$이다.

34
정답 ②

그룹 내 첫 번째, 두 번째, 세 번째로 나열된 수를 각각 A, B, C라고 할 경우 2×(A+B)=C라는 것을 알 수 있다. 따라서 빈칸에 들어갈 숫자는 2×(5+6)=22이다.

35
정답 ④

그룹별로 나열된 수를 살펴보면 n번째 그룹에서 그룹 내 순서를 k라고 하면 $(n+1)^k$로 이루어진 것을 알 수 있다. 따라서 빈칸에 들어갈 숫자는 $5^4=625$이다.

36　답 ④

+6, ÷2가 반복되는 수열이다.

ㄴ	ㅇ	ㄹ	ㅊ	ㅁ	(ㅋ)
2	8	4	10	5	11

37　답 ②

+1, +3, +5, +7, +9, …인 수열이다.

A	B	E	J	(Q)	Z
1	2	5	10	17	26

38　답 ②

÷2, +3이 반복되는 수열이다.

ㅎ	ㅅ	ㅊ	(ㅁ)	ㅇ	ㄹ
14	7	10	5	8	4

39　답 ④

앞의 항 2개의 합이 뒤의 항이 되는 수열이다.

A	C	D	G	K	(R)
1	3	4	7	11	18

40　답 ④

÷2, +1이 반복되는 수열이다.

ㅣ	ㅗ	ㅛ	ㅓ	ㅕ	(ㅑ)
10	5	6	3	4	2

지각능력 출제예상문제

01	02	03	04	05	06	07	08	09	10
②	①	④	③	②	③	②	②	③	④
11	12	13	14	15	16	17	18	19	20
②	①	④	③	③	④	③	③	④	③
21	22	23	24	25	26	27	28	29	30
①	②	③	④	②	③	④	①	①	③
31	32	33	34	35	36	37	38	39	40
③	④	②	①	③	②	③	①	②	③

01 답 ②
'◑'는 두 번째에 제시되었으므로 정답은 ②가 된다.

02 답 ①
'◈'는 첫 번째에 제시되었으므로 정답은 ①이 된다.

03 답 ④
'⊕'는 네 번째에 제시되었으므로 정답은 ④가 된다.

04 답 ③
'⊗'는 여섯 번째에 제시되었으므로 정답은 ③이 된다.

05 답 ②
'①'는 두 번째에 제시되었으므로 정답은 ②가 된다.

06 답 ③
'⊗'는 일곱 번째에 제시되었으므로 정답은 ③이 된다.

07 답 ②
'▨'는 세 번째에 제시되었으므로 정답은 ②가 된다.

08 답 ②
'▦'는 네 번째에 제시되었으므로 정답은 ②가 된다.

09 답 ③
'■'는 여섯 번째에 제시되었으므로 정답은 ③이 된다.

10 답 ④
'▣'는 일곱 번째에 제시되었으므로 정답은 ④가 된다.

11 답 ②
'ㅍ'는 네 번째에 제시되었으므로 정답은 ②가 된다.

12 답 ①
'ㅍ'는 첫 번째에 제시되었으므로 정답은 ①이 된다.

13 답 ④
'ㅍ'는 여섯 번째에 제시되었으므로 정답은 ④가 된다.

14 답 ③
제시된 도형과 같은 모양의 도형은 ③이다.

15 답 ③
제시된 도형과 같은 모양의 도형은 ③이다.

16 🔖 ④

제시된 도형과 같은 모양의 도형은 ④이다.

17 🔖 ③

제시된 도형과 같은 모양의 도형은 ③이다.

18 🔖 ③

제시된 도형과 같은 모양의 도형은 ③이다.

19 🔖 ④

제시된 도형과 다른 것은 ④이다. ④는 삼각형 내부의 원이 한 변의 가운데가 아닌 한쪽으로 치우쳐져 있다.
① 제시된 도형을 시계 방향으로 270도 회전시킨 모양이다.
② 제시된 도형을 180도 회전시킨 모양이다.
③ 제시된 도형을 시계 방향으로 45도 회전시킨 모양이다.

20 🔖 ③

제시된 도형과 다른 것은 ③이다. ③은 원의 내부에 위치한 검은색 십자가 도형의 개수가 1개이다.
① 제시된 도형과 같은 모양이다.
② 제시된 도형을 시계 방향으로 90도 회전시킨 모양이다.
④ 제시된 도형을 180도 회전시킨 모양이다.

21 🔖 ①

제시된 도형과 다른 것은 ①이다. ①은 오각형 내부에 있는 삼각형 안의 선 하나가 없다.
② 제시된 도형과 같은 모양이다.
③ 제시된 도형을 180도 회전시킨 모양이다.
④ 제시된 도형을 시계 방향으로 270도 회전시킨 모양이다.

22 🔖 ②

제시된 도형과 같은 그림은 제시된 도형을 180도 회전시킨 모양인 ②이다.

23 🔖 ③

제시된 도형과 같은 그림은 제시된 그림을 180도 회전시킨 모양인 ③이다.

24 🔖 ④

제시된 도형과 같은 그림은 제시된 도형을 180도 회전시킨 모양인 ④이다.

25 🔖 ②

1층 5개, 2층 3개, 3층 1개로 블록의 총개수는 5+3+1=9개가 된다.

• 1층 :

• 2층 :

• 3층 :

26 🔖 ③

1층 6개, 2층 6개, 3층 4개, 4층 1개로 블록의 총개수는 6+6+4+1=17개가 된다.

27 🔖 ④

1층 9개, 2층 7개, 3층 4개로 블록의 총개수는 9+7+4=20개가 된다.

> **빈 부분에 블록을 채워보기**
> 2층의 블록을 3층의 빈 부분으로 옮긴 후에 계산하면 간단히 해결할 수 있다.
> 아래와 같이 블록을 옮기면 1층 9개, 2층 6개, 3층 5개가 되어 쉽게 계산할 수 있다.

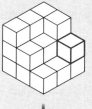

28

답 ①

1층 8개, 2층 8개, 3층 4개, 4층 3개로 블록의 총개수는 8+8+4+3=23개가 된다.

> **빈 부분에 블록을 채워보기**
> 4층의 블록 3개를 3층의 빈 부분으로 옮긴 후에 계산하면 간단히 해결할 수 있다.
> 아래와 같이 블록을 옮기면 1층 8개, 2층 8개, 3층 7개가 되어 쉽게 계산할 수 있다.
>
>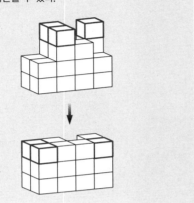

29

답 ①

보이지 않는 부분까지 계산했을 때 1층 6개, 2층 4개, 3층 2개로 블록의 총개수는 6+4+2=12개가 된다.

30

답 ③

1층 9개, 2층 8개, 3층 6개, 4층 3개, 5층 1개로 블록의 총개수는 9+8+5+3+1=27개가 된다.

31

답 ③

1층 8개, 2층 4개, 3층 2개로 블록의 총개수는 8+4+2=14개가 된다.

32

답 ④

1층 6개, 2층 5개, 3층 3개로 블록의 총개수는 6+5+3=14개가 된다.

33

답 ②

1층 10개, 2층 6개, 3층 3개로 블록의 총개수는 10+6+3=19개가 된다.

34

답 ①

1층 8개, 2층 8개, 3층 6개, 4층 3개로 8+8+6+3=25개가 된다.

> **빈 부분에 블록을 채워보기**
> 4층에 있는 나무 블록 2개를 3층에 있는 빈 부분으로 옮긴 후에 계산하면 간단히 해결할 수 있다.
> 아래와 같이 빈 부분에 블록을 옮기면 1층 8개, 2층 8개, 3층 8개, 4층 1개가 되어 쉽게 계산할 수 있다.
>
>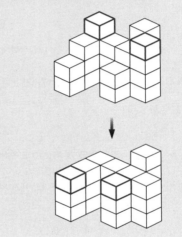

35

답 ③

블록의 최대 개수는 (앞면의 층별 블록 개수)×(측면의 층별 블록 개수)의 합을 통해 구할 수 있다.
(앞면의 1층 블록 개수 4개×측면의 1층 블록 개수 3개)+(2층 블록 개수 3개×2층 블록 개수 2개)+(3층 블록 개수 1개×3층 블록 개수 1개)=12+6+1=19개
따라서 블록의 최대 개수는 19개가 된다.

36

답 ②

(앞면의 1층 블록 개수 4개×측면의 1층 블록 개수 3개)+(2층 블록 개수 3개×2층 블록 개수 2개)+(3층 블록 개수 2개×3층 블록 개수 1개)=12+6+2=20개
따라서 블록의 최대 개수는 20개가 된다.

37

答 ③

(앞면의 1층 블록 개수 3개×측면의 1층 블록 개수 5개)+(2층 블록 개수 2개×2층 블록 개수 2개)+(3층 블록 개수 1개×3층 블록 개수 1개)=15+4+1=20개
따라서 블록의 최대 개수는 20개가 된다.

38

答 ①

블록의 최소 개수는 (앞면의 블록 개수)+(측면의 블록 개수)−(중복되는 블록의 개수)로 구할 수 있다. 앞면의 블록 개수는 9개, 측면의 블록 개수는 8개, 중복되는 블록의 개수는 (1, 4, 3, 1) (3, 4, 1)로 8개다.
따라서 블록의 최소 개수는 9+8−8=17−8=9개가 된다.

39

答 ②

앞면의 블록 개수는 6개, 측면의 블록 개수는 7개, 중복되는 블록의 개수는 (3, 1, 2) (1, 2, 3, 1)로 6개다.
따라서 블록의 최소 개수는 6+7−6=13−6=7개가 된다.

40

答 ③

앞면의 블록 개수는 9개, 측면의 블록 개수는 10개, 중복되는 블록의 개수는 (2, 1, 2, 3, 1) (2, 2, 1, 3, 2)로 8개다.
따라서 블록의 최소 개수는 9+10−8=19−8=11개가 된다.

Global Samsung Aptitude Test

PART

03

최종점검 모의고사
정답 및 해설

GSAT 삼성직무적성검사 5급 고졸채용

최종점검 모의고사 1회

수리능력

01	02	03	04	05	06	07	08	09	10
①	②	①	③	①	①	④	④	②	④
11	12	13	14	15	16	17	18	19	20
③	①	②	②	③	④	①	②	①	②
21	22	23	24	25	26	27	28	29	30
③	④	③	③	①	①	①	③	④	③
31	32	33	34	35	36	37	38	39	40
②	②	③	②	④	①	②	②	④	①

01 답 ①

$610 - 759 + 955 - 877 + 181 = -149 + 955 - 877 + 181 = 806 - 877 + 181 = -71 + 181 = 110$

02 답 ②

$376 - 133 \times \dfrac{1}{7} + 121 \div 0.1 = 376 - 19 + 1{,}210 = 1{,}567$

03 답 ①

$(1{,}213 + 460 - 824) \div 3 - 103 = 849 \div 3 - 103 = 283 - 103 = 180$

04 답 ③

$0.19 \times 0.7 + 0.52 - 0.033 = 0.133 + 0.52 - 0.033 = 0.653 - 0.033 = 0.62$

05 답 ①

$11^2 - 9^2 + 4^2 = (11-9)(11+9) + 16 = 2 \times 20 + 16 = 56$

06 답 ①

$\dfrac{1}{9} \times \dfrac{1}{5} + \dfrac{2}{3} - \dfrac{1}{10} \div \dfrac{1}{2} = \dfrac{1}{45} + \dfrac{2}{3} - \dfrac{1}{5} = \dfrac{22}{45}$

07 답 ④

$0.621 + 0.05 - 0.11 \times 0.4 = 0.621 + 0.05 - 0.044 = 0.627$

08 답 ④

$(236 + 579) - 237 - (228 + 376) + 426 = 815 - 237 - 604 + 426 = 400$

09 답 ②

$240 \times \dfrac{2}{5} \times \dfrac{1}{6} - 320 \div 4 \div 8 = 16 - 10 = 6$

10 답 ④

$32{,}000 + 4{,}500 - 3{,}000 \times 5 + 2{,}000 \times 2 = 32{,}000 + 4{,}500 - 15{,}000 + 4{,}000 = 25{,}500$

11 답 ③

$\left(\dfrac{1}{7} + \dfrac{1}{5}\right) \times \dfrac{1}{12} \div 4 = \dfrac{12}{35} \times \dfrac{1}{12} \times \dfrac{1}{4} = \dfrac{1}{140}$

12 답 ①

$145 \div 10 \times 12 \div 0.1 = 14.5 \times 12 \div 0.1 = 174 \div 0.1 = 1{,}740$

13 답 ②

$28 \times 7 \times 5 - 8^2 = 980 - 64 = 916$

14　답 ②

$12.04 + 8.9 - 10.4 - 0.24 + 0.65 = 20.94 - 10.4 - 0.24 + 0.65 = 10.54 - 0.24 + 0.65 = 10.3 + 0.65 = 10.95$

15　답 ③

$1,047 + 611 - 2,078 + 5,231 - 917 - 723 = 1,658 - 2,078 + 5,231 - 917 - 723 = -420 + 5,231 - 917 - 723 = 4,811 - 917 - 723 = 3,894 - 723 = 3,171$

16　답 ④

$1,133 \times 2 + 376 \times 0.1 - 0.6 = 2,266 + 37.6 - 0.6 = 2,303$

17　답 ①

$855 + 621 - 240 + 231 - 904 = 1,476 - 240 + 231 - 904 = 1,236 + 231 - 904 = 1,467 - 904 = 563$

18　답 ②

$12 \times 5 + 40 - 16 \div 2 + 130 = 60 + 40 - 8 + 130 = 100 - 8 + 130 = 222$

19　답 ①

$\dfrac{1}{200} = 0.005$이므로 빈칸에 들어갈 수 있는 수는 0.0030이다.

20　답 ②

$\dfrac{1}{125} = 0.008$, $\dfrac{1}{25} = 0.04$이므로 빈칸에 들어갈 수 있는 수는 $\dfrac{3}{200} = 0.015$이다.

21　답 ③

한 개의 동전을 세 번 던졌을 때 나올 수 있는 경우는 (앞, 앞, 앞), (앞, 앞, 뒤), (앞, 뒤, 뒤), (앞, 뒤, 앞), (뒤, 뒤, 뒤), (뒤, 앞, 뒤), (뒤, 뒤, 앞), (뒤, 앞, 앞) 총 8가지이다.

상금	300	400	500	600
확률	$\dfrac{1}{8}$	$\dfrac{3}{8}$	$\dfrac{3}{8}$	$\dfrac{1}{8}$

따라서 상금의 기댓값은 $300 \times \dfrac{1}{8} + 400 \times \dfrac{3}{8} + 500 \times \dfrac{3}{8} + 600 \times \dfrac{1}{8} = 450$원이다.

22　답 ④

A제품의 원가를 x라고 하면 정가는 $x + 8,5000$이다.
$(x + 8,500) \times (1 - 0.2) = x + 4,800$, $4x + 34,000 = 5x + 24,000$, $x = 10,000$
따라서 A제품의 원가는 10,000원이고, 정가는 $10,000 + 8,500 = 18,500$원이다.

23　답 ③

A씨가 1시간에 포장하는 제품은 $\dfrac{1}{5}$개, B씨가 1시간에 포장하는 제품은 $\dfrac{1}{8}$개다.
B씨가 혼자 포장하는 시간을 x라고 하면
$\dfrac{1}{5} \times 3 + \dfrac{1}{8} \times x = 1$, $x = 3.2$
따라서 A씨가 3시간 동안 포장하고 나머지는 B씨가 3.2시간 포장하면 마무리된다.

24　답 ③

연속하는 세 짝수는 $x - 2$, x, $x + 2$라고 하면
$(x-2)^2 = x(x+2) \times \dfrac{1}{2} + 104$
$2x^2 - 8x + 8 = x^2 + 2x + 208$, $x^2 - 10x - 200 = 0$, $x = 20$
따라서 가장 큰 짝수는 $20 + 2 = 22$이다.

25　답 ①

AB거리 = BC거리 = x라고 하면
$\dfrac{x}{10} + \dfrac{x}{6} = 2$, $3x + 5x = 60$, $8x = 60$, $x = 7.5$
따라서 A와 C 사이의 거리는 $7.5 \times 2 = 15$km이다.

26　답 ①

지난달 연필의 개수를 x, 지우개의 개수를 y라고 하면
$x + y = 1,000$ ……………………………… ㉠
$0.02x + 0.03y = 26$ …………………………… ㉡
㉠, ㉡을 연립하면 $x = 400$, $y = 600$이다.
따라서 이번 달에 생산하는 연필의 수량은 $400 \times (1 + 0.02) = 408$개이다.

27

답 ①

A씨와 B씨가 x분 후 만난다고 하면 둘이 걸은 거리의 합은 1.6km이다.

$50x + 30x = 1,600$, $80x = 1,600$, $x = 20$

A씨와 B씨는 출발한 지 20분 만에 만나고 이때 B씨가 걸은 거리는 $20 \times 30 = 600$m이다.

28

답 ③

(i) $60 = 20 + 20 + 20$인 경우, $3! = 6$가지

(ii) $60 = 20 + 20 + 10 + 10$인 경우, ${}_3C_2 \times {}_5C_2 \times 4! = 720$가지

(iii) $60 = 20 + 10 + 10 + 10 + 10$인 경우, ${}_3C_1 \times {}_5C_4 \times 5! = 1,800$가지

따라서 가능한 경우의 수는 $6 + 720 + 1,800 = 2,526$가지이다.

29

답 ④

주어진 조건을 표로 나타내면 다음과 같다.

구분	남자	여자	계(명)
미혼	6	7	13
기혼	12	9	21
계(명)	18	16	34

이 팀에서 선택한 직원이 기혼자일 사건을 A, 여직원일 사건을 B라 하면 구하는 확률은 $P(B|A) = \dfrac{n(A \cap B)}{n(A)} = \dfrac{9}{21} = \dfrac{3}{7}$이다.

30

답 ②

농도 12%인 설탕물 200g에서 설탕의 양은 $200 \times 0.12 = 24$g이고, 농도 8%인 설탕물 150g에서 설탕의 양은 $150 \times 0.08 = 12$g이다.

따라서 물통에 들어 있는 설탕물의 양은 $250 + 200 + 150 = 600$g이고, 설탕의 양은 $24 + 12 = 36$g이므로 농도는 $\dfrac{36}{600} \times 100 = 6$%이다.

31

답 ②

1차, 2차 점수의 평균이 87점 이상이려면 두 점수의 합이 $87 \times 2 = 174$점 이상이어야 한다.

이름	A	B	C	D	E	F	G
합계(점)	174	175	175	165	172	172	171

따라서 합격하는 사람은 A, B, C씨가 되고 총 3명이다.

32

답 ②

아메리카노가 하루 115잔 팔렸다고 하면 한 잔에 $\dfrac{377,500}{115} ≒ 3,283$원이다.

① A카페의 하루 매출액은 $377,500 + 288,500 + 301,000 + 181,500 + 495,000 = 1,643,500$원이다.

③ 하루 판매액 중 바닐라라떼의 비중은 $\dfrac{301,000}{1,643,500} \times 100 ≒ 18$%이다.

④ 카페라떼와 핫초코의 하루 판매액을 합하면 $288,500 + 181,500 = 470,000$원이므로 기타 메뉴의 하루 판매액 495,000원을 넘지 못한다.

33

답 ③

20~40대는 배우자 출산 휴가제에 대해 평균 $\dfrac{62.9 + 77 + 76.1}{3} ≒ 72$%가 알고 있다.

① 일·가정 양립 지원제도의 20대, 40대 인지도 순위는 '출산 휴가제>육아 휴가제>배우자 출산 휴가제>직장 보육 지원>유연근무제>육아기 근로 시간 단축제>가족 돌봄 휴직제'로 동일하다.

② 20~40대까지 직장 보육 지원제(49.2%, 61.2%, 62.5%)보다 가족 돌봄 휴직제(30.5%, 38.9%, 40.9%)에 대한 인지도가 더 낮다.

④ 일·가정 양립 지원제도 중 40대에서 50% 미만의 인지도를 보인 제도는 육아기 근로 시간 단축제, 가족 돌봄 휴직제 2가지이다.

34

답 ②

ㄱ. 2023년과 비교해서 2024년 베트남의 선박 수출액은 $16,450 - 9,609 = 6,841$천 불로 가장 크게 증가했다.

ㄷ. 2023년 선박 전체 수출액은 66,279천 불이고, 2024년 선박 전체 수출액은 80,059천 불이다. 즉 2023년 대비 2024년 선박 수출액은 $\dfrac{80,059 - 66,279}{66,279} \times 100 ≒ 20.8$% 증가했다.

ㄴ. 2023년 선박 전체 수출액 중 대만으로의 선박 수출액 비중은 $\dfrac{20,166}{66,279} \times 100 ≒ 30.4$%, 2024년에는 $\dfrac{21,283}{80,059} \times 100 ≒ 26.6$%이므로 2023년의 비중이 더 높다.

35

답 ④

2024년 한국의 10대 무역국에 대한 전년 대비 총수출액 감소율은 $\dfrac{317,516-431,660}{431,660}\times100 ≒ -26.4\%$이고, 총수입액 감소율은 $\dfrac{285,881-358,048}{358,048}\times100 ≒ -20.2\%$이다.

36

답 ①

2022~2024년 A씨의 총자산은 다음과 같다.

2022년	2023년	2024년
5,700만 원	6,000만 원	6,100만 원

즉 2022년 총자산이 가장 적으므로 해당 연도의 유동부채비율은 $\dfrac{350}{4,000}\times100=8.75\%$이다.

37

답 ②

2023년 총 인구 수를 x만 명이라고 하면

x만 명 : 11.7만 명=10만 명 : 230명, $x=\dfrac{1,170,000}{230}≒5,087$

2024년 총 인구 수는 작년 대비 0.5% 증가했으므로 5,087×1.005=5,112만 명이다.

2024년 총 인구 수가 5,112만 명일 때 총 경찰관 수는 11.6만 명이므로 인구 10만 명당 경찰관 수는 $\dfrac{1,160,000}{5,112}≒227$명이다.

38

답 ②

2022년 화재로 인한 재산피해액은 전년 대비 $\dfrac{434,462-289,526}{289,526}\times100≒50.1\%$ 증가했다.

① 2020~2024년 화재로 인한 재산피해액은 매년 증가하다가 2023년에 감소했다.
③ 조사기간 중 화재로 인한 재산피해액은 2022년이 434,462 백만 원으로 가장 크다.
④ 2019년 화재로 인한 재산피해액은 2023년 화재로 인한 재산피해액보다 405,357−266,776=138,581백만 원 적다.

39

답 ④

e구의 면적당 아동인구 수는 평균 $\dfrac{12,518}{23.91}≒524$명 있다.

① A시의 5개 구 중 e구는 면적이 b구보다 작지만 아동도서관의 수는 더 많다. 따라서 면적의 크기와 아동도서관의 수는 비례하지 않는다.
② a구의 전체 인구 수는 $\dfrac{91,599}{0.11}≒832,718$명이고, c구의 전체 인구 수는 $\dfrac{21,044}{0.089}≒236,449$으로 약 $\dfrac{832,718}{236,449}≒3.5$배 차이가 난다.
③ 아동도서관 한 곳의 평균 이용 아동인구 수는 b구 $\dfrac{36,430}{6}≒$ 6,072명이고, d구 $\dfrac{48,603}{10}≒4,860$명이므로 b구가 더 많다.

40

답 ①

타 지역에 사는 사람들의 관람료는 아버지 4,000원, 어머니 4,000원, 나 4,000원, 동생 4,000원이다. C지역에 사는 사람들의 관람료는 할머니 600원, 이모는 2,500원, 조카 1,300원이다. 따라서 총 관람료는 4,000×4+600+2,500+1,300=20,400 원이다.

01	02	03	04	05	06	07	08	09	10
①	③	②	①	③	④	①	②	③	①
11	12	13	14	15	16	17	18	19	20
③	②	③	①	④	①	③	①	③	②
21	22	23	24	25	26	27	28	29	30
③	①	③	②	④	②	①	③	①	③
31	32	33	34	35	36	37	38	39	40
②	④	②	③	④	④	③	②	④	④

01
답 ①

제시된 〈조건〉을 참고하였을 때 ✕ = ✕✕✕ = ✕✕이므로 ?에 들어갈 문자는 ①이다.

02
답 ③

제시된 〈조건〉을 참고하였을 때 ✕✕ = ✕✕✕ = ✕✕✕✕이므로 ?에 들어갈 문자는 ③이다.

03
답 ②

제시된 〈조건〉을 참고하였을 때 ☑☑☑☑ = ☑☎☎ = ☑☎☎이므로 ?에 들어갈 문자는 ②이다.

04
답 ①

제시된 〈조건〉을 참고하였을 때 ⊠☎ = ☑☑☎☎ = ☎☎☎☎이므로 ?에 들어갈 문자는 ①이다.

05
답 ③

제시된 〈조건〉을 참고하였을 때 ♠♤ = ♤♤♣ = ♤♣♣♣이므로 ?에 들어갈 문자는 ③이다.

06
답 ④

제시된 〈조건〉을 참고하였을 때 ♧♤ = ♠♣♣ = ♤♤♣이므로 ?에 들어갈 문자는 ④이다.

07
답 ①

제시된 〈조건〉을 참고하였을 때 ☁ = ☃ = ☀☀이므로 ?에 들어갈 문자는 ①이다.

08
답 ②

제시된 〈조건〉을 참고하였을 때 ☂☁ = ☀☀☀☃ = ☀☁☃이므로 ?에 들어갈 문자는 ②이다.

09
답 ③

제시된 〈조건〉을 참고하였을 때 ☖☖ = ☖☗☗ = ☗☗☗이므로 ?에 들어갈 문자는 ③이다.

10
답 ①

제시된 〈조건〉을 참고하였을 때 ☗☖ = ☖☖ = ☖☖☖☗☗ = ☖☗☗☗이므로 ?에 들어갈 문자는 ①이다.

11
답 ③

제시된 〈조건〉을 참고하였을 때 ねせ = むむむむ = むせせ이므로 ?에 들어갈 문자는 ③이다.

12
답 ②

제시된 〈조건〉을 참고하였을 때 めせ = せせむむ = ねね이므로 ?에 들어갈 문자는 ②이다.

13
답 ③

제시된 〈조건〉을 참고하였을 때 ■ = ◆◆ = □□이므로 ?에 들어갈 문자는 ③이다.

14
답 ①

제시된 〈조건〉을 참고하였을 때 ◇□□ = □□□□ = ■■이므로 ?에 들어갈 문자는 ①이다.

15
답 ④

제시된 〈조건〉을 참고하였을 때 ⋯⋮ = ⋮⋱⋱⋱ = ⋮⋮⋱이므로 ?에 들어갈 문자는 ④이다.

16 답 ①

제시된 〈조건〉을 참고하였을 때 `∵∴∴` = ⋮ ⋮ ⋮ ∵ = ∵∵, ∵∴∵∴∴∴. = ⋯⋯ ∴ ∴ 이므로 ?에 들어갈 문자는 ①이다.

17 답 ③

제시된 〈조건〉을 참고하였을 때 門見 = 見見角 = 角角角角角 이므로 ?에 들어갈 문자는 ③이다.

18 답 ①

제시된 〈조건〉을 참고하였을 때 貝角 = 角角角角角角 = 見見角角 = 門門이므로 ?에 들어갈 문자는 ①이다.

19 답 ③

제시된 〈조건〉을 참고하였을 때 ▸◂▸◂▸◂ = ▸◂▸◂ ⟰ = ▸◂ ⟰ ⟰ ⟰ 이므로 ?에 들어갈 문자는 ③이다.

20 답 ②

제시된 〈조건〉을 참고하였을 때 ⟰ ⟰ ▸◂ ⟰ = ▸◂▸◂▸◂ = ▸◂▸◂ ⟰⟰⟰⟰⟰⟰⟰⟰ = ▸◂▸◂▸◂ ⟰ ⟰ ⟰ 이므로 ?에 들어갈 문자는 ②이다.

21 답 ③

조건 1의 대우인 '강아지를 기르면 고양이를 기르지 않는다'를 포함하여 제시된 〈조건〉을 정리하면 '선인장을 기름 → 강아지를 기름 → 고양이를 기르지 않음 → 열대어를 기르지 않음'과 대우인 '열대어를 기름 → 고양이를 기름 → 강아지를 기르지 않음 → 선인장을 기르지 않음'이 성립하므로 〈보기〉는 알 수 없다.

22 답 ①

조건 1의 대우인 '소설을 좋아하면 수필을 좋아한다'와 조건 3의 대우인 '기사문을 좋아하지 않으면 시집을 좋아한다'를 포함하여 제시된 〈조건〉을 정리하면 '소설 ○ → 수필 ○ → 기사문 × → 시집 ○ → 자기계발서 ×'과 대우인 '자기계발서 ○ → 시집 × → 기사문 ○ → 수필 × → 소설 ×'이 성립하므로 〈보기〉는 참이다.

23 답 ③

조건 1의 대우인 '전기화학을 수강하지 않으면 물리화학을 수강한다'와 조건 2의 대우인 '공정모델링을 수강하지 않으면 전기화학을 수강하지 않는다'를 포함하여 제시된 〈조건〉을 정리하면 '고분자공학 ○ → 공정모델링 × → 전기화학 × → 물리화학 ○ → 공학수학 ×'와 대우인 '공학수학 ○ → 물리화학 × → 전기화학 ○ → 공정모델링 ○ → 고분자공학 ×'이 성립하므로 〈보기〉는 알 수 없다.

24 답 ②

제시된 〈조건〉을 그림으로 정리하면 다음과 같으므로 〈보기〉는 거짓이다.

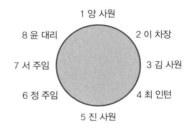

25 답 ④

제시된 명제를 정리하면 '여름을 좋아함 → 비를 좋아하지 않음', '여름을 좋아함 → 야외활동을 좋아하지 않음'이므로 '여름을 좋아함 → 비를 좋아하지 않음 → 야외활동을 좋아하지 않음'임을 알 수 있다. 따라서 빈칸에 들어갈 명제로 '비를 좋아하지 않으면 야외활동을 좋아하지 않는다'가 가장 적절하다.

26 답 ②

제시된 명제를 정리하면 '사과를 좋아함 → 수박을 좋아함', '포도를 좋아함 → 수박을 좋아하지 않음'이므로 명제 2의 대우인 '수박을 좋아함 → 포도를 좋아하지 않음'을 고려하였을 때 '사과를 좋아함 → 수박을 좋아함 → 포도를 좋아하지 않음'임을 알 수 있다. 따라서 빈칸에 들어갈 명제로 '사과를 좋아하면 포도를 좋아하지 않는다'가 가장 적절하다.

27 답 ①

제시된 명제를 정리하면 '시신경 손상 → 주변 시야가 좁아짐', '안구 내 안압 상승 → 시신경 손상'이므로 '안구 내 안압 상승 → 시신경 손상 → 주변 시야가 좁아짐'임을 알 수 있다. 따라서 빈칸에 들어갈 명제로 '안구 내 안압이 상승하면 주변 시야가 좁아진다'가 가장 적절하다.

28 　　　　　　　　　　📋 ③

제시된 명제를 정리하면 '해외 출장을 감 → 비행기를 탐', '비행기를 타지 않음 → 업무 우수자 ×'이므로 명제3의 대우인 '업무 우수자 ○ → 비행기를 탐'을 고려하였을 때 '업무 우수자 ○ → 해외 출장을 감 → 비행기를 탐'임을 알 수 있다. 따라서 빈칸에 들어갈 명제로 '업무 우수자는 해외 출장을 간다'가 가장 적절하다.

29 　　　　　　　　　　📋 ①

조건 1의 대우인 '겨울을 좋아하지 않으면 눈사람 만들기를 좋아하지 않는다'를 포함하여 제시된 〈조건〉을 정리하면 '여름 ○ → 겨울 × → 눈사람 만들기 × → 해수욕 ○'와 대우인 '해수욕 × → 눈사람 만들기 ○ → 겨울 ○ → 여름 ×'이 성립한다. 따라서 '눈사람 만들기를 좋아하면 여름을 좋아하지 않는다'를 추론할 수 있다.

30 　　　　　　　　　　📋 ③

조건 2에 의해 D 없이 E만 출장을 갈 수 없으므로 ②, ④는 답이 될 수 없다. 조건 3의 대우인 'A가 출장을 가면 B도 출장을 간다'가 성립하므로 B 없이 A만 출장을 갈 수 없기 때문에 ①은 답이 될 수 없다. 따라서 'B와 D는 출장을 간다'를 추론할 수 있다.

31 　　　　　　　　　　📋 ②

조건 3의 대우인 '농구를 하지 않는 사람은 수영을 하지 않는다'를 포함하여 제시된 〈조건〉을 정리하면 '탁구 ○ → 헬스 ○ → 농구 × → 수영 ×'와 대우인 '수영 ○ → 농구 ○ → 헬스 × → 탁구 ×'가 성립한다. 따라서 '농구를 하는 사람은 탁구를 하지 않는다'를 추론할 수 있다.

32 　　　　　　　　　　📋 ④

제시된 〈조건〉을 그림으로 정리하면 다음과 같다.

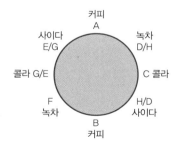

따라서 'E가 사이다를 마시면 G는 콜라를 마신다'를 추론할 수 있다.

33 　　　　　　　　　　📋 ②

제시된 〈조건〉을 정리하면 '자두 × → 감자 ○ → 파프리카 ○ → 수박 ○ → 양파 × → 포도 ×'와 대우인 '포도 ○ → 양파 ○ → 수박 × → 파프리카 × → 감자 × → 자두 ○'가 성립한다. 따라서 '포도를 사면 감자를 사지 않는다'를 추론할 수 있다.

34 　　　　　　　　　　📋 ③

제시된 〈조건〉에 따라 각 팀별로 회의실 사용 순서와 시각을 정리하면 다음과 같다.

1	2	3	4	5	6
10:30~11:30	11:30~12:30	12:30~01:30	01:30~02:30	02:30~03:30	03:30~04:30
마케팅팀/총무팀	마케팅팀/총무팀	기획팀	회계팀	법무팀	경영팀

따라서 '회계팀은 방송을 들을 수 없다'를 추론할 수 있다.

35 　　　　　　　　　　📋 ④

A~E의 진술 중 A와 B 둘 중 하나는 반드시 거짓이 되며 C와 D는 둘 다 참이거나 거짓이다. 거짓을 말한 사람이 2명이고 A와 B 중 한 명은 반드시 거짓이므로 C와 D는 참이 된다. 이때 E의 말은 자연히 거짓이며, E의 말이 거짓이라면 복사기를 고장 낸 사람이 D가 되므로 거짓을 말한 사람은 A와 E이다. 따라서 '복사기를 고장 낸 사람은 D이다'를 추론할 수 있다.

36 　　　　　　　　　　📋 ④

A의 첫 번째 진술(나는 살인자가 아니다)을 기준으로 참·거짓 여부를 판단하면 다음과 같다.

- A의 첫 번째 진술이 거짓인 경우 : A의 두 번째 진술은 참이 되므로 C의 첫 번째 진술은 참, 두 번째 진술은 거짓, B의 첫 번째 진술은 거짓, 두 번째 진술은 참이 된다. 이를 정리하면 살인자는 A와 B 2명이다.
- A의 첫 번째 진술이 참인 경우 : A의 두 번째 진술은 거짓이 되므로 C의 첫 번째 진술은 거짓, 두 번째 진술은 참, B의 첫 번째 진술은 참, 두 번째 진술은 거짓이 된다. 이를 정리하면 살인자는 C 1명이다.

따라서 '3명 모두가 살인자인 경우는 없다'를 추론할 수 있다.

37

답 ③

앞의 항에 3×1, 3×2, 3×3, 3×4, …를 더하는 수열이다.
따라서 빈칸에 들어갈 숫자는 32+(3×5)=47이다.

38

답 ②

앞의 항에 2^0, 2^1, 2^2, 2^3, 2^4, …을 더하는 수열이다.
따라서 빈칸에 들어갈 숫자는 $64+2^6=128$이다.

39

답 ④

(−3), ×3이 반복되는 수열이다.

ㅁ	ㄴ	ㅂ	ㄷ	ㅈ	(ㅂ)
5	2	6	3	9	6

40

답 ④

앞의 항 2개의 합이 뒤의 항이 되는 수열이다.

B	D	F	J	P	(Z)
2	4	6	10	16	26

지각능력

01	02	03	04	05	06	07	08	09	10
②	③	①	④	②	④	①	③	②	③
11	12	13	14	15	16	17	18	19	20
②	①	③	③	②	④	③	②	④	③
21	22	23	24	25	26	27	28	29	30
②	②	③	③	④	②	③	③	③	①
31	32	33	34	35	36	37	38	39	40
②	③	②	①	④	②	①	②	②	①

01

답 ②

'囚'는 네 번째에 제시되었으므로 정답은 ②가 된다.

02

답 ③

'㋑'는 다섯 번째에 제시되었으므로 정답은 ③이 된다.

03

답 ①

'㋐'는 첫 번째에 제시되었으므로 정답은 ①이 된다.

04

답 ④

'囚'는 여섯 번째에 제시되었으므로 정답은 ④가 된다.

05

답 ②

'▓'는 두 번째에 제시되었으므로 정답은 ②가 된다.

06

답 ④

'▓'는 네 번째에 제시되었으므로 정답은 ④가 된다.

07

답 ①

'▓'는 첫 번째에 제시되었으므로 정답은 ①이 된다.

08　답 ③

문자를 오름차순으로 나열한다는 것은 알파벳은 A부터 Z까지, 한글은 ㄱ부터 ㅎ까지, 숫자는 작은 수부터 큰 수 순서로 나열하는 것이다.

제시된 문자들을 오름차순으로 나열하면 '먀-샤-챠-캬-탸-햐'의 순서가 된다. 따라서 두 번째에 오는 문자는 '샤'가 된다.

09　답 ②

제시된 좌우 문자 중 'Ⓚ'의 형태가 다르므로 정답은 ②가 된다. 왼쪽에 제시된 문자 'ⒽⒾⒻⒼⒿⓀⓁⓂⓃ'와 달리 오른쪽에 제시된 문자 'ⒽⒾⒻⒼⒿⓀⓁⓂⓃ'에서는 Ⓚ가 아닌 Ⓚ의 형태로 제시되었다.

10　답 ③

제시된 문자 '매뫄머뫠뫼뭐뭬뮈'와 달리 ③의 '매뫄머뫠 뮈뭐뭬뮈'에는 '뫼'가 아닌 '뮈'가 제시되어 있다.

11　답 ②

제시된 도형과 같은 모양의 도형은 ②이다.

①

③

④

12　답 ①

제시된 도형과 같은 모양의 도형은 ①이다.

②

③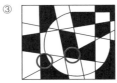

④

13　답 ④

제시된 도형과 같은 모양의 도형은 ④이다.

①

②

③

14

제시된 도형과 같은 모양의 도형은 ③이다.

①

②

④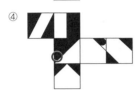

15

답 ②

제시된 도형과 다른 것은 ②이다.
②의 도형은 ①, ③, ④의 도형과 달리 왼쪽 하단에 색칠된 부분
이 있다.

③ 제시된 도형을 시계 방향으로 90도 회전시킨 모양이다.
④ 제시된 도형을 180도 회전시킨 모양이다.

16

답 ④

제시된 도형과 다른 것은 ④이다.
④의 도형은 ①, ③, ④의 도형과 달리 왼쪽 하단에 색칠된 부분
이 있다.

① 제시된 도형을 180도 회전시킨 모양이다.
③ 제시된 도형을 시계 방향으로 90도 회전시킨 모양이다.

17

답 ③

제시된 도형과 다른 것은 ③이다.
③의 도형은 ①, ②, ④의 도형과 달리 왼쪽 상단에 색칠된 부분
이 있다.

① 제시된 도형을 반시계 방향으로 90도 회전시킨 모양이다.
② 제시된 도형을 180도 회전시킨 모양이다.
④ 제시된 도형을 시계 방향으로 90도 회전시킨 모양이다.

18

답 ②

나머지 도형과 다른 것은 ②이다.
②의 도형은 ①, ③, ④의 도형과 달리 3번째 도형 내부의 삼각
형 방향이 다르다.

19

답 ④

나머지 도형과 다른 것은 ④이다.
④의 도형은 ①, ②, ③의 도형과 달리 가장 아래의 사각형 내부
에 색칠된 부분이 있다.

20

답 ③

나머지 도형과 다른 것은 ③이다.
③의 도형은 ①, ②, ④의 도형과 달리 왼쪽에 색칠된 부분이
있다.

21
답 ②

1층 16개, 2층 9개, 3층 4개, 4층 1개로 블록의 총개수는 16+9+4+1=30개가 된다.
쌓아 놓은 블록의 가로와 세로 블록이 하나씩 증가하고 있으므로 1개, 4개, 9개, 16개를 더하여 블록의 총개수를 구할 수도 있다.

22
답 ②

1층 9개, 2층 6개, 3층 3개, 4층 1개로 블록의 총개수는 9+6+3+1=19개가 된다.

23
답 ③

1층 8개, 2층 4개, 3층 3개, 4층 1개로 블록의 총개수는 8+4+3+1=16개가 된다.

24
답 ③

1층 9개, 2층 6개, 3층 5개로 블록의 총개수는 9+6+5=20개가 된다.

> **빈 부분에 블록을 채워보기**
> 1층의 블록을 3층의 빈 부분으로 옮긴 후에 계산하면 간단히 해결할 수 있다.
> 아래와 같이 블록을 옮기면 1층 6개, 2층 6개, 3층 6개, 나머지 2개가 되어 쉽게 계산할 수 있다.

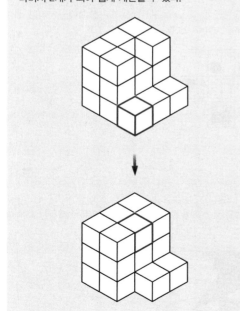

25
답 ④

1층 15개, 2층 11개, 3층 9개, 4층 6개로 블록의 총개수는 15+11+9+6=41개가 된다.

26
답 ②

1층 8개, 2층 7개, 3층 4개로 블록의 총개수는 8+7+4=19개가 된다.

27
답 ③

1층 49개, 2층 25개, 3층 9개, 4층 1개로 블록의 총개수는 49+25+9+1=84개가 된다.

28
답 ②

1층 8개, 2층 6개, 3층 3개로 블록의 총개수는 8+6+3=17개가 된다.

29
답 ③

1층 11개, 2층 6개, 3층 3개, 4층 1개로 블록의 총개수는 11+6+3+1=21개가 된다.

30
답 ①

1층 16개, 2층 14개, 3층 8개로 블록의 총개수는 16+14+8=38개가 된다.

31
답 ②

블록의 최대 개수는 (앞면의 층별 블록 개수)×(측면의 층별 블록 개수)의 합을 통해 구할 수 있다.
(앞면의 1층 블록 개수 4개×측면의 1층 블록 개수 5개)+(2층 블록 개수 2개×2층 블록 개수 2개)+(3층 블록 개수 2개×3층 블록 개수 1개)+(4층 블록 개수 1개×4층 블록 개수 1개)
=20+4+2+1=27개
따라서 블록의 최대 개수는 27개가 된다.

32 답 ③

(앞면의 1층 블록 개수 4개×측면의 1층 블록 개수 3개)+(2층
블록 개수 3개×2층 블록 개수 2개)+(3층 블록 개수 2개×
3층 블록 개수 2개)+(4층 블록 개수 1개×4층 블록 개수 1개)
=12+6+4+1=23개
따라서 블록의 최대 개수는 23개가 된다.

33 답 ②

(앞면의 1층 블록 개수 4개×측면의 1층 블록 개수 2개)+(2층
블록 개수 4개×2층 블록 개수 2개)+(3층 블록 개수 3개×3
층 블록 개수 2개)+(4층 블록 개수 2개×4층 블록 개수 2개)=
8+8+6+4=26개
따라서 블록의 최대 개수는 26개가 된다.

34 답 ①

(앞면의 1층 블록 개수 4개×측면의 1층 블록 개수 2개)+(2층
블록 개수 3개×2층 블록 개수 2개)+(3층 블록 개수 3개×3층
블록 개수 2개)+(4층 블록 개수 3개×4층 블록 개수 2개)+
(5층 블록 개수 1개×5층 블록 개수 2개)=8+6+6+6+2=
28개
따라서 블록의 최대 개수는 28개가 된다.

35 답 ④

(앞면의 1층 블록 개수 4개×측면의 1층 블록 개수 3개)+(2층
블록 개수 4개×2층 블록 개수 3개)+(3층 블록 개수 3개×
3층 블록 개수 3개)+(4층 블록 개수 1개×4층 블록 개수 3개)
=12+12+9+3=36개
따라서 블록의 최대 개수는 36개가 된다.

36 답 ②

블록의 최소 개수는 (앞면의 블록 개수)+(측면의 블록 개수)-
(중복되는 블록의 개수)를 통해 구할 수 있다.
앞면의 블록 개수 7개, 측면의 블록 개수 5개, 중복되는 블록의
개수는 (3, 2, 2) (1, 1, 3)으로 3개다.
따라서 블록의 최소 개수는 12-3=9개가 된다.

37 답 ①

앞면의 블록 개수 11개, 측면의 블록 개수 9개, 중복되는 블록
의 개수는 (3, 4, 1, 3) (2, 2, 4, 1)로 5개다.
따라서 블록의 최소 개수는 20-5=15개가 된다.

38 답 ②

앞면의 블록 개수 17개, 측면의 블록 개수 23개, 중복되는 블록
의 개수는 (1, 2, 5, 4, 5) (4, 5, 5, 5, 4)로 14개다.
따라서 블록의 최소 개수는 40-14=26개가 된다.

39 답 ②

앞면의 블록 개수 8개, 측면의 블록 개수 5개, 중복되는 블록의
개수는 (3, 1, 3, 1) (2, 3)으로 3개다.
따라서 블록의 최소 개수는 13-3=10개가 된다.

40 답 ①

앞면의 블록 개수 11개, 측면의 블록 개수 5개, 중복되는 블록
의 개수는 (2, 4, 3, 2) (1, 4)로 4개다.
따라서 블록의 최소 개수는 16-4=12개가 된다.

수리능력

01	02	03	04	05	06	07	08	09	10
③	①	④	④	②	③	②	①	①	③
11	12	13	14	15	16	17	18	19	20
①	②	④	①	③	④	②	②	④	①
21	22	23	24	25	26	27	28	29	30
②	②	①	①	②	①	①	③	④	②
31	32	33	34	35	36	37	38	39	40
①	③	②	②	④	③	③	①	②	③

01 답 ③

$7.59 - 2.16 + 1.5 + 0.94 - 6.7 = 5.43 + 1.5 + 0.94 - 6.7 = 6.93 + 0.94 - 6.7 = 7.87 - 6.7 = 1.17$

02 답 ①

$590 + 1,855 + 482 - 253 - 383 = 2,445 + 482 - 253 - 383 = 2,927 - 253 - 383 = 2,674 - 383 = 2,291$

03 답 ④

$\dfrac{1}{12} + \dfrac{3}{4} - \dfrac{1}{6} - \dfrac{2}{5} = \dfrac{2}{3} - \dfrac{2}{5} = \dfrac{4}{15}$

04 답 ④

$14 \times 11 + 27 - 38 + 15 \times 5 \div 3 = 154 + 27 - 38 + 25 = 168$

05 답 ②

$3^2 + 9^2 - 5^2 \times 2^2 = 9 + 81 - 100 = -10$

06 답 ③

$230 \times 2 + 1,690 - 908 + 716 \times 3 - 390 = 460 + 1,690 - 908 + 2,148 - 390 = 3,000$

07 답 ②

$27,000 \times 0.25 + 30,500 \times 0.4 - 12,000 \times 1.2 = 6,750 + 12,200 - 14,400 = 4,550$

08 답 ①

$35 \times \dfrac{2}{5} - 15 \times 0.3 + 60 \div 12 = 14 - 4.5 + 5 = 14.5$

09 답 ①

$10^2 + 5^2 \times \dfrac{1}{10} - 6^2 + 4^2 = 100 + 2.5 - 36 + 16 = 82.5$

10 답 ③

$32,500 \div 13 - 14,600 \times 2 + 45,000 = 2,500 - 29,200 + 45,000 = 18,300$

11 답 ①

$191 \times 3 + 13 - 107 \times 2 - 11^2 = 573 + 13 - 214 - 121 = 251$

12 답 ②

$3.11 + 2.51 - 8.1 + 2.24 \div 8 = 3.11 + 2.51 - 8.1 + 0.28 = -2.2$

13   답 ④

$155.07+380.54-44.66-395.55+358.98-438.34=535.61$
$-44.66-395.55+358.98-438.34=490.95-395.55+$
$358.98-438.34=95.4+358.98-438.34=454.38-438.34$
$=16.04$

14   답 ①

$36+13\times4-316+60\div2^2+834=36+52-316+15+834=$
621

15   답 ③

$1,356-(2,111+943)+2,211\times2+1,706=1,356-3,054+$
$4,422+1,706=4,430$

16   답 ③

$\dfrac{5}{12}\div\left(\dfrac{2}{3}+\dfrac{3}{8}\right)-\dfrac{2}{5}\div\dfrac{3}{7}+\dfrac{1}{3}=\dfrac{5}{12}\times\dfrac{24}{25}-\dfrac{14}{15}+\dfrac{1}{3}=\dfrac{2}{5}$
$-\dfrac{14}{15}+\dfrac{1}{3}=-\dfrac{1}{5}$

17   답 ②

$20+24\times2^3-36\div3^2-5^3=20+192-4-125=83$

18   답 ②

$105\times0.12+278\div0.5-2.6=12.6+556-2.6=566$

19   답 ④

$312\times12+25\times4-(710+34)=3,744+100-744=3,100$

20   답 ①

$\dfrac{1}{10^3}=0.001$, $\dfrac{1}{5^3}=0.008$이므로 빈칸에 들어갈 수 있는 수는
0.005이다.

21   답 ②

어머니의 나이가 x라면 아버지의 나이는 $x+3$이고, 딸의 나이
는 $161-(x+x+3)=158-2x$이다.
$x+x+3=4(158-2x)-9$, $x+6=2(158-2x)$, $x=62$
따라서 어머니는 62살, 아버지는 65살, 딸은 $158-2\times62=34$
살이다.

22   답 ③

작년 적성검사 응시자 수 중 남자 응시자를 x, 여자 응시자 수
를 y라고 하면
    $x+y=30,000$ ································· ㉠
    $0.02x+0.05y=30,000\times0.0365$, $2x+5y=109,500$··· ㉡
㉠, ㉡을 연립하면 $x=13,500$, $y=16,5000$이다.
따라서 올해 여자 응시자 수는 $16,500\times1.05=17,325$명이다.

23   답 ①

처음 주머니에서 흰 공을 뽑을 확률은 $\dfrac{3}{7}$이고, 이후 주머니에
는 흰 공 2개와 검은 공 4개가 들어 있다.

두 번째 흰 공을 뽑을 확률은 $\dfrac{2}{6}=\dfrac{1}{3}$이고, 주머니에는 흰 공
1개와 검은 공 4개가 들어 있다.

세 번째 흰 공을 뽑을 확률은 $\dfrac{1}{5}$이므로 구하고자 하는 확률은

$\dfrac{3}{7}\times\dfrac{1}{3}\times\dfrac{1}{5}=\dfrac{1}{35}$이다.

24   답 ①

A호스로 1시간 동안 채운 물의 양은 전체의 $\dfrac{1}{3}$, B호스로 1시간

동안 채운 물의 양은 전체의 $\dfrac{1}{9}$이다.

두 호스를 동시에 사용하여 수영장을 가득 채우는 데 x시간이
걸린다고 하면

$\left(\dfrac{1}{3}+\dfrac{1}{9}\right)x=1$, $x=\dfrac{9}{4}=2.25$

이때 2.25시간=2시간+0.25시간=2시간 15분(60×0.25)이다.
따라서 두 호스를 동시에 사용하여 수영장을 가득 채우는 데
2시간 15분이 걸린다.

25   답 ②

총 2시간이 걸렸으므로 $\dfrac{x}{3}+\dfrac{y}{9}=2$, $3x+y=180$이다.

26   답 ①

전체 6명이 일렬로 설 경우의 수는 6!가지고,
양 끝에 A, B가 서게 될 경우는 A____B와 B____A이므로
$4! \times 2$가지이다.

따라서 구하고자 하는 확률은 $\dfrac{4! \times 2}{6!}=\dfrac{1}{15}$이다.

27   답 ①

강물의 속력을 x라고 하면
배가 강물을 따라 내려올 때 속력은 $60+x$, 배가 강물을 거슬러
올라갈 때 속력은 $60-x$이다.
$60+x=(60-x) \times (1+0.4)$, $60+x=84-1.4x$, $x=10$
따라서 강물의 속력은 10m/s이다.

28   답 ③

먼저 농도 6% 소금물의 양을 x라고 하면 농도 12% 소금물의
양은 $900-x$이다.
농도 6%의 소금물에 들어있는 소금의 양은 $0.06x$,
농도 12% 소금물에 들어있는 소금의 양은 $0.12(900-x)$,
농도 10% 소금물에 들어있는 소금의 양은 $0.1 \times 900=90$이다.
$0.06x+0.12(900-x)=90$, $x=300$
따라서 농도 6% 소금물의 양은 300g이다.

29   답 ④

108을 소인수분해 해보면 $108=2^2 \times 3^3$, 60을 소인수분해 해
보면 $60=2^2 \times 3 \times 5$이므로 108과 60의 최대 공약수는 $2^2 \times 3=$
12이다.
정사각형 한 변의 길이가 12m이므로 가로는 $108 \div 12=9$, 세로
는 $60 \div 12=5$개만큼 나무판자를 자를 수 있다.
따라서 거래처에 전달할 수 있는 나무판자의 개수는 $9 \times 5=45$
개이다.

30   답 ②

두 제품 A, B의 원가를 각각 a, b라고 하면
$a+b=5,400$ ……………… ㉠
두 제품 A, B의 정가는 각각 $(1+0.3)a=1.3a$, $(1+0.2)b=1.2b$
이고
두 제품 A, B의 할인가는 각각 $1.3a \times (1-0.1)=1.17a$, $1.2b \times$
$(1-0.1)=1.08b$이다.
$(1.17a+1.08b)-(a+b)=648$ ……… ㉡
㉠, ㉡을 연립하면 $a=2,400$, $b=3,000$이다.
따라서 두 제품 A, B의 원가의 차이는 $3,000-2,400=600$원
이다.

31   답 ①

주어진 행사장 요금표를 보고 회차별 이용비를 구해보면 다음
과 같다.
• 1회차 : $35,000+15,000=50,000$원
• 2회차 : 85,000원
• 3회차 : $75,000+15,000=90,000$원
따라서 A팀의 총 행사장 이용비는 $50,000+85,000+90,000=$
225,000원이다.

32   답 ③

매 시기 가장 많은 비중을 차지하는 범죄자들의 학력은 1990년
초등학교 졸업자, 2000년 초등학교 졸업자, 2010년 고등학교
이상 졸업자, 2020년 고등학교 이상 졸업자로 최소한 유지되거
나 높아지고 있다.
① 1990~2010년 10년 주기로 초등학교 졸업 범죄자 수는 다
음과 같다.
• 1990년 : $252,229 \times 0.443 \fallingdotseq 111,737$명
• 2000년 : $355,416 \times 0.415 \fallingdotseq 147,498$명
• 2010년 : $491,699 \times 0.276 \fallingdotseq 135,709$명
따라서 1990~2010년 10년 주기로 증가했다가 감소했다.
② 2010년 고등학교 이상 졸업 범죄자의 수는 $491,699 \times$
$0.428 \fallingdotseq 210,447$명이고, 2020년 고등학교 이상 졸업 범죄
자의 수는 $472,199 \times 0.543 \fallingdotseq 256,404$명으로 약 1.2배 증가
했다.
④ 조사기간 중 무학인 범죄자 수는 다음과 같다.
• 1990년 : $252,229 \times 0.124 \fallingdotseq 31,276$명
• 2000년 : $355,416 \times 0.085 \fallingdotseq 30,210$명
• 2010년 : $491,699 \times 0.052 \fallingdotseq 25,568$명
• 2020년 : $472,199 \times 0.03 \fallingdotseq 14,166$명
따라서 무학인 범죄자 수는 꾸준히 감소했다.

33 답 ②

가정집은 신고 건수당 $\frac{345}{94}\fallingdotseq3.7$명의 환자가 발생했다.

① 식중독 환자 수가 많은 장소는 집단급식소이고, 신고 건수가 많은 곳은 음식점이다.

③ 기타는 불명에 비해 신고 건수가 $\frac{1,641}{459}\fallingdotseq3.6$배 더 많다.

④ 음식점의 신고 건수당 환자 수는 $\frac{1,506}{217}\fallingdotseq6.9$명이고, 기타는 $\frac{1,641}{54}\fallingdotseq30.4$명이므로 기타가 약 4.4배 더 높다.

34 답 ②

2020년 국내 라면 생산액을 먼저 구하면 $\frac{4,807}{0.253}=19,000$억 원이다. 2024년 국내 라면 생산액은 $19,000\times1.12=21,280$억 원이다. 따라서 2024년 봉지라면 생산액은 21,280억 원$\times0.598\fallingdotseq12,725$억 원이다.

35 답 ④

2020년과 2024년 총 수출액을 구해보면 다음과 같다.

• 2020년 : $\frac{327,726}{0.586}\fallingdotseq559,259$백만 달러

• 2024년 : $\frac{337,345}{0.59}\fallingdotseq571,771$백만 달러

따라서 2020년 총 수출액 대비 2024년 총 수출액 증가율은 $\frac{571,771-559,259}{559,259}\times100\fallingdotseq2.2\%$이다.

36 답 ③

2022년보다 2024년 남성 운전면허 소지자는 $\frac{19,665,393-17,920,583}{17,920,583}\times100\fallingdotseq9.7\%$ 증가했다.

① 운전면허 소지자는 다음과 같다.

• 2022년 : $17,920,583+12,373,038=30,293,621$
• 2023년 : $18,291,984+12,898,375=31,190,359$
• 2024년 : $19,665,393+14,346,992=34,012,385$

따라서 운전면허 소지자는 매년 증가했다.

② 2023년 운전면허 소지자 중 여성 운전면허 소지자는 $\frac{12,898,375}{31,190,359}\times100\fallingdotseq41.4\%$이다.

④ 2024년 총인구수는 $\frac{34,012,385}{0.612}\fallingdotseq55,576$천 명이다.

37 답 ③

평균 일조시간은 다음과 같다.

• 봄 : $\frac{552.7+535.2+578.1+603}{4}\fallingdotseq567.3$시간

• 여름 : $\frac{605.9+562.7+455.8+606.2}{4}\fallingdotseq557.7$시간

• 가을 : $\frac{482.2+579.9+621.4+582.7}{4}\fallingdotseq566.6$시간

• 겨울 : $\frac{716+737.9+699.4+755.4}{4}\fallingdotseq727.2$시간

따라서 평균 일조시간이 긴 순서는 겨울>봄>가을>여름이다.

38 답 ①

2022년 토마토 재배면적은 전년 대비 $\frac{22,997-18,040}{18,040}\times100$ $\fallingdotseq27.5\%$ 증가했다.

② 2024년 재배면적 대비 생산량은 $\frac{294,655}{19,357}\fallingdotseq15$ton이다.

③ 2023년 토마토 생산량은 2021년보다 $\frac{302,269-255,284}{255,284}\times100\fallingdotseq18.4\%$ 증가했다.

④ 조사기간 중 토마토 재배면적과 생산량 모두 매년 증가하지 못했다.

39 답 ②

• 2021년 : $135.3+37.6+35.5+5.3=213.7$
• 2022년 : $218.4-(40.3+36.6+5.8)=135.7$
• 2024년 : $233.9-(144.3+39.9+6.9)=42.8$

따라서 빈칸에 들어갈 숫자를 모두 더하면 $213.7+135.7+42.8$ $=392.2$이다.

40 답 ③

해야 된다는 의견이 많은 상위 3개 항목은 드레스, 결혼식, 피로연은 많은 비용이 드는 상위 3개 항목은 동일하다.

① 비용이 많이 드는 항목의 순서는 결혼식－피로연－드레스－폐백－이바지－주례이고, 안 해도 된다는 의견이 많은 순서는 주례－폐백－이바지－피로연－결혼식－드레스로 동일하지 않다.

② 해야 된다는 의견이 적은 하위 2개 항목은 주례와 폐백이고 이를 생략하면 $88+137=225$만 원의 비용이 절약된다.

④ 안 해도 된다는 의견이 가장 많은 항목은 주례는 비용이 가장 적게 드는 항목이다.

추리능력

01	02	03	04	05	06	07	08	09	10
②	③	②	④	③	③	③	①	①	④
11	**12**	**13**	**14**	**15**	**16**	**17**	**18**	**19**	**20**
④	②	①	③	③	①	④	④	④	②
21	**22**	**23**	**24**	**25**	**26**	**27**	**28**	**29**	**30**
①	②	③	②	③	②	①	④	③	②
31	**32**	**33**	**34**	**35**	**36**	**37**	**38**	**39**	**40**
①	③	①	③	④	①	③	①	①	④

01 답 ②

제시된 〈조건〉을 참고하였을 때 ◇◆ = □□◆ = ◆◆◆◆◆ 이므로 ?에 들어갈 문자는 ②이다.

02 답 ③

제시된 〈조건〉을 참고하였을 때 ■□ = □□□□ = ◇□□이므로 ?에 들어갈 문자는 ③이다.

03 답 ②

제시된 〈조건〉을 참고하였을 때 ▚▐▐▐▐ = ▚▚▐▐ = ▝▐▐이므로 ?에 들어갈 문자는 ②이다.

04 답 ④

제시된 〈조건〉을 참고하였을 때 ▥▚ = ▝▝ = ▚▚▚▚ = ▚▐▐▐▐▐▐이므로 ?에 들어갈 문자는 ④이다.

05 답 ③

제시된 〈조건〉을 참고하였을 때 ひひち = しししち = ちちちちちち이므로 ?에 들어갈 문자는 ③이다.

06 답 ③

제시된 〈조건〉을 참고하였을 때 ひしち = ちちちちちち = りり 이므로 ?에 들어갈 문자는 ③이다.

07 답 ③

제시된 〈조건〉을 참고하였을 때 ♩♫ = ♪♪♪♪♪이므로 ?에 들어갈 문자는 ③이다.

08 답 ①

제시된 〈조건〉을 참고하였을 때 ♫♪ = ♪♪♪♪ = ♬♬♬♬ 이므로 ?에 들어갈 문자는 ①이다.

09 답 ①

제시된 〈조건〉을 참고하였을 때 ◑◒ = ◐◐◐◐◐◐ = ◒◒ 이므로 ?에 들어갈 문자는 ①이다.

10 답 ④

제시된 〈조건〉을 참고하였을 때 ◑◑◑◐ = ◐◐◐◐◐◐◐◐◐◐ = ◒◒◐◐◐◐ = ◓◓이므로 ?에 들어갈 문자는 ④이다.

11 답 ④

제시된 〈조건〉을 참고하였을 때 尸己 = 己己己巳 = 己巳巳巳巳이므로 ?에 들어갈 문자는 ④이다.

12 답 ②

제시된 〈조건〉을 참고하였을 때 弓弓弓巳 = 弓尸己己 = 弓己己己己巳이므로 ?에 들어갈 문자는 ②이다.

13 답 ①

제시된 〈조건〉을 참고하였을 때 ❧❦❦❦ = ❥❧이므로 ?에 들어갈 문자는 ①이다.

14 답 ③

제시된 〈조건〉을 참고하였을 때 ∅∅❧❧ = ❧❧❧❧❦❦❦❦ = ❥❥❥❥이므로 ?에 들어갈 문자는 ③이다.

15 답 ③

제시된 〈조건〉을 참고하였을 때 ≻≺ = ≺≺⋏⋏ = ≺≺≺이므로 ?에 들어갈 문자는 ③이다.

16
답 ①

제시된 〈조건〉을 참고하였을 때 ◅◅◅◅▲▲=◅◅▲▲▲▲=▻▻=▼▼▼▼이므로 ?에 들어갈 문자는 ①이다.

17
답 ④

제시된 〈조건〉을 참고하였을 때 ㅏㅊ=ㅊㅊㅊㅊㅊ=ㅋㅊㅊ이므로 ?에 들어갈 문자는 ④이다.

18
답 ④

제시된 〈조건〉을 참고하였을 때 ㅋㅋㅋㅋ=ㅋㅋㅊㅊㅊㅊㅊ=ㅏㅏㅊㅊㅊㅊ=ㅊㅊ이므로 ?에 들어갈 문자는 ④이다.

19
답 ④

제시된 〈조건〉을 참고하였을 때 ᚠᛒᛒ=ᚣᚣᚣᚣᚣᚣ=ᛒᛒᚣᚣ이므로 ?에 들어갈 문자는 ④이다.

20
답 ②

제시된 〈조건〉을 참고하였을 때 ᛒᛒᚣᚣᚣ=ᚠᛒᛒᚣ=ᚷᛒ이므로 ?에 들어갈 문자는 ②이다.

21
답 ①

제시된 〈조건〉을 그림으로 정리하면 다음과 같으므로 〈보기〉는 참이다.

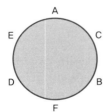

22
답 ②

조건 1에 의해 출장지 중 세종은 반드시 포함되어야 하고, 조건 5의 대우인 '대구를 가지 않으면 울산에 가지 않는다'와 조건 6의 대우인 '울산에 가지 않으면 원주에 간다'를 포함하여 제시된 〈조건〉을 정리하면 '세종 ○ → 대구 × → 울산 × → 원주 ○ → 전주 × → 군산 ○'이 성립하므로 〈보기〉는 거짓이다.

23
답 ③

조건 5에 의해 E가 1등 경품을 받았고, 조건 3, 4에 의해 A는 B, C와 다른 경품을 받았다. 조건 2에 의해 1등 경품을 제외한 각 등수별 경품 수령자가 2명임을 고려하였을 때 B와 C가 같은 경품을 받고, A와 D가 같은 경품을 받게 되지만 2등과 3등 중 어떤 경품을 받는지는 알 수 없으므로 〈보기〉는 알 수 없다.

24
답 ②

조건 2의 대우인 '인공지능은 음식을 먹지 않는다'와 조건 3의 대우인 '음식을 먹지 않으면 사람이 아니다'를 포함하여 제시된 〈조건〉을 정리하면 'R은 인공지능임 → 음식을 먹지 않음 → 사람이 아님 → 독창적인 예술 작품을 만들 수 없음'이 성립하므로 〈보기〉는 거짓이다.

25
답 ③

제시된 명제를 정리하면 '튀니지 ○ → 멕시코 ×', '멕시코 ○ → 칠레 ×'이므로 명제 3의 대우인 '칠레 ○ → 멕시코 ×'를 고려하였을 때 '칠레 ○ → 튀니지 ○ → 멕시코 ×'임을 알 수 있다. 따라서 빈칸에 들어갈 명제로 '칠레에 가본 사람은 튀니지에 가본 적이 있다'가 가장 적절하다.

26
답 ②

제시된 명제를 정리하면 '비가 오지 않음 → 보트를 타지 않음', '비가 옴 → 한강 물이 불어남'이므로 조건 1의 대우인 '보트를 탐 → 비가 옴'을 고려하였을 때 '보트를 탐 → 비가 옴 → 한강 물이 불어남'임을 알 수 있다. 따라서 빈칸에 들어갈 명제로 '보트를 타면 한강 물이 불어난다'가 가장 적절하다.

27
답 ①

제시된 명제를 정리하면 '이번 신입사원 ○ → 대외활동 경험 ×', '일이 능숙한 사람 ○ → 대외활동 경험 ○'이므로 명제 1의 대우인 '대외활동 경험 ○ → 이번 신입사원 ×'를 고려하였을 때 '일이 능숙한 사람 ○ → 대외활동 경험 ○ → 이번 신입사원 ×'임을 알 수 있다. 따라서 빈칸에 들어갈 명제로 '일이 능숙한 사람은 이번 신입사원이 아니다'가 가장 적절하다.

28 　정답 ④

제시된 명제를 정리하면 '온도 변화에 민감한 동물 → 온도에 따라 색이 변함', '파충류 → 온도 변화에 민감한 동물'이므로 '파충류 → 온도 변화에 민감한 동물 → 온도에 따라 색이 변함'임을 알 수 있다. 따라서 빈칸에 들어갈 명제로 '파충류는 온도에 따라 색이 변한다'가 가장 적절하다.

29 　정답 ③

조건 1의 대우인 '진달래를 좋아하지 않으면 개나리를 좋아한다'와 조건 2의 대우인 '장미를 좋아하지 않으면 진달래를 좋아하지 않는다'를 포함하여 제시된 〈조건〉을 정리하면 '국화 ○ → 장미 × → 진달래 × → 개나리 ○ → 수국 ×'와 대우인 '수국 ○ → 개나리 × → 진달래 ○ → 장미 ○ → 국화 ×'가 성립한다. 따라서 '수국을 좋아하면 국화를 좋아하지 않는다'를 추론할 수 있다.

30 　정답 ②

조건 2의 대우인 '드럼을 연주할 수 없는 사람은 기타를 연주할 수 없다'를 포함하여 제시된 〈조건〉을 정리하면 '바이올린 ○ → 피아노 ○ → 드럼 × → 기타 ×'가 성립한다. 따라서 '바이올린을 연주할 수 있는 사람은 기타를 연주할 수 없다'를 추론할 수 있다.

31 　정답 ①

제시된 〈조건〉에 따라 A∼G를 주차 순서대로 나열하면 다음과 같다.

1	2	3	4	5	6	7
A	B	E	G	C	D	F

따라서 'F는 가장 마지막 순서로 주차한다'를 추론할 수 있다.

32 　정답 ③

제시된 〈조건〉에 따라 A∼G를 등수 순서대로 나열하면 다음과 같다.

1등	2등	3등	4등	5등	6등	7등
D	A	E	C	B	G	F

따라서 'A의 승진 시험 등수는 2등이다'를 추론할 수 있다.

33 　정답 ①

명제 1의 대우인 '국가대표팀 소속 ○ → 달리기가 빠름'과 명제 3의 대우인 '달리기가 빠름 → 끈기가 있음'을 포함하여 제시된 〈조건〉을 정리하면 '축구를 잘함 → 국가대표팀 소속 ○ → 달리기 빠름 → 끈기가 있음'이 성립한다. 따라서 '국가대표팀 소속은 끈기가 있다'를 추론할 수 있다.

34 　정답 ③

조건 3, 5에 의해 D부서, B부서, F부서가 사용한 업무 비용을 비교하면 'D부서>B부서>F부서'가 된다. 이를 포함하여 제시된 〈조건〉에 따라 비용을 많이 사용한 부서부터 순서대로 정리하면 다음과 같다.

1	2	3	4	5	6
D부서	B부서	F부서	C부서	A부서/E부서	A부서/E부서

따라서 'D부서는 가장 많은 비용을 사용하였다'를 추론할 수 있다.

35 　정답 ④

A∼E의 진술 중 B와 E 둘 중 하나는 반드시 거짓이 되며 C와 D는 둘 다 참이거나 거짓이다. 거짓을 말한 사람이 2명이고 B와 E 중 한 명은 반드시 거짓이므로 C와 D는 참이 된다. 이때 A의 진술이 거짓이 되므로 화재 경보를 울린 사람은 D가 되고, 화재 경보를 울린 사람으로 E를 지목한 B의 진술도 거짓이 된다. 그러므로 거짓을 말한 사람은 A와 B이다. 따라서 '화재 경보를 울린 사람은 D이다'를 추론할 수 있다.

36 　정답 ①

A, B, C, D 중 여자는 1명이고 남자는 3명이므로 A가 여자인 경우 지민과 민혁의 말이 참이고, B가 여자인 경우 민호와 민혁, 지영의 말이 참이다. C가 여자인 경우 지영의 말이 참이고, D가 여자인 경우 지민의 말이 참이다. 참인 진술을 한 사람은 1명이므로 C가 여자이거나 D가 여자이다. 따라서 'A는 남자이다'를 추론할 수 있다.

37 　정답 ③

앞의 항에 $(-3)^1$, $(-3)^2$, $(-3)^3$, $(-3)^4$, …을 더하는 수열이다.
따라서 빈칸에 들어갈 숫자는 $160+(-3)^5=-830$이다.

38

답 ①

그룹별로 나열된 수를 각각 A, B, C라고 할 경우 (A+C)÷3=B 라는 것을 알 수 있다.
따라서 빈칸에 들어갈 숫자는 (2+4)÷3=2이다.

39

답 ①

×2, (−5)가 반복되는 수열이다.

ㅕ	ㅠ	ㅕ	ㅛ	ㅏ	(ㅑ)
4	8	3	6	1	2

40

답 ④

+6, ÷2가 반복되는 수열이다.

B	H	D	J	E	(K)
2	8	4	10	5	11

01	02	03	04	05	06	07	08	09	10
②	②	④	③	④	③	①	④	①	②
11	12	13	14	15	16	17	18	19	20
①	②	④	④	②	③	①	②	③	①
21	22	23	24	25	26	27	28	29	30
④	③	①	④	②	③	④	④	①	②
31	32	33	34	35	36	37	38	39	40
③	②	①	④	④	③	③	②	②	③

01

답 ②

'▦'는 두 번째에 제시되었으므로 정답은 ②가 된다.

02

답 ②

'▦'는 네 번째에 제시되었으므로 정답은 ②가 된다.

03

답 ④

'▦'는 일곱 번째에 제시되었으므로 정답은 ④가 된다.

04

답 ③

'▦'는 세 번째에 제시되었으므로 정답은 ③이 된다.

05

답 ④

'↬'는 네 번째에 제시되었으므로 정답은 ④가 된다.

06

답 ③

'↫'는 세 번째에 제시되었으므로 정답은 ③이 된다.

07

답 ①

'↪'는 첫 번째에 제시되었으므로 정답은 ①이 된다.

08

답 ④

'◎'는 다섯 번째에 제시되었으므로 정답은 ④가 된다.

09 답 ①

'♻'는 첫 번째에 제시되었으므로 정답은 ①이 된다.

10 답 ②

'♻'는 세 번째에 제시되었으므로 정답은 ②가 된다.

11 답 ①

아래 표를 참고하여 'Harry Potter'의 코드를 찾을 수 있다. 따라서 'Harry Potter'의 코드는 '81마먀터^뎌노쇼수5뮤'가 된다.

〈해외 도서 제목 코드 부여 규칙〉

A	B	C	D	E	F	G	H	I	J	K	L	M
1	2	3	4	5	6	7	8	9	10	11	12	13
N	O	P	Q	R	S	T	U	V	W	X	Y	Z
ㄱ	ㄴ	ㄷ	ㄹ	ㅁ	ㅂ	ㅅ	ㅇ	ㅈ	ㅊ	ㅋ	ㅌ	ㅍ

12 답 ②

도서 코드가 '13나2탸^49311'인 도서의 제목은 'Moby Dick'이다.

13 답 ④

제시된 도형과 같은 그림은 제시된 도형을 시계 방향으로 90도 회전시킨 모양인 ④이다.

14 답 ④

제시된 도형과 같은 그림은 제시된 도형을 시계 방향으로 90도 회전시킨 모양인 ④이다.

①

②

③

15 답 ②

제시된 도형과 같은 것은 ②이다.

①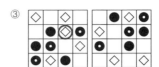

③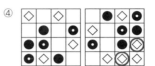

④

16 답 ③

제시된 도형과 같은 그림은 제시된 도형을 180도 회전시킨 모양인 ③이다.

①

②

④

17

제시된 도형과 같은 그림은 제시된 도형을 180도 회전시킨 모양인 ①이다.

②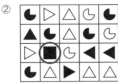

③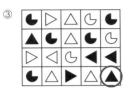

④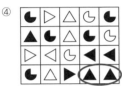

18

답 ②

나머지 도형과 다른 것은 ②이다.
②의 도형은 ①, ③, ④의 도형과 달리 가운데 도형의 색칠된 부분이 다르다.

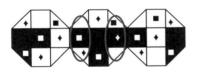

19

답 ③

나머지 도형과 다른 것은 ③이다.
③의 도형은 ①, ②, ④의 도형과 색칠된 부분이 다르다.

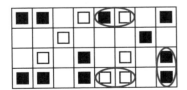

20

답 ①

나머지 도형과 다른 것은 ①이다.
①의 도형은 ②, ③, ④의 도형과 달리 하단에 색칠되지 않은 부분이 있다.

21

답 ④

제시된 도형과 같은 것은 ④이다.

①

②

③

22

답 ③

제시된 도형과 같은 것은 ③이다.

①

②

④

23   🔲 ①

제시된 도형과 같은 것은 ①이다.

②

③

④

24   🔲 ④

제시된 도형과 같은 것은 ④이다.

①

②

③

25   🔲 ②

1층 10개, 2층 8개, 3층 3개, 4층 2개로 블록의 총개수는 10＋8＋3＋2＝23개가 된다.

26   🔲 ③

1층 9개, 2층 5개, 3층 3개, 4층 1개로 블록의 총개수는 9＋5＋3＋1＝18개가 된다.

27   🔲 ④

1층 15개, 2층 12개, 3층 9개, 4층 6개로 블록의 총개수는 15＋12＋9＋6＝42개가 된다.

28   🔲 ④

1층 25개, 2층 21개, 3층 17개, 4층 13개, 5층 8개로 블록의 총개수는 25＋21＋17＋13＋8＝84개가 된다.

29   🔲 ①

1층 9개, 2층 5개, 3층 3개, 4층 1개, 5층 1개로 블록의 총개수는 9＋5＋3＋1＋1＝19개가 된다.

30   🔲 ②

1층의 블록 개수는 19개, 2층의 블록 개수 14개, 3층의 블록 개수는 9개, 4층의 블록 개수는 4개, 5층의 블록 개수는 1개가 된다. 따라서 이 블록의 총개수는 19＋14＋9＋4＋1＝47개 된다.

> **빈 부분에 블록을 채워보기**
> 4, 5층의 블록 5개를 3층의 빈 부분으로 옮긴 후에 계산하면 간단히 해결할 수 있다.
> 아래와 같이 블록을 옮기면 1층 19개, 2층 14개, 3층 14개가 되어 쉽게 계산할 수 있다.

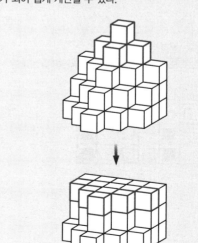

31 　　　　　　　　　　答 ③

1층 14개, 2층 8개, 3층 5개, 4층 2개로 블록의 총개수는 14+8+5+2=29개가 된다.

32 　　　　　　　　　　答 ②

1층 13개, 2층 12개, 3층 11개, 4층 6개로 블록의 총개수는 13+12+11+6=42개가 된다.

33 　　　　　　　　　　答 ①

블록의 최대 개수는 (앞면의 층별 블록 개수)×(측면의 층별 블록 개수)의 합을 통해 구할 수 있다.
(앞면의 1층 블록 개수 4개×측면의 1층 블록 개수 3개)+(2층 블록 개수 2개×2층 블록 개수 2개)+(3층 블록 개수 2개×3층 블록 개수 2개)+(4층 블록 개수 1개×4층 블록 개수 1개)=12+4+4+1=21개
따라서 블록의 최대 개수는 21개가 된다.

34 　　　　　　　　　　答 ④

(앞면의 1층 블록 개수 4개×측면의 1층 블록 개수 5개)+(2층 블록 개수 4개×2층 블록 개수 4개)+(3층 블록 개수 4개×3층 블록 개수 3개)+(4층 블록 개수 1개×4층 블록 개수 1개)=20+16+12+1=49개
따라서 블록의 최대 개수는 49개가 된다.

35 　　　　　　　　　　答 ④

(앞면의 1층 블록 개수 3개×측면의 1층 블록 개수 4개)+(2층 블록 개수 3개×2층 블록 개수 3개)+(3층 블록 개수 3개×3층 블록 개수 2개)+(4층 블록 개수 1개×4층 블록 개수 1개)=12+9+6+1=28개
따라서 블록의 최대 개수는 28개가 된다.

36 　　　　　　　　　　答 ③

(앞면의 1층 블록 개수 4개×측면의 1층 블록 개수 5개)+(2층 블록 개수 2개×2층 블록 개수 2개)+(3층 블록 개수 2개×3층 블록 개수 2개)+(4층 블록 개수 1개×4층 블록 개수 1개)+(5층 블록 개수 1개×5층 블록 개수 1개)=20+4+4+1+1=30개
따라서 블록의 최대 개수는 30개가 된다.

37 　　　　　　　　　　答 ③

블록의 최소 개수는 (앞면의 블록 개수)+(측면의 블록 개수)−(중복되는 블록의 개수)를 통해 구할 수 있다.
앞면의 블록 개수 8개, 측면의 블록 개수 10개, 중복되는 블록의 개수는 (1, 3, 1, 3) (3, 2, 3, 2)로 6개다.
따라서 블록의 최소 개수는 18−6=12개가 된다.

38 　　　　　　　　　　答 ②

앞면의 블록 개수 17개, 측면의 블록 개수 5개, 중복되는 블록의 개수는 (3, 3, 2, 2, 3, 3, 1) (1, 1, 3)으로 4개다.
따라서 블록의 최소 개수는 22−4=18개가 된다.

39 　　　　　　　　　　答 ②

앞면의 블록 개수 8개, 측면의 블록 개수 7개, 중복되는 블록의 개수는 (2, 3, 3) (2, 2, 3)으로 5개다.
따라서 블록의 최소 개수는 15−5=10개가 된다.

40 　　　　　　　　　　答 ③

앞면의 블록 개수 6개, 측면의 블록 개수 13개, 중복되는 블록의 개수는 (4, 2) (2, 4, 3, 4)로 6개다.
따라서 블록의 최소 개수는 19−6=13개가 된다.

수 리 능 력

01	02	03	04	05	06	07	08	09	10
③	④	③	①	①	③	②	③	④	③
11	12	13	14	15	16	17	18	19	20
①	④	②	②	③	③	①	②	②	④
21	22	23	24	25	26	27	28	29	30
②	②	③	④	④	③	②	①	④	②
31	32	33	34	35	36	37	38	39	40
④	④	②	①	①	②	②	④	①	③

01 답 ③

$1,050+316-990-907+2,438=1,366-990-907+2,438$
$=376-907+2,438=-531+2,438=1,907$

02 답 ④

$4^3-2^4+5^2+3^4=64-16+25+81=154$

03 답 ③

$847-523+103-127+320=324+103-127+320=427-$
$127+320=300+320=620$

04 답 ①

$20\times12-45\div5+18-89=240-9+18-89=160$

05 답 ①

$\frac{1}{2}+\frac{1}{3}+\frac{1}{4}+\frac{1}{5}+\frac{1}{6}=\frac{30+20+15+12+10}{60}=\frac{29}{20}$

06 답 ③

$0.126-0.421+0.018+0.58-0.089+0.622=-0.295+$
$0.018+0.58-0.089+0.622=-0.277+0.58-0.089+0.622$
$=0.303-0.089+0.622=0.214+0.622=0.836$

07 답 ②

$140\times0.12+930\times0.21-138\div4=16.8+195.3-34.5=$
177.6

08 답 ③

$1,987-1,014+623\times2-10^3=1,987-1,014+1,246-1,000$
$=1,219$

09 답 ④

$1-0.027-0.819+2\times0.05=1-0.027-0.819+0.1=0.254$

10 답 ③

$(0.128+0.128+0.128+0.128)\times25=0.128\times4\times25=0.128$
$\times100=12.8$

11 답 ①

$800\times4+1,250\times2+5,200\times2+1,000\times5=3,200+2,500+$
$10,400+5,000=21,100$

12 답 ④

$75\times\frac{1}{3}\div5+125\div5^2=25\div5+125\div25=5+5=10$

13

답 ②

$27 \times 32 - 39 + 54 - 29 \times 14 - 48 \div 4 = 864 - 39 + 54 - 406 - 12 = 461$

14

답 ②

$(264 + 670) \times 0.5^2 + 272 \div 0.5 = 934 \times 0.25 + 544 = 777.5$

15

답 ③

$710 - 450 + (366 + 114) \div 12 + 630 = 710 - 450 + 480 \div 12 + 630 = 260 + 40 + 630 = 930$

16

답 ③

$14.02 + 15.88 - 18.89 - 10.85 + 11.72 = 29.9 - 18.89 - 10.85 + 11.72 = 11.01 - 10.85 + 11.72 = 0.16 + 11.72 = 11.88$

17

답 ①

$1 \div 5^3 \times 2^4 + 0.82 = 0.008 \times 16 + 0.82 = 0.128 + 0.82 = 0.948$

18

답 ②

$10 + 20 + 30 + 40 + 50 \times 2 - 60 = 10 + 20 + 30 + 40 + 100 - 60 = 140$

19

답 ②

$\frac{1}{26} \fallingdotseq 0.038$이므로 빈칸에 들어갈 수 있는 수는 0.02이다.

20

답 ④

$\frac{1}{3^4} \fallingdotseq 0.0123$, $\frac{1}{2^4} = 0.0625$이므로 빈칸에 들어갈 수 있는 수는 0.040이다.

21

답 ②

두 자연수의 비가 6 : 1이므로 이 중 작은 수를 x라 하면 큰 수는 $6x$이다.
3씩 더했을 때 비가 3 : 1이므로
$3(x+3) = 6x + 3$, $x = 2$
따라서 원래 두 자연수 중 큰 수는 $2 \times 6 = 12$이다.

22

답 ②

백의 자리에 들어올 수 있는 자연수는 9가지, 십의 자리에 들어올 수 있는 자연수는 8가지, 일의 자리에 들어올 수 있는 자연수는 7가지이다. (반대로 일의 자리부터 택해도 동일하다.)
따라서 세 자리의 자연수는 $9 \times 8 \times 7 = 504$가지이다.

23

답 ③

A씨가 하루에 하는 일의 양을 a, B씨가 하루에 하는 일의 양을 b라고 하면
$5(a+b) = 1$ ·· ㉠
$10a + 4b = 1$ ·· ㉡
㉠, ㉡을 연립하면 $a = \frac{1}{30}$, $b = \frac{1}{6}$이다.

따라서 B씨가 하루에 하는 일의 양은 $\frac{1}{6}$이므로 6일 만에 일이 끝난다.

24

답 ④

농도가 8%인 설탕물 400g에서 설탕의 양은 $400 \times 0.08 = 32$g이다.
증발한 물의 양을 x라고 하면 증발한 후 설탕물의 양은 $(400-x)$g이고, 설탕의 양은 그대로 32g이다.
$\frac{32}{400-x} \times 100 = 10$, $x = 80$
따라서 증발한 물의 양은 80g이다.

25

답 ④

적어도 1개가 고장 난 제품일 확률은 전체 확률에서 3개 모두 고장 나지 않은 제품일 확률을 빼면 된다. A씨가 만든 제품 16개 중 3개를 선택하는 경우의 수는 $_{16}C_3$가지이고, 고장 나지 않은 제품 12개 중 3개를 선택하는 경우의 수는 $_{12}C_3$가지이다.
따라서 구하고자 하는 확률은 $1 - \frac{_{12}C_3}{_{16}C_3} = 1 - \frac{11}{28} = \frac{17}{28}$이다.

26

답 ③

두 지점 간 거리를 x라고 하고, 1시간 40분을 시간으로 바꾸면 $\frac{100}{60} = \frac{5}{3}$시간이다.
$\frac{x}{20} + \frac{x}{30} = \frac{5}{3}$, $5x = 100$, $x = 20$
따라서 두 지점 간 거리는 20km이다.

27   정답 ②

작년 남직원의 수를 x, 여직원의 수를 y라고 하면

$x+y=800$ ·· ㉠

$0.05x-0.03y=24$, $5x-3y=2,400$ ·············· ㉡

㉠, ㉡을 연립하면 $x=600$, $y=200$

따라서 올해 남직원 수는 $600\times1.05=630$명이다.

28   정답 ①

A씨가 1시간 동안 일하는 양은 $\dfrac{1}{24}$이고, B씨가 1시간 동안 일

하는 양은 $\dfrac{1}{12}$이다.

A씨가 혼자 일을 한 시간을 x라고 하면

$\left(\dfrac{1}{24}+\dfrac{1}{12}\right)\times6+\dfrac{1}{24}\times x=1$, $x=6$

따라서 A씨가 혼자 일을 6시간 더 하면 일을 끝마칠 수 있다.

29   정답 ④

A씨와 B씨의 확률을 정리하면 다음과 같다.

구분	합격	불합격
A씨	0.6	0.4
B씨	0.7	0.3

따라서 A씨와 B씨 모두 합격할 확률은 $0.6\times0.7=0.42$이므로 42%이다.

30   정답 ②

원가를 x, 정가를 y라고 하면

$0.8y-x=0.08x$, $0.8y=1.08x$, $y=1.35x$

따라서 원가의 35% 이익을 붙여서 정가를 책정해야 한다.

31   정답 ④

응시자 대비 합격자 비중은 남자가 $\dfrac{1,920}{11,150}\times100≒17.2\%$이고,

여자는 $\dfrac{760}{4,290}\times100≒17.7\%$로 여자가 남자보다 높다.

① 전체 응시자 합격률은 $\dfrac{1,920+760}{11,150+4,290}\times100≒17.4\%$이다.

② 총 합격자 중 남자 비중은 $\dfrac{1,920}{1,920+760}\times100≒71.6\%$이다.

③ 총 응시자 중 여자 비중은 $\dfrac{4,290}{11,150+4,290}\times100≒27.8\%$이다.

32   정답 ④

2022년 지방도, 시군구도에 있는 터널 수는 $102+133=235$개소이고, 2023년 지방도, 시군구도에 있는 터널 수는 $116+140=256$개소이므로 $\dfrac{256-235}{235}\times100≒8.9\%$ 증가했다.

① 그래프의 전체 값을 봤을 때 2022~2024년 전국 터널 수는 지속해서 증가했다.

② 2023년 전국 터널 수는 $1,054+608+185+86+116+140=2,189$개소이고, 2024년 전국 터널 수는 $1,159+668+187+91+119+158=2,382$개소이다. 따라서 $\dfrac{2,382-2,189}{2,189}\times100≒8.8\%$ 증가했다.

③ 2022년 전국 터널 수는 $925+532+176+76+102+133=1,944$개소이고, 그 중 고속 국도와 일반 국도에 있는 터널 수는 $925+532=1,457$개소이므로 약 75%이다.

33   정답 ②

〈보기〉의 내용을 봤을 때, 수강하고 있는 강좌는 다음과 같다.

구분	월	수	목	금
오전	양말인형 만들기	양말인형 만들기	×	×
오후	캘리그라피	가죽 공예	가죽 공예	캘리그라피

따라서 재료비는 총 $30,000+40,000+100,000=170,000$원이다.

34   정답 ①

1관당 인구수를 구하면 다음과 같다.

• 독일 : $\dfrac{8,200}{4,034}≒2$만 명

• 일본 : $\dfrac{13,000}{3,492}≒3.7$만 명

• 캐나다 : $\dfrac{3,100}{1,352}≒2.3$만 명

• 프랑스 : $\dfrac{6,000}{1,300}≒4.6$만 명

• 미국 : $\dfrac{28,000}{4,609}≒6.1$만 명

1관당 인구수가 많은 순서는 미국>프랑스>일본>캐나다>독일이다.

35

답 ①

호우가 차지하는 피해액의 비중을 구하면 다음과 같다.

- 2022년 : $\dfrac{527}{218+527+38+47} \times 100 \fallingdotseq 63.5\%$
- 2023년 : $\dfrac{358}{214+358+54+32} \times 100 \fallingdotseq 54.4\%$
- 2024년 : $\dfrac{245}{130+245+49+20} \times 100 \fallingdotseq 55.2\%$

36

답 ②

무역수지는 매년 적자를 보이지만 적자폭은 증가와 감소를 반복하고 있으므로 적자폭이 지속적으로 확대된 것은 아니다.

① 2023년 무역수지 적자는 149.8－1,373.4＝－1,223.6백만 달러로 가장 크다.

③ 2020년 대비 2024년 수입액의 증가율은 $\dfrac{1,335.7-1,067.6}{1,067.6} \times 100 \fallingdotseq 25.1\%$이다.

④ 2024년 수출액의 전년 대비 감소율은 $\dfrac{135.2-149.8}{149.8} \times 100 \fallingdotseq -9.7\%$이며, 2024년 수입액의 전년 대비 감소율은 $\dfrac{1,335.7-1,373.4}{1,373.4} \times 100 \fallingdotseq -2.7\%$이므로 수출액의 감소율이 더 크다.

37

답 ②

피보험자 수 증감 추이는 다음과 같다.

- 개인사업체 : 증가, 증가, 증가, 증가, 증가
- 회사법인 : 감소, 증가, 증가, 증가, 증가
- 회사이외법인 : 증가, 감소, 증가, 증가, 증가
- 비법인단체 : 증가, 증가, 증가, 감소, 감소
- 지방자치단체 : 증가, 증가, 증가, 감소, 감소

따라서 비법인단체와 지방자치단체의 피보험자 수 증감 추이가 동일하다.

38

답 ④

전체 자동차 소비량을 구해 보면 205＋312＋371＋1,787＝2,675만 대이다.
각 국가별 자동차 소비량 비중은 다음과 같다.

- 이탈리아 : $\dfrac{205}{2,675} \times 100 \fallingdotseq 7.7\%$
- 영국 : $\dfrac{312}{2,675} \times 100 \fallingdotseq 11.7\%$
- 독일 : $\dfrac{371}{2,675} \times 100 \fallingdotseq 13.9\%$
- 미국 : $\dfrac{1,787}{2,675} \times 100 \fallingdotseq 66.8\%$

39

답 ①

ㄱ. B사의 2020년 대비 2022년 주가 증가율은 $\dfrac{35-20}{20} \times 100$ ＝75%이다.

ㄴ. A사는 $\dfrac{45-25}{25} \times 100 = 80\%$ 증가율을 보이고, B사는 $\dfrac{40-10}{10} \times 100 = 300\%$의 증가율을 보이므로 220%p 차이가 난다.

ㄷ. A사는 $\dfrac{45-30}{30} \times 100 = 50\%$의 증가율을 보이고, B사는 $\dfrac{40-10}{10} \times 100 = 300\%$의 증가율을 보이므로 6배 차이가 난다.

ㄹ. A사는 2022년에 주가가 하락한 후 증가하였으나, B사는 2021년 이후로 주가가 하락 없이 상승 또는 유지되었다.

40

답 ③

A사는 (30＋35＋40＋25＋40＋45)÷6≒35.8달러이며, B사는 (10＋20＋10＋35＋40＋40)÷6≒25.8달러이다.

추리능력

01	02	03	04	05	06	07	08	09	10
③	④	②	④	③	④	④	①	③	②
11	**12**	**13**	**14**	**15**	**16**	**17**	**18**	**19**	**20**
①	④	①	④	②	①	④	②	②	③
21	**22**	**23**	**24**	**25**	**26**	**27**	**28**	**29**	**30**
②	③	①	①	①	④	③	②	③	①
31	**32**	**33**	**34**	**35**	**36**	**37**	**38**	**39**	**40**
②	④	④	①	③	②	②	④	③	③

01 — 답 ③

제시된 〈조건〉을 참고하였을 때 ⌒⊥⊥＝⊥⊥⊥⊥⊥⊥⊥⊥＝∠∠∠⊥이므로 ?에 들어갈 문자는 ③이다.

02 — 답 ④

제시된 〈조건〉을 참고하였을 때 ∂∂＝∠∠∠∠∠＝⊥⊥⊥⊥⊥⊥⊥⊥⊥⊥⊥＝⌒⌒이므로 ?에 들어갈 문자는 ④이다.

03 — 답 ②

제시된 〈조건〉을 참고하였을 때 むむむむむ＝れれれ＝ろろろ이므로 ?에 들어갈 문자는 ②이다.

04 — 답 ④

제시된 〈조건〉을 참고하였을 때 ららろ＝ろろろむむむむむ＝ろろろれれれ＝ろろろろろろ이므로 ?에 들어갈 문자는 ④이다.

05 — 답 ③

제시된 〈조건〉을 참고하였을 때 ❜＝❞❞❞❞❞❞＝❛❛❛이므로 ?에 들어갈 문자는 ③이다.

06 — 답 ④

제시된 〈조건〉을 참고하였을 때 ❛❛❛❛❞＝❜❛❞＝❝❛이므로 ?에 들어갈 문자는 ④이다.

07 — 답 ④

제시된 〈조건〉을 참고하였을 때 ◖◖◖◖◖＝⁋◗이므로 ?에 들어갈 문자는 ④이다.

08 — 답 ①

제시된 〈조건〉을 참고하였을 때 ◗⁋⁋＝◗◖◖◖◖◖◖＝◗◗◗◗＝¶¶이므로 ?에 들어갈 문자는 ①이다.

09 — 답 ③

제시된 〈조건〉을 참고하였을 때 ⁑※＝※※※＝⁂⁂⁂⁂⁂⁂이므로 ?에 들어갈 문자는 ③이다.

10 — 답 ②

제시된 〈조건〉을 참고하였을 때 ⁑⁑⁂⁂＝⁑※※⁂⁂＝§§⁑이므로 ?에 들어갈 문자는 ②이다.

11 — 답 ①

제시된 〈조건〉을 참고하였을 때 ◁◁＝◀◀◀＝▷이므로 ?에 들어갈 문자는 ①이다.

12 — 답 ④

제시된 〈조건〉을 참고하였을 때 ▶▶▶▶＝◀◀◀＝▷＝◁◁이므로 ?에 들어갈 문자는 ④이다.

13 — 답 ①

제시된 〈조건〉을 참고하였을 때 ⊭⊬⊬＝⊯⊯⊯⊯⊯＝⊬⊬⊬⊬⊬이므로 ?에 들어갈 문자는 ①이다.

14 — 답 ④

제시된 〈조건〉을 참고하였을 때 ⊮⊬⊬＝⊭⊬⊬⊬＝⊭⊭이므로 ?에 들어갈 문자는 ④이다.

15 — 답 ②

제시된 〈조건〉을 참고하였을 때 そそ＝ふふええ＝ふふふふ이므로 ?에 들어갈 문자는 ②이다.

16 📋 ①

제시된 〈조건〉을 참고하였을 때 ㅅㅅㅅㅎㅇ = ㅅㅅㅎㅎ = ㅅㅅㅅ = ㄹㄹㄹㅇ이므로 ?에 들어갈 문자는 ①이다.

17 📋 ④

제시된 〈조건〉을 참고하였을 때 ⊠⊞ = ⊞⊞⊞ = ⊞⊞⊞⊞⊞ 이므로 ?에 들어갈 문자는 ④이다.

18 📋 ②

제시된 〈조건〉을 참고하였을 때 ⊡⊡⊞ = ⊞⊞⊞⊞⊞⊞ = ⊠⊞⊞이므로 ?에 들어갈 문자는 ②이다.

19 📋 ②

제시된 〈조건〉을 참고하였을 때 几几刀刀 = 几刀刀刀刀刀 = 力几이므로 ?에 들어갈 문자는 ②이다.

20 📋 ③

제시된 〈조건〉을 참고하였을 때 ㄅㄅ刀 = 力力刀刀刀 = 力力 几이므로 ?에 들어갈 문자는 ③이다.

21 📋 ②

제시된 〈조건〉을 정리하면 'A 사원 → 자전거 × → 걸어서 출퇴근 ○ → 달리기 잘함'이 성립하므로 〈보기〉는 거짓이다.

22 📋 ③

조건 1, 2, 4에 의해 D를 제외한 4명의 나이를 비교하면 B<A<E≤C가 된다. 조건 3에 의해 D와 C의 나이 차이를 알 수 있으나, 둘 중 누구의 나이가 더 많은지는 알 수 없다. 이를 조건 4와 결합하여 고려하였을 때 D는 E보다 나이가 많을 수도, 어릴 수도 있으므로 〈보기〉는 알 수 없다.

23 📋 ①

조건 2의 대우인 '수박을 좋아하지 않으면 복숭아를 좋아하지 않는다'를 포함하여 제시된 〈조건〉을 정리하면 '딸기 좋아함 → 수박 좋아하지 않음 → 복숭아 좋아하지 않음 → 오이 좋아함'이 성립하므로 〈보기〉는 참이다.

24 📋 ①

제시된 〈조건〉을 정리하면 '어떤 마케팅팀 사원 → 사진 찍는 것을 좋아함 → 여행 동아리 소속 → 솔로 ○'이 성립하므로 〈보기〉는 참이다.

25 📋 ①

제시된 명제를 정리하면 '어린이 → 산타클로스의 존재 믿음', 'A → 산타클로스의 존재 믿음'이므로 'A → 어린이 → 산타클로스의 존재 믿음'임을 알 수 있다. 따라서 빈칸에 들어갈 명제로 'A는 어린이다'가 가장 적절하다.

26 📋 ④

제시된 명제를 정리하면 '이번 신입생 → 중국에 가보지 않은 사람 ×', '어떤 중문과 학생 → 중국에 가봄'이므로 '이번 신입생 → 어떤 중문과 학생 → 중국에 가봄'임을 알 수 있다. 따라서 빈칸에 들어갈 명제로 '어떤 신입생은 중문과 학생이다'가 가장 적절하다.

27 📋 ③

제시된 명제를 정리하면 '어휘력이 풍부함 → 발표를 잘함', '책을 좋아함 → 어휘력이 풍부함'이므로 '책을 좋아함 → 어휘력이 풍부함 → 발표를 잘함'임을 알 수 있다. 따라서 빈칸에 들어갈 명제로 '책을 좋아하는 사람은 발표를 잘한다'가 가장 적절하다.

28 📋 ②

제시된 명제를 정리하면 '지혜로움 → 행복함', '덕을 가짐 → 지혜로움'이므로 '덕을 가짐 → 지혜로움 → 행복함'임을 알 수 있다. 따라서 빈칸에 들어갈 명제로 '덕을 가진 사람은 행복하다'가 가장 적절하다.

29 📋 ③

제시된 〈조건〉에 따라 경우의 수를 표로 정리하면 다음과 같다.

구분	A	B	C	D	E
경우 1	보자기	가위		보자기	바위
경우 2	보자기	가위		바위	보자기

A는 항상 보자기를 내고 B와 C는 항상 가위를 내기 때문에 D와 E가 보자기와 바위 중 어떤 것을 내더라도 단판으로 승부가 나지 않는다. 따라서 'C가 노래방 비용을 지불한다'를 추론할 수 있다.

30   🔖 ①

조건 2, 3, 5에 의해 A~F를 키가 작은 순서대로 나열하면 다음과 같다.

1	2	3	4	5	6	7	8
			D		A	G	B

조건 4, 6에 의해 C와 H를 연속해서 나열하고 H 다음으로 E와 F가 나열되어야 하므로 이를 포함하여 정리하면 다음과 같다.

1	2	3	4	5	6	7	8
C	H	E	D	F	A	G	B

따라서 'E는 H 바로 다음으로 크다'를 추론할 수 있다.

31   🔖 ②

조건 2의 대우인 '아침에 일찍 일어나는 사람은 달리기가 느리다'와 조건 3의 대우인 '달리기가 느린 사람은 추위를 적게 탄다'를 포함하여 제시된 〈조건〉을 정리하면 '추리소설 좋아함 → 일찍 일어남 → 달리기 느림 → 추위를 적게 탐'과 대우인 '추위를 많이 탐 → 달리기 빠름 → 늦게 기상 → 추리소설 좋아하지 않음'이 성립한다. 따라서 '추위를 많이 타는 사람은 추리소설을 좋아하지 않는다'를 추론할 수 있다.

32   🔖 ④

조건 2와 조건 4에 의해 국어는 수요일에, 한국사는 월요일 또는 화요일에 복습한다. 이를 포함하여 제시된 〈조건〉에 따라 각 요일별로 복습할 과목을 정리하면 다음과 같다.

- 경우 1 : 한국사를 월요일에 복습할 경우

월	화	수	목	금
한국사	수학/탐구	국어	수학/탐구	영어

- 경우 2 : 한국사를 화요일에 복습할 경우

월	화	수	목	금
수학/탐구	한국사	국어	수학/탐구	영어

따라서 '월요일에 수학을 복습하면, 목요일에 탐구를 복습한다'를 추론할 수 있다.

33   🔖 ④

조건 2의 대우인 '허브티를 좋아하지 않으면 케이크를 좋아하지 않는다'와 조건 3의 대우인 '케이크를 좋아하지 않으면 스무디를 좋아한다', 조건 5의 대우인 '스무디를 좋아하면 커피를 좋아한다'를 포함하여 제시된 〈조건〉을 정리하면 '쿠키 ○ → 허브티 × → 케이크 × → 스무디 ○ → 커피 ○ → 우유 ×'가 성립한다. 따라서 '쿠키를 좋아하면 스무디를 좋아한다'를 추론할 수 있다.

34   🔖 ①

조건 3의 대우인 '가죽공예를 신청했다면 아크릴화를 신청하였다'와 조건 4의 대우인 '기초인문학을 신청했다면 동양철학을 신청하지 않았다'를 포함하여 제시된 〈조건〉을 정리하면 '가죽공예 ○ → 아크릴화 ○ → 초급꽃꽂이 × → 기초인문학 ○ → 동양철학 ×'가 성립한다. 따라서 'A는 기초인문학과 아크릴화를 신청하였다'를 추론할 수 있다.

35   🔖 ③

A~E의 진술 중 C와 D 둘 중 하나는 반드시 거짓이 된다. C의 진술이 참일 경우 D가 비품을 가져간 사람이어야 하지만 이 경우 B와 D가 모두 범인이므로 조건에 어긋난다. D의 진술이 참인 경우 B의 말은 거짓이므로 범인은 B가 되고 E의 발언도 충족하므로 비품을 가져간 사람은 B이다. 따라서 '비품을 가져간 사람은 B이다'를 추론할 수 있다.

36   🔖 ②

A~F의 진술 중 1명이 거짓이므로 C와 E는 반드시 참이 되므로, 6번째로 퇴근한 사람은 E이다. E 직전에 퇴근했다는 A의 진술과 5번째로 퇴근했다는 D의 진술에 의하면 둘 중 1명이 반드시 거짓이 되며, 나머지 진술은 전부 참이 된다. F는 D보다 늦게 퇴근했다고 하였으므로 만약 D가 5번째로 퇴근할 경우 F가 마지막으로 퇴근하여야 하기 때문에 C, E의 진술과 모순이 생기므로 5번째 퇴근자는 A이다. 이를 포함하며 먼저 퇴근한 사람부터 순서대로 정리하면 다음과 같다.

1	2	3	4	5	6
C	B	D	F	A	E

따라서 'A는 F가 퇴근한 다음 퇴근했다'를 추론할 수 있다.

37

답 ②

앞의 항에 +1, +3, +5, +7, …가 더해지는 수열이다.
따라서 빈칸에 들어갈 숫자는 30+11=41이다.

38

답 ④

그룹별로 나열된 수를 살펴볼 경우 n번째 그룹은 n의 거듭제곱 n개로 이루어진 것을 알 수 있다.
따라서 빈칸에 들어갈 숫자는 4^4=256이다.

39

답 ③

+1, ×3이 반복되는 수열이다.

A	B	F	(G)	U	V
1	2	6	7	21	22

40

답 ③

×2, (−1)이 반복되는 수열이다.

ㅑ	ㅕ	ㅓ	ㅛ	(ㅗ)	ㅣ
2	4	3	6	5	10

01	02	03	04	05	06	07	08	09	10
④	③	②	④	①	③	②	②	②	②
11	12	13	14	15	16	17	18	19	20
④	③	①	④	③	④	①	③	②	②
21	22	23	24	25	26	27	28	29	30
②	③	①	③	③	④	④	②	③	③
31	32	33	34	35	36	37	38	39	40
②	③	①	④	②	②	①	②	①	③

01

답 ④

'ㅄ'는 네 번째에 제시되었으므로 정답은 ④가 된다.

02

답 ③

'ㅆ'는 세 번째에 제시되었으므로 정답은 ③이 된다.

03

답 ②

'ㄽ'는 두 번째에 제시되었으므로 정답은 ②가 된다.

04

답 ④

'☒'는 네 번째에 제시되었으므로 정답은 ④가 된다.

05

답 ①

'⊞'는 두 번째에 제시되었으므로 정답은 ①이 된다.

06

답 ③

'ㅁ'는 다섯 번째에 제시되었으므로 정답은 ③이 된다.

07

답 ②

'⊡'는 세 번째에 제시되었으므로 정답은 ②가 된다.

08

답 ②

제시된 문자와 달리 ②의 '웬앱않잊완웨없엊앤'은 '앤'이 아닌 '앤'으로 제시되어 있다.

09

답 ②

좌우 문자가 다르므로 정답은 ②가 된다.
왼쪽에 제시된 문자 '月⑪木㋬止 ㅓ田用'와 달리 오른쪽에 제시된 문자 '月⑪木㋬止片田用'에는 ㅓ이 아닌 片이 삽입되어 있다.

10

답 ②

좌우 문자가 다르므로 정답은 ②가 된다.
왼쪽에 제시된 문자 '◎◎❽③◎❽㉘♡㉝♠'와 달리 오른쪽에 제시된 문자 '◎◎❽③◎❽㉘♡㉝♠'에는 숫자 ◎이 아닌 영어 ◎가 삽입되어 있다.

11

답 ④

제시된 도형과 같은 모양의 도형은 ④이다.

①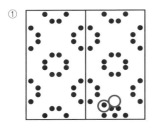

②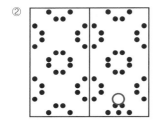

③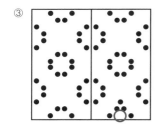

12

답 ③

제시된 도형과 같은 모양의 도형은 ③이다.

①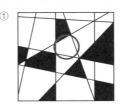

②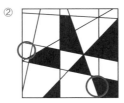

④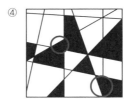

13

답 ①

제시된 도형과 같은 모양의 도형은 ①이다.

②

③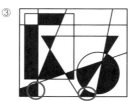

④

14
답 ④

제시된 도형과 같은 모양의 도형은 ④이다.

①

②

③

15
답 ③

제시된 도형과 다른 것은 ③이다.
③의 도형은 ①, ②, ④의 도형과 달리 추가로 색칠된 부분이 있다.

② 제시된 도형을 시계 방향으로 90도 회전시킨 모양이다.
④ 제시된 도형을 반시계 방향으로 90도 회전시킨 모양이다.

16
답 ④

제시된 도형과 다른 것은 ④이다.
④의 도형은 ①, ②, ③의 도형과 달리 추가로 색칠된 삼각형이 있다.

② 제시된 도형을 180도 회전시킨 모양이다.
③ 제시된 도형을 시계 방향으로 90도 회전시킨 모양이다.

17
답 ①

제시된 도형과 다른 것은 ①이다.
①의 도형은 ②, ③, ④의 도형과 달리 가운데 사다리꼴 부분이 색칠되어 있다.

② 제시된 도형을 180도 회전시킨 모양이다.
③ 제시된 도형을 반시계 방향으로 90도 회전시킨 모양이다.

18
답 ③

나머지 도형과 다른 것은 ③이다.
③의 도형은 ①, ②, ④의 도형과 하단의 원 개수가 다르다.

19
답 ②

나머지 도형과 다른 것은 ②이다.
②의 도형은 ①, ③, ④의 도형과 마름모 배치가 다르다.

20
답 ②

나머지 도형과 다른 것은 ②이다.
②의 도형은 ①, ③, ④의 도형과 사각형 내부의 정사각형 개수가 다르다.

21   답 ②

1층 10개, 2층 9개, 3층 6개, 4층 2개로 블록의 총개수는 10+9+6+2=27개가 된다.

22   답 ③

1층 12개, 2층 7개, 3층 5개, 4층 1개로 블록의 총개수는 12+7+5+1=25개가 된다.

23   답 ①

1층 15개, 2층 12개, 3층 5개, 4층 2개로 블록의 총개수는 15+12+5+2=34개가 된다.

24   답 ③

1층 14개, 2층 12개, 3층 9개, 4층 5개, 5층 1개로 블록의 총개수는 14+12+9+5+1=41개가 된다.

25   답 ③

1층 10개, 2층 7개, 3층 5개, 4층 1개로 블록의 총개수는 10+7+5+1=23개가 된다.

26   답 ④

1층 16개, 2층 10개, 3층 5개, 4층 3개, 5층 3개로 블록의 총개수는 16+10+5+3+3=37개가 된다.

27   답 ④

1층 22개, 2층 20개, 3층 17개, 4층 12개, 5층 4개로 블록의 총개수는 22+20+17+12+4=75개가 된다.

28   답 ②

1층 15개, 2층 14개, 3층 9개, 4층 2개로 블록의 총개수는 15+14+9+2=40개가 된다.

29   답 ③

1층 12개, 2층 7개, 3층 5개, 4층 1개로 블록의 총개수는 12+7+5+1=25개가 된다.

30   답 ③

1층 12개, 2층 10개, 3층 7개, 4층 3개로 블록의 총개수는 12+10+7+3=32개가 된다.

31   답 ②

블록의 최대 개수는 (앞면의 층별 블록 개수)×(측면의 층별 블록 개수)의 합을 통해 구할 수 있다.
(앞면의 1층 블록 개수 2개×측면의 1층 블록 개수 3개)+(2층 블록 개수 2개×2층 블록 개수 3개)+(3층 블록 개수 2개×3층 블록 개수 2개)=6+6+4=16개
따라서 블록의 최대 개수는 16개가 된다.

32   답 ③

(앞면의 1층 블록 개수 5개×측면의 1층 블록 개수 5개)+(2층 블록 개수 3개×2층 블록 개수 4개)+(3층 블록 개수 1개×3층 블록 개수 1개)=25+12+1=38개
따라서 블록의 최대 개수는 38개가 된다.

33   답 ①

(앞면의 1층 블록 개수 3개×측면의 1층 블록 개수 3개)+(2층 블록 개수 3개×2층 블록 개수 3개)+(3층 블록 개수 2개×3층 블록 개수 1개)+(4층 블록 개수 1개×4층 블록 개수 1개)+(5층 블록 개수 1개×5층 블록 개수 1개)=9+9+2+1+1=22개
따라서 블록의 최대 개수는 22개가 된다.

34   답 ④

(앞면의 1층 블록 개수 4개×측면의 1층 블록 개수 4개)+(2층 블록 개수 3개×2층 블록 개수 3개)+(3층 블록 개수 2개×3층 블록 개수 2개)=16+9+4=29개
따라서 블록의 최대 개수는 29개가 된다.

35   답 ②

(앞면의 1층 블록 개수 4개×측면의 1층 블록 개수 3개)+(2층 블록 개수 2개×2층 블록 개수 2개)+(3층 블록 개수 1개×3층 블록 개수 1개)=12+4+1=17개
따라서 블록의 최대 개수는 17개가 된다.

36   답 ②

블록의 최소 개수는 (앞면의 블록 개수)+(측면의 블록 개수)−
(중복되는 블록의 개수)를 통해 구할 수 있다.
앞면의 블록 개수 9개, 측면의 블록 개수 6개, 중복되는 블록의
개수는 (2, 3, 1, 3) (3, 1, 2)로 6개다.
따라서 블록의 최소 개수는 15−6=9개가 된다.

37   답 ①

앞면의 블록 개수 8개, 측면의 블록 개수 6개, 중복되는 블록의
개수는 (1, 2, 3, 2) (1, 3, 2)로 6개다.
따라서 블록의 최소 개수는 14−6=8개가 된다.

38   답 ②

앞면의 블록 개수 8개, 측면의 블록 개수 13개, 중복되는 블록
의 개수는 (4, 4) (2, 4, 3, 4)로 8개다.
따라서 블록의 최소 개수는 21−8=13개가 된다.

39   답 ①

앞면의 블록 개수 7개, 측면의 블록 개수 10개, 중복되는 블록
의 개수는 (3, 4) (3, 4, 3)으로 7개다.
따라서 블록의 최소 개수는 17−7=10개가 된다.

40   답 ③

앞면의 블록 개수 13개, 측면의 블록 개수 14개, 중복되는 블록
의 개수는 (4, 4, 3, 2) (2, 4, 4, 4)로 10개다.
따라서 블록의 최소 개수는 27−10=17개가 된다.

Global Samsung Aptitude Test

Global Samsung Aptitude Test

2025 GSAT 삼성직무적성검사 5급 고졸채용

초 판 발 행　　　2025년 01월 30일

저　　　　자　　　고졸채용 GSAT연구소
발 행 인　　　정용수
발 행 처　　　(주)예문아카이브
주　　　　소　　　서울시 마포구 동교로 18길 10 2층
T　E　L　　　02) 2038-7597
F　A　X　　　031) 955-0660

등 록 번 호　　　제2016-000240호

정　　　　가　　　23,000원

홈페이지 http://www.yeamoonedu.com

I S B N　　　979-11-6386-384-7　　　[13320]